Kohlhammer

Der Autor

Ralf Bernd Herden ist Jurist und seit 1998 Lehrbeauftragter an der Hochschule für öffentliche Verwaltung in Kehl am Rhein. Als ehemaliger Kreisrat war er einer der Mitinitiatoren der Partnerschaft zwischen dem Landkreis Freudenstadt und dem Powiat Tomaszowski. So entdeckte er früh die Zusammenhänge um die Person Helmut Weihenmaiers, die er für dieses Buch über fast zwei Jahrzehnte verfolgt hat. Seit 1990 schreibt er regelmäßig über historische, juristische und gesellschaftspolitische Themen und ist seit Mai 2023 *associate fellow* der »Royal Historical Society« in London.

Ralf Bernd Herden

Helmut Weihenmaier

Vom NS-Kreishauptmann in Polen zum Landrat im Schwarzwald

Verlag W. Kohlhammer

Die Herausgabe dieses Buchs erfolgte mit Unterstützung des Landkreises Freudenstadt und der Oberschwäbischen Elektrizitätswerke.

Dieses Werk einschließlich aller seiner Teile ist urheberrechtlich geschützt. Jede Verwendung außerhalb der engen Grenzen des Urheberrechts ist ohne Zustimmung des Verlags unzulässig und strafbar. Das gilt insbesondere für Vervielfältigungen, Übersetzungen, Mikroverfilmungen und für die Einspeicherung und Verarbeitung in elektronischen Systemen.

Es konnten nicht alle Rechtsinhaber von Abbildungen ermittelt werden. Sollte dem Verlag gegenüber der Nachweis der Rechtsinhaberschaft geführt werden, wird das branchenübliche Honorar nachträglich gezahlt.

Dieses Werk enthält Hinweise/Links zu externen Websites Dritter, auf deren Inhalt der Verlag keinen Einfluss hat und die der Haftung der jeweiligen Seitenanbieter oder -betreiber unterliegen. Zum Zeitpunkt der Verlinkung wurden die externen Websites auf mögliche Rechtsverstöße überprüft und dabei keine Rechtsverletzung festgestellt. Ohne konkrete Hinweise auf eine solche Rechtsverletzung ist eine permanente inhaltliche Kontrolle der verlinkten Seiten nicht zumutbar. Sollten jedoch Rechtsverletzungen bekannt werden, werden die betroffenen externen Links soweit möglich unverzüglich entfernt.

Umschlagabbildung: © Tobias Merkle. Stadtarchiv Tübingen/Foto Alfred Göhner (Signatur D 170/7171).

1. Auflage 2024

Alle Rechte vorbehalten
© W. Kohlhammer GmbH, Stuttgart
Gesamtherstellung: W. Kohlhammer GmbH, Stuttgart

Print:
ISBN 978-3-17-044973-2

E-Book-Formate:
pdf: ISBN 978-3-17-044974-9
epub: ISBN 978-3-17-045451-4

Inhalt

Vorwort	9
Vorbemerkung	11
1 Einführung	**13**
Zu diesem Buch	13
Antisemitismus im 20. Jahrhundert	16
Adolf Hitler über die Polen	20
Himmlers »Generalplan Ost« und die »Aktion Zamosc«	21
2 Das Generalgouvernement	**34**
Der Generalgouverneur Hans Frank	38
Das deutsche »Recht« des Generalgouvernements	40
Baedekers Generalgouvernement	52
»Gangster-Gau« (GG) und »Skandalizien« (Galizien)	55
3 Der Distrikt Lublin	**57**
Distriktchef Friedrich Schmidt (1939–1940)	58
Gouverneur Ernst Zörner (1940–1943)	59
Gouverneur Dr. Ludwig Fischer (1943)	61
Gouverneur Richard Wendler (1943–44)	63
4 Der Kreis Zamosc	**67**
Die Aufgaben des Kreishauptmannes	67
Die Kreishauptmannschaft Zamosc	71
Die Judenräte	72

Inhalt

Die jüdische Polizei in Zamosc   82
Das Landkommissariat in Tomaszów-Lubelski   86

5   Kreishauptmann Helmut Weihenmaier   92

Herkunft und Werdegang bis Zamosc   94
Laufbahn im Generalgouvernement   99
Mitgliedschaft bei der NSDAP   100
Die SA und die Ostgebiete   107
Verhältnis Weihenmaiers zur SA   109
Der Kreishauptmann und der Generalgouverneur   113
Vertreibungen und Umsiedlungen unter Weihenmaier   116
Helmut Weihenmaier am Kriegsende   121

6   Entnazifizierung: Politische Säuberung   124

Ein guter Leumund?   126
Der Landrat selbst 1961 zu seiner Zeit als Kreishauptmann   129
Weihenmaier contra NSDAP?   132
Hilfe für KZ-Häftlinge in der Heimat   139
Abgeordnet in den Osten   140
Tätigkeit im Generalgouvernement   145
Human, parteifern, ein Gegner der SS?   148
Couragiert, kirchennah und hilfsbereit?   152
Weihenmaier contra NSDAP – Kritisch betrachtet   154
Persilscheine: »Wäsche waschen, Wohlergehen«   161
Der Weg nach Freudenstadt   164

7   Landrat in Freudenstadt   166

Wahl zum Landrat in Freudenstadt   166
Wirken als Landrat in Freudenstadt   167
Ermittlungen in den 1960er-Jahren – und heute?   169
Verabschiedung aus dem Amt   170
Nachrufe und persönliche Eindrücke   172

Inhalt

**8 Weitere Nachkriegskarrieren und Verbindungen
 nach dem Krieg** **176**

Dr. Bernhard Lösener 178
Prof. Dr. Herbert Schneider 182
Globke, Gehlen und Co. 184

9 Schlusswort **186**

Anhang: Aus den Erinnerungen des Dr. Klukowski **189**

Literatur- und Quellenverzeichnis **200**

Anmerkungen **208**

Register **231**

»Man wird die Fahne mit dem Hakenkreuz
noch einmal verfluchen,
und die Deutschen selber
werden sie eines Tages verbrennen.«[1]
Wilhelm II. am 7. September 1933

»Ich bin kein Feind der Massen;
Aber wenn sie in Not und Drangsal sind,
suchen sie stets den Teufel auszutreiben,
indem sie erst die Hilfe von Schelmen,
dann von Tyrannen anrufen.«[2]
Wilhelm II. nach Johann Wolfgang von Goethe

»Wer vor der Vergangenheit die Augen verschließt, wird blind für die Gegenwart.«[3]
Richard von Weizsäcker

Vorwort

Dieses Buch beleuchtet einen Auszug aus dem dunkelsten Kapitel der deutsch-polnischen Geschichte. Es will dazu ermutigen, die Augen nicht vor der Vergangenheit zu verschließen. Nur im Wissen um die gemeinsame Geschichte können sich Polen und Deutsche in der Gegenwart in die Augen schauen und erkennen, was heute zu tun ist und was uns in eine gemeinsame Zukunft trägt. In diesem Sinn kann dieses Buch auch ein Beitrag dazu sein, die Freundschaft zwischen dem Powiat Tomaszowski und dem Landkreis Freudenstadt im buchstäblichen Sinne des Wortes zu vertiefen.

Denn über die Person Helmut Weihenmaiers verschränkt sich die Geschichte unserer beiden Landstriche und führt zurück in eine von unermesslichem Leid und tiefer Schuld geprägte Zeit: Der spätere Landrat von Freudenstadt war nach dem verbrecherischen Überfall Deutschlands auf Polen, zur Zeit der deutschen Besatzung, Kreishauptmann in Zamosc[4] und damit auch Vorgesetzter des Landkommissariats in Tomaszów-Lubelski. Nachdem diese historische Verbindung bekannt geworden ist, war es notwendig, das Wirken von Helmut Weihenmaier als Kreishauptmann näher und öffentlicher zu beleuchten, als es im Rahmen der sogenannten Entnazifizierung geschehen ist. Ein umfassender Überblick über die deutsche Besatzungszeit in Ostpolen und die Rolle des damaligen Kreishauptmanns ist dabei für eine ehrliche Auseinandersetzung mit der deutsch-polnischen Geschichte wichtig.

Die Einblicke und Einsichten, die dieses Buch gewährt, laden uns dazu ein, das eigene Denken über den Umgang mit individueller Schuld und kollektiver Verantwortung am Beispiel eines Mannes zu ergründen, der stellvertretend für viele Deutsche stehen kann, die trotz guter Bildung kritiklos und mit verblendetem Eifer zu Werkzeugen und Tätern eines Regimes wurden, das mit seiner wahnsinnigen Ideologie unfassbares Leid und Unheil über die Menschheit

Vorwort

gebracht hat – und die nach dem Krieg dennoch unbehelligt Verantwortung in Staat und Gesellschaft übernommen haben.

Der Landkreis Freudenstadt verurteilt die unter dem Nationalsozialismus begangenen Gräueltaten auf das Schärfste und verneigt sich vor den Opfern von Gewalt und Terror. Der Beitrag, den der frühere NS-Kreishauptmann von Zamosc und spätere Landrat unseres Landkreises Freudenstadt hierzu geleistet hat, lässt uns beschämt und fassungslos zurück. Dieses Buch schafft ein wenig mehr Klarheit und ist wichtiger Baustein einer seriösen und ehrlichen Aufarbeitung, die bis heute nicht abgeschlossen ist.

Heute ist es unser Wille und unsere Aufgabe, in Verantwortung für unsere gemeinsame Gegenwart und Zukunft in einem friedlichen und vereinten Europa die geknüpften Bande zwischen den Menschen in Deutschland und Polen weiterhin zu pflegen und zu stärken. Dass die Geschichte zwei Landkreise in Freundschaft zusammenführt, deren vormalige Verbindung aus den Schrecken des Krieges und der Unrechtsherrschaft herreicht, ist ein kleiner, aber wertvoller Sieg für die europäische Verständigung und ein kostbares Zeichen der Kraft des Friedens.

Dr. Klaus Michael Rückert
Landrat des Landkreises Freudenstadt

Vorbemerkung

Vor allem aus Respekt vor der Persönlichkeit und der Privatsphäre der Nachkommen beteiligter Personen, habe ich mich als Autor entschlossen, Personennamen dann zu anonymisieren, wenn es sich nicht ganz offensichtlich um bereits weitestgehend allgemein bekannte Personen der Zeitgeschichte handelt. Ein Kreishauptmann muss sicher als Person der Zeitgeschichte angesehen werden, genauso wie ein höherer Kommandeur bei Wehrmacht, Polizei oder SS.

Im Dienstalter ›kleinere‹ Täter – was deren mögliche Grausamkeit nicht verniedlichen soll und schon gar nicht darf – sind dagegen keine Personen des öffentlichen Lebens, auch wenn sie es vielleicht selbst gern gewesen wären; zumindest in ihrer ›großen Zeit‹.

Ihre Namen habe ich deshalb – zum Schutz ihrer Nachkommen – (teil-)anonymisiert. Dies galt insbesondere für Personen, die ausschließlich als Zeugen angehört worden sind sowie in jenen Fällen, in denen zwar Ermittlungen aufgenommen wurden, diese dann aber vor Erhebung der öffentlichen Anklage eingestellt worden sind. Um aber einer wissenschaftlichen Überprüfung jederzeit und unschwer standhalten zu können, wurden neben dem Vornamen jeweils der erste und der letzte Buchstabe des Familiennamens (z. B. E***e und L***e) angeführt.

Unzweifelhaft ist Unrecht geschehen, auch wenn es oft nicht juristisch geahndet werden konnte, ja gerade um rechtsstaatlicher Verfahren willen nicht geahndet werden durfte.

Moralische Ansprüche müssen in sich weit über das Rechtliche hinausgehen. Gerade die moralische Verurteilung aber muss spätestens dort wieder ihre Grenzen finden, wo sie Nachfolgegenerationen trifft, welche an Untaten unschuldig sind – sie würden sonst wiederum Opfer werden: Opfer der Untaten der eigenen Vorfahren. Hierzu aber darf sich seriöse Recherche nicht hergeben. Man käme

Vorbemerkung

sonst zu einer unerträglichen Sippenhaftung, welche dem Ungeist jener Zeit entspricht, den wir für alle Zukunft ausschließen wollen.

Diese Schutzmaßnahme kann allerdings ihren Zweck in jenen Fällen nicht oder nur sehr begrenzt erfüllen, in denen der Name einer Person zumindest in wissenschaftlicher Fachliteratur bereits im Klartext Erwähnung findet. Jedoch habe ich teilweise auch in diesen Fällen eine (Teil-)Anonymisierung für sachgerecht erachtet. Schließlich geht es, um mit Simon Wiesenthal zu sprechen, um »Recht, nicht Rache«[5].

In Fällen, in denen der Name bereits weitesten Kreisen bekannt ist und die zugleich für eine besonders schicksalhafte Leidenssituation stehen, habe ich auf eine Anonymisierung verzichtet. So wurde beispielsweise bei Alwin Lippmann, dem Leiter der Ghettopolizei in Zamosc oder Mendel Garfinkel, dem Vorsitzenden des Judenrates von Zamosc keine Anonymisierung vorgenommen: Über seine Funktion als Opfer und teilweise auch (Mit-)Täter sowie die Tragik seines Schicksals ist bereits an anderer Stelle unverblümt berichtet worden.

1 Einführung

Zu diesem Buch

Es ist ein durchaus bemerkenswerter Zufall der Geschichte, dass Helmut Weihenmaier in den 1960er-Jahren Landrat in Freudenstadt werden sollte – dem zukünftigen Partnerlandkreis des Powiats Tomaszowski. Eben jenem Landstrich, in dem Weihenmaier von 1939–1944 Kreishauptmann von Zamosc war, also das Amt eines höheren NS-Verwaltungsbeamten ausübte.

Bei der Begründung der Kreispartnerschaft wusste niemand von dieser historischen Verbindung. Aufgefallen ist dem Verfasser dieses Buches, dass es da eine Namensparallelität gab – welche sich nach kurzer Recherche dann als Personenidentität herausstellte. Diese Entdeckung sind dann die Recherchen für dieses Buch gefolgt, an welchem der Autor fast zwei Jahrzehnte gearbeitet hat.

Nicht nur Polen im Allgemeinen, sondern insbesondere auch die Gegend um Lublin und Zamosc, zu welcher der Freudenstädter Partnerkreis Tomaszowski gehört, waren in den vergangenen Jahrhunderten Tatort für zahlreiche Verbrechen gegen die Menschlichkeit. Meist waren es fremde Eindringlinge, die Verbrechen an der polnischen Bevölkerung begingen.

Folgt man der Tomaszów Lubelski Community, die um das Vermächtnis der ehemals jüdischen Gemeinschaft bemüht ist, ist Tomaszów die traditionelle polnische Schreibweise von Tomashov, was wohl der jiddischen Tradition folgt.[6] Der NS-Propagandist Maximilian du Prel schreibt in seinem 1942 erschienenen Buch *Das Generalgouvernement*[7] zwar auch von »Zamosc« und »Tomaszów«, jedoch sind auch die beiden ›deutschen‹ Schreibweisen »Zamosch« und »Tomaschow« in der ›Schreibkultur‹ der Unzeit vorhanden. Es sei an dieser Stelle daran erinnert, dass auch im besetzten Elsass durch den NS-

1 Einführung

Gauleiter Oberrhein Robert Wagner, Chef der Zivilverwaltung im Elsass und späteren Reichsverteidigungskommissar Oberrhein, per Dekret eine gnadenlose Eindeutschung erfolgte: Die *Dritte Anordnung des Chefs der Zivilverwaltung im Elsass zur Wiedereinführung der Muttersprache vom 16. August 1940*[8] verlangte sogar die Eindeutschung der französischen Vor- und Familiennamen. Die Nazis hätten auf Dauer sicherlich aus Tomaszów-Lubelski das deutsche »Thomasau« gemacht. Die Politik der Nationalsozialisten wollte natürlich auch jede Erinnerung an eine originäre, eigene, nationale Kultur und Sprache vernichten, und über ihre Sprache hinaus auch die gesamte einheimische, polnische und jüdische Bevölkerung.

Zu den schlimmsten Unmenschlichkeiten der Geschichte überhaupt zählen jene, welche im vergangenen Jahrhundert dort in deutschem Namen verübt worden sind. Sie lassen uns sprachlos und nachdenklich, traurig und beschämt werden. Sie sind zugleich Mahnung dafür, dass alles getan werden muss, damit aus Versöhnung echte Freundschaft wird, damit sich nie wieder ereignet, was niemals hätte geschehen dürfen. Im nachfolgenden Text soll ein kurzer Überblick, ohne jeden Anspruch auf Vollständigkeit, über die Geschichte des Partnerkreises von Freudenstadt, aber auch menschliche Verstrickungen, gegeben werden. Es bleibt nicht nur hier noch einiges aufzuarbeiten.

Ein zugebenermaßen recht rudimentärer, trotzdem aber nicht weniger entlarvender Überblick gerade auch über die Verstrickung und Schuld der ehemaligen deutschen Zivilverwaltung im besetzten Polen.

Dabei gilt es, die Vergangenheit zu kennen und zugleich positiv handelnd in die Zukunft zu sehen. Begegnungen sind unverzichtbare Basis für ein gutes Miteinander. Veränderungen aber beginnen zuerst in uns selbst: Indem wir unsere Sprache und unser Denken von Vorurteilen befreien und zum Beispiel auf verletzende Worte verzichten. Wer heute noch Sinti und Roma als ›Zigeuner‹ bezeichnet, hat sein Denken und sein Bewusstsein noch immer nicht vom Ungeist der NS-Zeit befreit.

Und bei dem Begriff »Polnische Wirtschaft« denken schließlich die allerwenigsten an die 1919 in Berlin uraufgeführte Operette, sondern unterstellen unserem Nachbarvolk undifferenziert die Unfähigkeit zu wirtschaftlich nachhaltigem Handeln.[9] Sprache kann eben doch sehr entlarvend sein.

Dem Menschen Mensch zu sein, ist eine Pflicht, die sich jeder Einzelne von uns immer wieder vor Augen führen muss. Nicht Nation, Abstammung, Weltanschauung, Religion oder gar die Frage nach wirtschaftlicher oder gesellschaftlicher Nützlichkeit, sondern allein die Tatsache, als Mensch einem Menschen gegenüberzustehen, müssen unser Handeln alltäglich bestimmen.

Schweigen die Täter, reden die Enkel: Nicht alle Nachkommen können aber so offen mit der Täterschaft ihrer Vorfahren umgehen wie Claudia Brunner und Hans von Seltmann.[10] Indem sie von den Belastungen »anwesender Abwesender«[11] sprechen, indem sie das eigene Trauma überwinden mit dem Ziel: »Wenn wir reden, beginnen plötzlich auch andere zu reden.«[12] Ähnlich offen und kritisch gehen Katrin Himmler[13] und Niklas Frank[14] mit der Vergangenheit ihrer Familien um. Und Bettina Göring macht sehr deutlich, wie außerordentlich schmerzhaft das vermeintlich vergangene nicht nur für die Nachfolgegenerationen der Opfer, sondern auch der Täter ist – und wie schwer die Suche nach der Wahrheit ist: »Um der Wahrheit näher zu kommen, musste ich meinen eigenen Schubladenschrank entstauben, seine Fächer öffnen und ihren Inhalt endlich genauer ansehen.«[15] Der eine oder andere Angehörige der Nachfolgegeneration wollte sogar aus verständlichen Gründen seinen Namen ändern.[16]

Katrin Himmler hält fest: »Wenn man die Geschichte der eigenen Familie erforscht, ist es schwer, die durch Nähe erzeugten Blindheiten und Denkverbote zu durchbrechen.«[17] Niklas Frank ist der Sohn des deutschen Generalgouverneurs im besetzten Polen, Hans Frank. In seinen beiden Büchern *Der Vater* und *Meine Deutsche Mutter* setzt sich Niklas Frank unverblümt und geradezu gnadenlos mit der Vergangenheit seiner Eltern auseinander. Diese seine persönliche Offenheit hat ihm nicht nur Lob und Anerkennung eingetragen.

1 Einführung

Vergangenheitsbewältigung fällt aus vielen Gründen und aus vielen Perspektiven sehr schwer. Hierfür gilt es, Verständnis und Respekt aufzubringen. Dabei darf aber vor allem auch die Fassungslosigkeit und das Entsetzen der Kinder und Enkel der Überlebenden des Völkermordes nicht vergessen werden. Das Trauma der beliebigen und grenzenlosen Menschenverachtung wirkt über Generationen nach. Viel zu oft wird dies einfach verdrängt, statt Anlass zur Nachdenklichkeit zu sein.

Leid und Elend lassen sich aber auch nicht nur einfach abschließend zwischen zwei Buchdeckel klemmen. Der Tag der Machtergreifung, der Tag von Potsdam, der Reichstagsbrand und die Reichspogromnacht waren Fanale auf dem Weg in den Abgrund – Sargnägel für Demokratie und Rechtsstaat.

Antisemitismus im 20. Jahrhundert

Um die Jahrhundertwende des 19. zum 20. Jahrhundert tauchten erstmals die *Protokolle der Weisen von Zion*[18] in der Öffentlichkeit auf. Sie verfolgten – als ›Nachspiel‹ auf den ersten, zionistischen Weltkongress in Basel im Jahr 1897 gedacht – das Ziel, die Juden der Weltverschwörung zu bezichtigen. Zurückgehen sollte die Verschwörung auf König Salomon. Man konnte sogar das Ursprungsjahr nennen: Das Jahr 929 v. Chr.!

Bei den *Protokollen der Weisen von Zion* handelt es sich um nichts anderes als eine gigantische, propagandistische Fälschung. Ihre Erstveröffentlichung erfolgte wohl 1903 in der russischen Zeitschrift *Snamja – Banner*, deren Herausgeber ein bekannter Antisemit und »Schwarzhunderter« war. Diese Organisation war im zaristischen Russland nichts anderes als eine Art Vorläufer der Schwarzhemden Mussolinis oder der Braunhemden Hitlers.

Urheber des Legendenwerks der *Protokolle der Weisen von Zion*, welches bis heute in antisemitischen und auch antifreimaurerischen

Kreisen kultähnliche Verehrung erfährt, war ein zaristischer Geheimagent. Er hatte einfach aus anderen, antisemitischen Flugschriften und politischen Romanen zusammengestoppelt, was ihm nützlich erschien. Manche Stellen waren fast wörtlich übernommen worden, was sich unschwer beweisen lässt. Plagiate gab es also auch schon damals. Plagiate zu Täuschungszwecken sind nicht nur in der Politik eine zeitlose Erscheinung. Die Fälschung hat jedoch unzählige Auflagen in allen Weltsprachen erfahren und dazu beigetragen, Juden und Zionismus aufs Übelste zu diffamieren: Ihr Ziel, hieß es, sei die Erlangung der Weltherrschaft.

Zar Nikolaus II. von Russland, welcher sich von der Fälschung blenden ließ, erhielt das Elaborat durch seinen Geheimdienst selbstverständlich in einer besonderen Prachtausgabe überreicht. Und durch den Wiener Kongress 1815 waren ja die russischen Zaren bekanntlich in Personalunion polnische Könige geworden, wodurch Zar Nikolaus II. auch Herrscher in Polen war.[19]

Antisemitismus und Nationalismus waren – nicht nur in Deutschland – latent vorhanden. Doch selbst jüdische Organisationen schätzten in den 1920er-Jahren die Bedrohung durch den Nationalsozialismus völlig falsch ein.

Der Vorsitzende des Reichsbundes jüdischer Frontsoldaten, Leo Löwenstein, hatte am 4. April 1933 noch ein Memorandum an Adolf Hitler gesandt. Man hoffte, genauso wie der »Verband nationaldeutscher Juden« unter dem Vorsitz von Max Naumann, um mit Saul Friedländer zu sprechen, »auf nichts Geringeres als die Integration in die neue Ordnung«.[20]

Völlig national orientiert war der »Verband nationaldeutscher Juden«:

»Der Verband nationaldeutscher Juden bezweckt den Zusammenschluss aller derjenigen Deutschen jüdischen Stammes, die bei offenem Bekennen ihrer Abstammung sich mit deutschem Wesen und deutscher Kultur so unauflöslich verwachsen fühlen, dass sie nicht anders als deutsch empfinden und denken können.

1 Einführung

> Er bekämpft alle Äußerungen und Betätigungen undeutschen Geistes, mögen sie von Juden oder Nichtjuden ausgehen, die das Wiedererstarken deutscher Volkskraft, deutscher Rechtlichkeit und deutschen Selbstgefühls beeinträchtigen und damit den Wiederaufstieg Deutschlands zu einer geachteten Stellung in der Welt gefährden.«[21]
>
> »Wir Mitglieder des im Jahre 1921 gegründeten Verbandes nationaldeutscher Juden haben stets im Krieg und im Frieden das Wohl des deutschen Volkes und Vaterlandes, dem wir uns unaufhörlich verbunden fühlen, über unser eigenes Wohl gestellt. Deshalb haben wir die nationale Erhebung vom Januar 1933 begrüßt, trotzdem sie gegen uns selbst Härten brachte, denn wir sehen in ihr das einzige Mittel, den in vierzehn Unglücksjahren von undeutschen Elementen angerichteten Schaden zu beseitigen.«[22]

In der Reichsvertretung der Juden, die 1933 gegründet worden war, gab es noch 1934 kein größeres Gefühl des Drucks. Man sehnte sich, wie einzelne Juden auch, danach, im »nationalen Deutschland« ein würdiges, jüdisches Leben aufrechterhalten zu können.[23] Bei der Olympiade 1936 ließ sich selbst US-Präsident Theodore Roosevelt täuschen, der die Berichte über die Verfolgung der Juden in Deutschland noch immer für übertrieben hielt.[24] Die »Reichsvereinigung der Juden« wurde dann am 4. Juli 1939 gegründet.[25] Nicht etwa freiwillig von den Juden Deutschlands, sondern durch die 10. Verordnung zum Reichsbürgergesetz.

Doch die Worte Adolf Hitlers in seinem politischen Bekenntnisbuch *Mein Kampf* waren eindeutig:

> »Während uns der internationale Weltjude langsam, aber sicher die Gurgel abdrückt, brüllen unsere sogenannten Patrioten gegen den Mann und ein System, die es gewagt haben, sich wenigstens an einer Stelle der Erde der jüdisch-freimaurerischen Umklammerung zu entziehen und dieser internationalen Weltvergiftung einen nationalistischen Widerstand entgegenzusetzen.«[26]
>
> »Hätte man zu Kriegsbeginn und während des Krieges einmal zwölf- oder fünfzehntausend dieser hebräischen Volksverderber so unter Giftgas gehalten, wie Hunderttausende unserer allerbesten deutschen Arbeiter aus allen Schichten und Berufen es im Felde erdulden mussten, dann wäre das Millionenopfer der Front nicht vergeblich gewesen.«[27]

Hitler sollte seine Drohungen in furchtbarster Weise verwirklichen. Viel zu viele Deutsche aber hatten seine Worte entweder nicht gelesen, nicht verstanden, nicht zur Kenntnis genommen, oder wollten *Mein Kampf* zumindest später – nach der Befreiung – nicht gelesen haben.

Symptomatisch sind hierfür die Worte des früheren Reichsbankpräsidenten und Reichswirtschaftsministers Hjalmar Schacht,[28] der trotz seiner aktiven Mitarbeit am wirtschaftlichen Aufbau des Systems sicher weder ein politischer noch ein religiöser Antisemit war:

> »Das Buch hat erst nach der Machterlangung Hitlers eine große Verbreitung gefunden, die größtenteils auf die Verbreitung durch Amtsstellen zurückgeht. Vorher war seine Verbreitung nicht sehr erheblich. Das Buch ist für eine volkstümliche Massenpropaganda viel zu schwerfällig und in einem Stil geschrieben, den man nur als eine Vergewaltigung der deutschen Sprache empfinden kann. Kaum zehn Prozent der Besitzer dieses Buches dürften es ganz gelesen oder gar verstanden haben.«[29]

Und man darf nicht vergessen: Deutschland stand in seinem Antisemitismus nicht allein. Am 6. Oktober 1938 erließ der »Faschistische Großrat« in Italien Rassegesetze, welche am 17. November 1938 in Kraft traten und den deutschen Regelungen entsprachen.[30] Im September 1940 wurde der antisemitische Propagandafilm *Jud Süß* bei den Filmfestspielen in Venedig mit außerordentlichem Beifall, überschwänglichen Kritiken und dem Goldenen Löwen bedacht.[31]

Übrigens hatte die Tatsache, dass die Pässe der deutschen Juden mit einem »J« gestempelt waren, ihre eigentliche Ursache in einer Forderung der Schweiz.[32] Man wollte so unerwünschte Fluchteinwanderungen verhindern. Es ist deshalb sicherlich entlarvend und irgendwie symptomatisch, dass selbst dem Genie Albert Einstein, das darüber hinaus auch noch Schweizer Bürger war, im Jahre 1933 nicht die Hilfe gegenüber deutschen Zwangsmaßnahmen gewährt wurde, die er sich erhofft hatte.[33]

Im Herbst 1940 entschied das britische Kolonialministerium, jene illegalen Einwanderer, denen es gelungen war, Palästina zu erreichen,

1 Einführung

auf die Insel Mauritius im indischen Ozean zu deportieren, wo man sie in stacheldrahtumzäunten Barackenlagern unterbringen wollte.[34]

Adolf Hitler über die Polen

Es ist allgemein bekannt, dass Adolf Hitler nicht nur keine gute, sondern sogar eine menschenverachtend furchtbare Meinung über die osteuropäischen Völker hatte und diese auch in seinem Handeln in brutalster Weise umgesetzt hat. Hierüber gibt es zwischenzeitlich große Mengen Literatur unterschiedlichsten Darstellungsniveaus, so dass dieses Thema nur kurz mit einem sehr prägnanten und durchaus aussagekräftigen Zitat angeschnitten wird. Ganz besonders erschreckend und entlarvend ist Adolf Hitlers Einschätzung der Polen, so wie er sie am 29. September 1939 gegenüber Alfred Rosenberg (ab 1941 Reichsminister für die besetzten Ostgebiete) in gleichermaßen herablassender, wie klar nachvollziehbarer Weise äußerte:

> »Die Polen: Eine dünne, germanische Schicht, darunter furchtbares Material. Die Juden, das Grauenhafteste, was man sich überhaupt vorstellen konnte [...]. Hier könne jetzt nur eine zielsichere Herrenhand regieren. Er [Hitler] wolle das jetzt festgelegte Gebiet in drei Streifen teilen:
>
> 1. Zwischen Weichsel und Bug: Das gesamte Judentum (auch aus dem Reich), sowie alle irgendwie unzuverlässigen Elemente [...].
> 2. An der bisherigen Grenze ein breiter Gürtel der Germanisierung und Kolonisierung [...].
> 3. Dazwischen eine ›polnische Staatlichkeit‹. Ob nach Jahrzehnten der Siedlungsgürtel verschoben werden kann, muss die Zukunft erweisen [...].«[35]

Mit der Ernennung von Generalgouverneur Hans Frank wurden diese Aussagen des »Führers« in die Tat umgesetzt. Hans Frank war ein williges Werkzeug seines Herrn: In ihm vereinigten sich vorauseilender Gehorsam und räuberische Bereicherungsgier.

Himmlers »Generalplan Ost« und die »Aktion Zamosc«

Der Generalplan Ost, entworfen von dem Berliner Agrarwissenschaftler Prof. Dr. Konrad Meyer, sah die Ansiedlung von vier Millionen Deutschen in zehn Jahren, und mindestens zehn Millionen in zwanzig Jahren »im Osten« vor: Die »rassisch unerwünschte« Bevölkerung sollte »eingedeutscht oder liquidiert« werden.

Heinrich Himmler, der Reichsführer SS, war am 17. Juni 1936 auch zum Chef der Deutschen Polizei ernannt worden. Am 26. Juni 1936 schuf Heinrich Himmler zwei neue Befehlsbereiche: Die Ordnungspolizei wurde General der Polizei Kurt Daluege (preußischer Staatsrat und MdR, auch SS-Oberstgruppenführer) unterstellt, die Sicherheitspolizei mit Kriminalpolizei und Geheimer Staatspolizei (Gestapo) kommandierte fortan General der Polizei Reinhard Heydrich, der auch als SS-Obergruppenführer die Kontrolle über den Sicherheitsdienst der SS, den SD, inne hatte.[36]

Am 7. Oktober 1939,[37] nur einige Wochen nach dem deutschen Überfall auf Polen, wurde die ohnehin schon unüberschaubare Machtfülle des »Reichsführers SS und Chefs der Deutschen Polizei«, Heinrich Himmler, durch die Verleihung des Amtes des »Reichskommissars für die Festigung des deutschen Volkstumes« nochmals erweitert. Der gescheiterte Hühnerzüchter und Diplom-Landwirt stand im Zenit seiner Macht. Wenige Tage später, am 17. Oktober, verkündete Adolf Hitler einem kleinen Kreis, zu dem auch Heinrich Himmler und Hans Frank gehörten, die Richtlinien für seine zukünftige Polenpolitik: Das Generalgouvernement »habe den Auftrag, das alte und neue Reichsgebiet zu säubern von Juden, Pollacken und Gesindel.« Der Lebensstandard in Polen sei niedrig zu halten, »wir wollen dort nur Arbeitskräfte schöpfen.«[38]

Heinrich Himmler wollte in seiner Eigenschaft als »Reichskommissar zur Festigung des Deutschen Volkstumes« Lublin, und dort vor allem das Gebiet um Zamosc »germanisieren«. Er handelte dabei gegen den Widerstand von Generalgouverneur Hans Frank, als er im Herbst 1942 – die meisten Juden im Generalgouvernement waren bereits ermordet worden – die Besiedlungsmaßnahmen in Angriff nahm.[39]

Am 12. November 1942 erklärte Heinrich Himmler die Kreishauptmannschaft Zamosc zum »ersten deutschen Siedlungsbereich im Generalgouvernement«.[40] Heinrich Himmler ergänzte diese Überlegungen durch seine *Denkschrift über die Behandlung der Fremdvölkischen im Osten*. Die rassische Siebung sollte u. a. darin gipfeln, dass es für nichtdeutsche Kinder keine höhere Schulbildung als die vierklassige Volksschule geben solle. Rechnen bis 500 und Schreiben des eigenen Namens seien ausreichend. Lesen hielt Himmler nicht für erforderlich, dagegen müsse aber vor allem begriffen werden, dass es »ein göttliches Gebot sei, den Deutschen gehorsam zu sein und ehrlich, fleißig und brav zu sein.«[41]

Heinrich Himmler höchstpersönlich gab die Veranlassung dazu, im Zuge des »Generalplans Ost«, mit welchem die »Germanisierung des Ostens« betrieben werden sollte, aus dem Kreis Zamosc ein »Sonderlaboratorium der SS« zu machen – der erste Traum vom vollgermanisierten SS-Staat im Osten. Am 12. November 1942 hatte Himmler den Kreis Zamosc zum »ersten deutschen Siedlungsbereich im Generalgouvernement« erklärt. Bis zum Sommer 1943 sollten Stadt und Kreis »deutsch besiedelt« werden. Und Zamosc sollte nicht nur »Himmler-Stadt« heißen, sondern auch Himmlers Stadt sein.

In der Nacht vom 27. auf den 28. November 1942 begannen Polizeikommandos des SS- und Polizeiführers Lublin mit der brutalen Evakuierung der ersten Dörfer im Kreis Zamosc. Ob Jung oder Alt, Frauen oder Kinder, Kranke oder Gebrechliche: Innerhalb weniger Minuten waren im Morgengrauen die Häuser zu räumen. Mitgenommen werden durften lediglich 30 Kilogramm Handgepäck und 20 Złoty. Vieh und Inventar mussten unbeschädigt zurückbleiben, die Bewohner wurden in das Sammellager der Rotunde von Zamosc verschleppt. Unmittelbar danach wurden »Volksdeutsche Ansiedler« in die Höfe eingewiesen.

Vom 27. November bis zum 31. Dezember 1942 wurden in 21 »Einsätzen« 60 polnische Dörfer ›geräumt‹. Die polnischen Menschen wurden in Gesindekräfte, Eindeutschungsfähige und Todeskandidaten unterteilt – wobei es die Anweisung gab, dass Polen »im Gegensatz zu Juden in den Konzentrationslagern eines natürlichen Todes zu sterben hätten.«

Die »Volksdeutschen Ansiedler« – sie kamen aus Bessarabien, Rumänien, der Bukowina, Serbien und Kroatien – hatten gehofft, »Heim ins Reich« zu kommen. Diese Hoffnung war enttäuscht worden. Noch schlimmer aber wog wohl für viele die Erkenntnis, unter welchen unmenschlichen Umständen sie zu ihren »Neuen Höfen« gekommen waren. Überlebende polnische Zeitzeugen berichten z. T. von »weinenden Neuansiedlern«. Ob mit verschuldet oder nicht: Bereits in wenigen Monaten sollte den deutschen Siedlern das gleiche grausame Schicksal bevorstehen, welches zuvor den Polen bereitet worden war.[42]

Völkermord an Polen, Juden, Sinti, Roma

In seiner Rede vom 30. Januar 1942, dem Jahrestag der Machtergreifung, betonte Hitler: »[...] dass der Krieg nur damit enden kann, dass entweder die arischen Völker ausgerottet werden, oder dass das Judentum aus Europa verschwindet.«[43] Im Sommer 1938 ordneten die Kommunalbehörden in München und Nürnberg den Abbruch der Hauptsynagogen an.[44] Zur Reichspogromnacht 1938 gab das Reichspropagandaministerium folgende ›Sprachregelung‹ amtlich heraus »Hier und dort seien Fensterscheiben zertrümmert worden, Synagogen hätten sich selbst entzündet oder seien sonst wie in Flammen aufgegangen.« Die Berichte sollten »nicht allzu groß aufgemacht werden, [...]. Vorläufig keine Bilder bringen.«[45] Das Attentat des jungen polnischen Juden Herschel Grynszpan auf den Gesandtschaftssekretär vom Rath in Paris war den Nazis gerade recht gekommen, um als Vorwand für die Ausschreitungen zu dienen.[46]

Julius Streicher, der sich als notorischer Judenhasser traurigen Ruhm erwarb, schrieb im *Angriff* bereits Ende Januar 1935: »Denn die Juden sind rachsüchtiger als wir. Sie werden, wenn sie jemals wieder hochkommen sollten, sich nicht damit begnügen, uns in Konzentrationslager zu schicken.«[47] Und Robert Ley, der »Reichstrunkenbold« genannte Führer der Deutschen Arbeitsfront führte in einer Rede im Mai 1939 in Innsbruck, welche im Rundfunk übertragen wurde, aus: »Der Jude kann nicht allein in unserem Volk vernichtet sein, sondern wir dürfen nicht eher ruhen und rasten, bis der Jude in der ganzen Welt vernichtet ist.«[48]

Am 22. November 1941 vertraut der Nazi-Propagandaminister Joseph Goebbels seinem Tagebuch an: »Evakuierung der Juden soll stadtweise vorgenommen werden.«[49] Dem folgte am 16. Februar 1942 folgender Eintrag: »Die Juden haben die Katastrophe, welche sie heute erleben, verdient. [...] und wir tun damit der leidenden und seit Jahrtausenden vom Judentum gequälten Menschheit einen unschätzbaren Dienst.«[50] Und am 27. März 1942: »Aus dem Generalgouvernement werden jetzt, bei Lublin beginnend, die Juden nach dem Osten abgeschoben. Es wird hier ein ziemlich barbarisches und nicht näher zu beschreibendes Verfahren angewandt, und von den Juden selbst bleibt nicht mehr viel übrig.«[51] Goebbels informierte sich direkt, wie der Tagebucheintrag vom 25. April 1942 beweist, in welchem er über eine ausführliche Aussprache mit dem Generalgouverneur Dr. Frank berichtet.[52]

Bereits sofort nach dem Einmarsch der deutschen Truppen in Polen 1939 wurden vor allem die Juden schwersten Drangsalierungen ausgesetzt:

> »Im November (1939) sind in Warschau mehr als 800 Juden an Typhus gestorben. Im Januar lagen im Warschauer jüdischen Krankenhaus 1.200 Typhuskranke. Die Seuche hat auf die Judenviertel anderer polnischer Städte übergegriffen. In fast allen größeren Orten sind Ghettos errichtet worden, die meist mit Stacheldraht eingezäunt sind«.[53]

Die Mörder in deutscher Uniform waren Aktionisten im reinsten Sinne und verliehen ihren Mordaktionen teilweise widerlich phantasievolle Namen:

Am 16. Mai 1940 hatte Generalgouverneur Hans Frank den Befehl für die »AB-Aktion« erteilt, mit dem Ziel der »Außerordentlichen Befriedung« durch die Vernichtung der polnischen Führungsschichten. Zwischen dem 29. Juni und dem 15. August 1940 kam es dabei zu vier oder fünf Exekutionen in der Nähe von Lublin, denen rund 450 Personen zum Opfer fielen. Die Aktion richtete sich gegen die polnische Intelligenz: Geistliche, Ärzte, Juristen, Studenten.[54] Sie sollten auch als potentielle Träger des polnischen Wiederstandes ausgeschaltet werden.

Im Zuge der »Aktion Reinhardt« (sie war dem getöteten Reinhardt Heydrich gewidmet) fiel den Kreishauptleuten die Aufgabe zu, die jüdische Bevölkerung mit eigenen Kräften verkehrsgünstig zusammenzufassen, dabei wurde auch die örtliche Gendarmerie, der Sonderdienst, polnische Gemeindeverwaltungen, polnische Polizei oder jüdischer Ordnungsdienst eingesetzt.[55] Die Aktion begann im März 1942 und dauerte bis Sommer 1942.[56] Sie war von langer Hand vorgeplant[57] und hatte nur ein Ziel: Die Ermordung der jüdischen Bevölkerung. Die »Aussiedlungen« erfolgten nach dem »Austauschprinzip«: Polnische Juden wurden nach Belzec verschleppt und ermordet. Die freigewordenen Gettos füllt man mit nichtpolnischen Juden, »Protektoratsjuden« und »Reichsjuden« wieder auf,[58] auf diesem Weg wollte man den Völkermord verschleiern.[59] Insgesamt fielen der »Aktion Reinhard« 1,5 bis 2 Millionen Menschen zum Opfer. Die Beute der SS wurde von ihr mit nahezu 180 Millionen Reichsmark beziffert.

Bei der »Aktion Erntefest« handelt es sich um die Tarnbezeichnung für eine Mordaktion, bei welcher am 2. und 3. November 1943 im Distrikt Lublin alle bis dahin noch am Leben gelassenen und bereits in Zwangsarbeitslagern zusammengefassten Juden erschossen wurden. Ungefähr 42.000 Menschen wurden hierbei ermordet.[60] Im Konzentrationslager Majdanek fand eine Massenexekution statt, der mindestens 17.000 Menschen (nach anderen Quellen 18.400 Menschen) zum Opfer fielen,[61] während von den Lagerlautsprechern Musik dröhnte, um die Schüsse und Schreie der Opfer zu übertönen.[62] Für diese Massenaktion waren sogar SS-Verbände aus Warschau und Krakau nach Lublin beordert worden.[63]

Bei der so genannten »Aktion Hasenschießen« wurden durch deutsche Polizeibataillone (unter nicht geklärten Detailfragen auch der Beteiligung des Frankfurter Polizeibataillons 306) etwa 780 sowjetische Kriegsgefangene bei Zamosc ermordet.

Ein Archivar teilte einem Kollegen im Rahmen einer Besprechung im Dezember 1942 zur »Aktion Zamosc« mit:

> « [...] dass zunächst die polnische Bevölkerung aus etwa 13 Gemeinden ausgesiedelt würde. Späterhin, d. h. im Laufe des nächsten Jahres, soll der ganze Kreis Zamosc deutsch besiedelt werden. Es handelt sich um etwa 150 bisherige Dörfer, aus denen 50 neue deutsche Dörfer entstehen sollen. Von der Aussiedlung betroffen werden rund 100.000 Polen, die durch etwa 30.000 Deutsche ersetzt werden. Auch die Stadt Zamosc wird weitgehend von Polen geräumt.«[64]

Während dieser Umsiedlungsaktion wurden nach und nach aus ca. 300 Dörfern rund 100.000 Polen vertrieben – zehntausende wurden direkt in Konzentrations- und Vernichtungslager verschleppt.[65] Nahezu unvorstellbar, dass diese Geschehnisse deutschen Verwaltungsbeamten vor Ort entgangen sein könnten.

Die Lüge: »Neuansiedlungen im Osten«

Zweifel an der amtlichen Version, das Verschwinden der Juden diene dem Zweck, sie im Osten neu anzusiedeln, soll es bei Normalbürgern »in der Regel nicht« gegeben haben, Standorte und Namen von Konzentrationslagern (Vernichtungslagern) im Osten seien der deutschen Normalbevölkerung »in der Regel« nicht bekannt gewesen.[66] Jedoch seien Befremden, Bedrücktheit und Sorge die vorherrschenden Reaktionen auf die Reichspogromnacht 1938 gewesen.[67] Mit allen Mitteln aber habe das System sicherstellen wollen, dass die

Untaten der Vernichtungslager zumindest in der Heimat geheim blieben.[68]

Am 29. November 1942 notierte der deutsche Philologe jüdischer Abstammung und von seinem Katheder verjagte Professor Dr. Victor Klemperer zu den Deportationen deutscher Juden nach Osten in seinem Tagebuch, dass er erfahren habe »[...] in den Lagern träfen größere Gruppen auf einmal ein. Am Ende dieser Reise stehe für die jüdischen Teilnehmer der Tod.«[69]

Gleiches berichtet der Grafiker jüdischer Abkunft Cioma Schönhaus in seinen Lebenserinnerungen. So habe er u. a. nach der Deportation seiner Eltern 1942 bei einem Kaffeenachmittag erfahren: »Also, Kinder, was die in Polen mit den Juden machen. Ich darf ja nicht darüber sprechen, aber eins sage ich Euch: Passt ja auf, dass Ihr da nicht hinkommt.«[70] Und wenig später berichtet ihm ein deutscher Soldat auf Heimaturlaub »nach dem dritten Bier«: »Ihr könnt Euch ja gar nicht vorstellen, was draußen alles passiert. Vor allem mit den Juden [...]«, und zieht Fotos aus dem Geheimfach seiner Brieftasche.[71] Oder wenig später eine junge Frau: »Er ist Jude und ihm droht die Evakuierung nach Polen in ein Lager. Wir haben ja neulich im englischen Sender gehört, was dort geschieht.«[72] Später hatte Schönhaus selbst Gelegenheit, im englischen Sender zu hören, was mit Juden und Polen geschieht.[73]

Auch in den Erinnerungen Victor Klemperers, den man sicherlich als objektiven Zeitzeugen heranziehen kann, spiegelt sich wider, dass das, was mit den Juden geschah, nicht völlig unbeachtet blieb. Zwar lebte Klemperer nach eigener Aussage »im zoologischen Garten der Judenkäfige«[74], doch war dabei auch ihm, der zuvor an der Spitze der Sozialhierarchie stand, vieles bekannt geworden. Auch ihm war der in vielen Varianten kursierende Spruch »Lieber Gott, mach mich stumm, dass ich nicht nach Hohnstein [KZ] kumm«[75] geläufig, und die Misshandlungen, welche Erich Mühsam im KZ erlitt, waren ihm keineswegs entgangen.[76] Klemperer bemerkte in treffender Weise »Ich glaube, wo künftig das Wort Konzentrationslager fallen wird, da wird man an Hitlerdeutschland denken, und nur an Hitlerdeutschland«[77] und stellte dazu fest, »dass ein umnebelter, der Krankheit und

1 Einführung

dem Verbrechen nahestehender Geisteszustand durch zwölf Jahre als höchste Tugend galt.«[78] Klemperer stand dabei nicht allein.

Und selbst den ebenfalls isolierten, verachteten und verfolgten Afrodeutschen entging nicht, was in der »deutschen Welt« geschah: Und wenn es nur durch das Gerede eines Feldwebels der Waffen-SS war, der den »Negern« bei Kaffee und Kuchen erzählte, was im Osten mit den Juden geschah.[79] Oder in der Begegnung mit einem Schutzpolizisten, der zu Sondereinsätzen nach Polen abkommandiert war und als gebrochener Mann nach Hause zurückkam.[80] Der Tante des Afrodeutschen Hans Massaquoi, die für ihren Neffen Spielzeugfiguren von Hitler, Göring und Goebbels kaufte, rief der Verkäufer nach: »Komm bloß nicht auf die Idee, mit Nadeln da rein zu pieken, wie Ihr das bei Euch zuhause macht. Wenn nämlich dem Führer, Göring oder Goebbels etwas passiert, finden wir Dich. Und dann bist Du dran.«[81] Den Afrodeutschen ging es keinen Deut besser als den Juden: Auch schwarze Deutsche, die als Frontkämpfer in den Kolonialtruppen des Ersten Weltkrieges für Kaiser und Reich ihr Leben riskierten, starben in den KZs.[82]

Zumindest die am 19. September 1941 erfolgte amtliche Einführung der Judensternpflicht[83] konnte keinem deutschen Zeit- oder Volksgenossen entgangen sein. Aber auch unter Angehörigen der »Leibstandarte Adolf Hitler«, jener zur Division angewachsenen Prätorianergarde von ursprünglich Regimentsstärke (welche zur kämpfenden Truppe der Waffen-SS gehörte), war man erstaunt z. B. über »die von Politbonzen und Armeeführung inszenierte brutale und würdelose Behandlung der Ukrainer«[84] sowie die Ermordungen und Massaker an jüdischen Bürgern z. B. in Odessa.[85]

Und auch die – wenn auch scheinlegalen, so doch willkürlichen Verhaftungen – von Personen, welche sich durch Flucht dem Terror der Nazis entziehen wollten waren allgemein bekannt.[86] Auch konnte niemand die Augen vor dem Unrecht verschließen, das den deutschen Juden anlässlich der Reichspogromnacht widerfuhr: Terror und Gewalt, gefördert und sanktioniert von Staats wegen.[87] Ganz Deutschland war zur Meinungslenkung mit einem Stab ›sozialer Seelsorger‹ überzogen worden, welche in ihren verschiedenen

Funktionen, vor allem bei der staatlichen Propaganda[88] und Meinungsüberwachung,[89] dafür Sorge zu tragen hatten, dass Ruhe und Konformität herrschte.

Trotz alledem war durch den ›Mundfunk‹ der deutschen Öffentlichkeit bekannt, dass Juden nach Polen »abgeschoben« wurden, und dass sie dort bestenfalls in einem »riesigen Konzentrationslager« eingepfercht wurden, in welchem man sie dem Hunger preisgab.[90] Und auch ausländische Gäste erfuhren von den Massenmorden an den Juden, welche sich gerüchteweise herumsprachen.[91]

Und was den Umgang mit den Völkern der überfallenen Länder betrifft: Sogar der *Völkische Beobachter*, das Parteiorgan der NSDAP, meldete beispielsweise, dass Vergeltungsaktionen gegen die einheimische Bevölkerung – welche sich selten über die ungebetenen Gäste in brauner Geistestracht gefreut haben mag – durchgeführt wurden.[92]

Das deutsche Volk und die Völker der Welt wussten sehr wohl, was im Machtbereich der Nationalsozialisten den Menschen angetan wurde, nicht umsonst kursierte in Deutschland folgender Flüster-Witz: Der »Führer und Reichskanzler« habe den christlichen Kirchen, ganz gegen deren Willen, zwei neue Feiertage beschert: Mariä Denunziata und Maria Haussuchung, welche sich vor allem in sonst weniger christlichen Kreisen größter Beliebtheit erfreuen würden.

Das Vernichtungslager Belzec

Die Entstehungsgeschichte des Vernichtungslagers Belzec, das zuerst als Zwangsarbeitslager für den Bau von Panzergräben errichtet wurde, ist bis heute nicht ganz geklärt. Unklar bleibt bisher auch, inwieweit die Zivilverwaltung an der Errichtung des Lagers beteiligt war.[93] Fest steht lediglich der Umstand, dass die Zivilverwaltung Lebensmittel für ein Sonderkommando lieferte, was Kreishauptmann Helmut Weihenmaier bei einer Vernehmung 1961 einräumte.[94] Im Mai 1940 hatte die SS ein Zwangsarbeitslager in Belzec eingerichtet, das jüdische Zwangsarbeiter aufnehmen sollte, die zum Bau von Panzergräben und Festungsanlagen gezwungen wurden. Am 13. Ok-

1 Einführung

tober 1941 traf Reichsführer SS Heinrich Himmler mit Odilo Globocnik zusammen. Vermutlich stammt der Befehl zur Errichtung des Vernichtungslagers Belzec von diesem Tag.[95]

Etwa im November 1941 wurde mit dem Bau des Vernichtungslagers begonnen. Es wurde ein Standort nahe dem Bahnhof Belzec gewählt, etwa 500 Meter entfernt an einem Nebengleis. Die in dem Bereich angelegten Panzergräben dienten später als Massengräber für die Ermordeten.[96] Die Bauphase der drei Vernichtungslager der »Aktion Reinhard« in Belzec, Sobibor und Treblinka erstreckte sich über den Zeitraum von Herbst 1941 bis Sommer 1942. Die Wahl der Standorte erfolgte nach Gesichtspunkten der Geheimhaltung in nur dünn besiedelten Gebieten und der vorhandenen Transportmöglichkeiten in der Nähe von Eisenbahngleisen. Alle drei Vernichtungslager befanden sich an der östlichen Grenze des Generalgouvernements, womit der Schein aufrechterhalten werden sollte, die Deportierten würden lediglich »umgesiedelt« und dann weiter in den Osten abgeschoben.

Alle Vernichtungslager verfügten über Gaskammern, die mit Motorenabgasen betrieben wurden. Als ›Techniker‹ standen Globocnik Leute zur Verfügung, die auf diese Art in dem als »Euthanasie« bezeichneten Mordprogramm »Aktion T4« zuvor schon Tausende Menschen getötet hatten. Etwa 100 von ihnen begleiteten den Bau der drei Vernichtungslager und stellten später einen Teil des Personals. Die Wachmannschaften setzten sich aus so genannten »Volksdeutschen«, Balten, Ukrainern u. a. zusammen, die in dem SS-Ausbildungslager in der polnischen Stadt Trawniki in kurzer Zeit auf ihren Dienst vorbereitet worden waren. Etwa 90 bis 120 dieser damals so genannten »Trawnikis« bewachten jeweils ein Vernichtungslager.

In Belzec, Sobibor und Treblinka fand keine Selektion und keine Registrierung der Opfer statt. Sie wurden gleich nach ihrer Ankunft in die Gaskammern getrieben. Die Leichen der Ermordeten begrub man zunächst in Massengräbern, ab Ende 1942 wurden sie auf Scheiterhaufen verbrannt. Für die Beseitigung der Leichen teilte das Lagerpersonal so genannte »Funktionshäftlinge« ein, die für eine Zeit lang von der Ermordung ausgenommen wurden.

Himmlers »Generalplan Ost« und die »Aktion Zamosc«

Die »Aktion Reinhard« war ein Teil der so genannten »Endlösung der Juden- und Zigeunerfrage« und eine Folge des Umstands, dass die Massenerschießungen durch »Einsatzgruppen« und Polizeibataillone weder die gewünschte Geheimhaltung gewährleisten noch im Sinne der SS ausreichende ›Mordkapazitäten‹ erreichen konnten.

Auch die Befürchtungen der SS über die psychische Belastung der Mordschützen spielte bei der Entscheidung für die Vernichtungslager eine Rolle. Im Juli 1942 setzte Himmler auf einer Inspektionsreise in Lublin das Ende der »Aktion Reinhard« auf Ende Dezember des Jahres fest. Die Stilllegung der Lager begann jedoch erst im Frühjahr 1943.

Beim Transport von jüdischen Opfern in das Vernichtungslager Belzec war oft ein Waggon mit polnischen politischen Häftlingen angehängt, so der Bericht eines Zeugen aus dem polnischen Wiederstand.[97] Allein zwischen dem 15. und 31. März 1942 sollen in Belzec fast 58.000 Menschen vergast worden sein.[98] Die Gesamtzahl der Mordopfer in Belzec wird in zuverlässigen Quellen auf rund 600.000 geschätzt. Ein Unteroffizier der Wehrmacht, Wilhelm Cornides, schrieb am 31. August 1942 anlässlich einer Bahnfahrt in sein Tagebuch:

> »Wir sind am Lager Belzec vorbeigefahren. Vorher ging es längere Zeit durch hohe Kiefernwälder. [...] Ein starker, süßlicher Geruch war deutlich erkennbar. [...] Inzwischen [...] hatte sich der süßliche Geruch in scharfen Brandgeruch verwandelt. ›Das ist vom Krematorium‹, sagte der [im Abteil anwesende] Polizist'.«[99]

Im Dezember 1942 stellte die SS die Transporte in das Vernichtungslager Belzec ein. Bis zu dieser Zeit waren die meisten Juden des Generalgouvernements getötet worden.

Zwischen Dezember 1942 und Frühjahr 1943 wurden die Massengräber geöffnet und die Leichen auf speziellen Konstruktionen aus Eisenbahnschienen verbrannt. Die Asche und die zermalmten Knochen wurden wieder in den Gräbern verscharrt. Nach Abschluss der Verbrennung der Leichen wurde das Lager abgerissen, um alle Spuren zu beseitigen. Weil nach dem Abriss des Lagers Bauern aus der Gegend auf dem Gelände nach Geld und Gold suchten, das Juden vergraben haben könnten, errichteten die Deutschen einen Bauernhof, pflügten das Gelände um und pflanzten Bäume. Zwei Ukrainer wurden als Wache postiert, um unerwünschte Grabungen zu verhindern. Im Sommer 1944 wurde das Gebiet um Belzec von der Roten Armee und polnischen Truppen befreit.

Kreishauptmann Weihenmaier behauptete nach dem Krieg, das Vernichtungslager Belzec erst nach der Einstellung des Betriebes besucht zu haben. Seine Mitarbeiter müssen aber großes Interesse am Lager gehabt haben, denn Kreishauptmann Helmut Weihenmaier verbot den Verwaltungsangestellten in Zamosc einen Besuch von Belzec.[100] Der Beamte der Arbeitsverwaltung bei der Kreishauptmannschaft Zamosc, Emil S***t, ließ sich während des ›Lagerbetriebes‹ von seinem Kollegen J***l von der Arbeitsamtsnebenstelle in Tomaszów-Lubelski mit dem Pferdegespann bis an das Vernichtungslager Belzec heranführen und sich detailliert und realistisch über den Verlauf des Massenmordes informieren.[101]

Im März oder April 1943 fuhr Franz Stangl nach Belzec, um sich mit dem Lagerkommandanten Christian Wirth zu treffen. Fast 30 Jahre später, in Haft, beschrieb er seine Eindrücke über die Ankunft in Belzec:

> »Ich fuhr mit dem Auto hin. Bei der Ankunft sah man zuerst den Belzecer Bahnhof auf der linken Seite der Straße. [...] Die Kommandantur war auf der anderen Seite der Straße. [...] Es war ein einstöckiges Gebäude. Der Gestank [...], oh, mein Gott, der Gestank. Er war überall. Wirth war nicht in seinem Büro. Ich erinnere mich, dass sie mich zu ihm brachten [...] er stand auf einem Hügel, neben den Gruben [...], die Gruben [...] voll [...], sie waren voll. Ich kann es Ihnen nicht sagen: nicht Hunderte – Tausende, Tausende von Leichen [...] mein Gott. Dort hat Wirth es mir gesagt – er sagte, dass es das war, wofür Sobibor bestimmt war. Und dass er mich offiziell mit der Leitung beauftrage.«[102]

Franz Stangl, geboren 1908 in Altmünster in Österreich, kam aus den Euthanasie-Vergasungsanstalten Hartheim und Bernburg. Ab Frühjahr 1942 war er Kommandant der Vernichtungslager Sobibor und Treblinka. Er floh 1948 aus der Haft in Linz nach Italien, von dort mit vatikanischer Hilfe nach Syrien, und ging von dort nach Brasilien, wo er ab 1951 bei VW São Paulo tätig war. 1967 erfolgte seine Verhaftung, 1970 wurde er wegen gemeinschaftlichen Mordes an mindestens 400.000 Menschen zu lebenslanger Haft verurteilt. Er starb in Haft 1971.[103]

Selbst Adolf Eichmann, der Organisator der Massenmorde, sah sich selbst als eigentlich unschuldig. Mit seiner Aussage »Habe nie einen schriftlichen Befehl gesehen. [...] Ich weiß nur, dass mir Heydrich sagte: ›Der Führer hat die physische Vernichtung der Juden befohlen‹.«[104] versuchte er, sich auf einen Befehlsnotstand hinauszureden. Er war damit weniger ein Einzelfall, eher die Regel. Auch der frühere Reisbankpräsident und Reichswirtschaftsminister Hjalmar Schacht sah die Völkermorde der Nazis so:

> »Diese entsetzlichen Verbrechen waren von Deutschen begangen worden – denn an der Wahrheit der Darstellung war im Ganzen nicht zu zweifeln – und ich hatte nichts davon gewusst. Es gibt ein ungeschriebenes Sittengesetz.«[105]

Ob er wirklich nichts davon gewusst hat, muss bei einem Reichsminister doch sehr stark bezweifelt werden. Dies gilt auch für den Kreishauptmann Helmut Weihenmaier.

2 Das Generalgouvernement

Das von den deutschen Truppen während des Zweiten Weltkrieges besetzte Polen war von den Nationalsozialisten als »Generalgouvernement für die besetzten polnischen Gebiete« der Verwaltung des Reichsministers und Generalgouverneurs Hans Frank unterstellt worden. Die Beauftragung Hans Franks erfolgte durch Adolf Hitler direkt am 15. September 1939,[106] die Zeit der Verwaltung des Landes durch eine deutsche Militärverwaltung war damit nur kurz. Mit dem Generalgouvernement wurde bewusst ein »völkerrechtliches Niemandsland« geschaffen, sein Status blieb bis zuletzt offen und ungeklärt.[107] Der offizielle Erlass Hitlers stammt jedoch vom 12. Oktober 1939 und wurde am 24. Oktober 1939 im Reichsgesetzblatt bekannt gemacht.[108] Am 26. Oktober 1939 trat der »Erlass des Führers über Gliederung und Verwaltung der Ostgebiete« vom 8. Oktober 1939 in Kraft.[109]

In Deutschland hatte niemand von diesen Dingen, vom Unrechtsystem im »Nebenland des Deutschen Reiches« gewusst? Das kann zumindest nicht von den Beziehern der Juristenzeitschrift *Deutsches Recht - vereinigt mit Juristische Wochenschrift* behauptet werden. Die vom Reichsführer des NS-Rechtswahrerbundes Hans Frank (also dem Generalgouverneur selbst) herausgegebene Zeitschrift gehörte zur Pflichtlektüre nicht nur aller Rechtspfleger, Rechtsanwälte, Staatsanwälte, Notare, juristischen Hochschullehrer und Richter, sondern berichtete auch mehrfach ausführlich über »Das Recht des Generalgouvernements«.[110] Natürlich aus berufener Feder: Der Autor, Oberlandesgerichtsrat Dr. Albert Weh war damals Leiter der Abteilung Gesetzgebung im Amt des Generalgouverneurs in Krakau.

Und selbst der in Deutschland mit einem Veröffentlichungsverbot belegte Schriftsteller Erich Kästner wusste bereits 1941 durch Begegnungen mit einem Angehörigen der Waffe-SS davon, dass Polen und Juden »im Keller kalt gemacht« werden.[111]

Der Sprecher des Reichspropagandaministeriums gab am 20. Oktober 1939 im Hinblick auf das Generalgouvernement die Parole aus, es werde in Zukunft »pressemäßig über dieses Gebiet nicht viel zu sagen sein, und zwar sowohl aus inneren, wie auch aus äußeren Gründen.«[112] Das Reich bevorzugte trotz der zumindest juristischen Mitteilungsfreudigkeit Schweigen um das, was im Generalgouvernement geschehen sollte. Das Recht des Generalgouvernements entsprach ja in der Regel den Bestimmungen im Deutschen Reich – mit Abweichungen, die vom System gezielt so gewollt waren, um die Rechte vor allem der jüdischen und polnischen einheimischen Bevölkerung rücksichtslos mit Füßen zu treten.

Der neue Generalgouverneur hatte es jedoch nicht eilig, sein Amt anzutreten. Er fürchtete Spannungen mit der noch vorhandenen Militärverwaltung: Der Stab des (militärischen) Chefs der Zivilverwaltung in Lodz stellte seine Tätigkeit erst am 26. Oktober 1939 ein, am Tag der Übernahme durch den neuen Generalgouverneur. In einem Wehrmachtbericht des Grenzabschnittskommandos Süd hieß es am 30. November 1939: »Vorläufig ist der praktische Aufbau der Verwaltung noch immer im Werden. Sie zeigt die krankhaften Erscheinungen unserer Zeit: An der Spitze ein riesiger Apparat, bei den Ausführungsstellen zahlenmäßig unzureichende Kräfte.«[113] Dafür trafen im November 1939 in Krakau 800 Beamte ein, welche in der Regierung des Generalgouvernements eingesetzt werden sollten.

Die zentrale Behörde im Generalgouvernement war das Amt des Generalgouverneurs, das am 30. Juni 1940 in Regierung des Generalgouvernements umbenannt und damit natürlich auch in der politischen Bedeutung massiv aufgewertet wurde.[114] Die dominierende Rolle kam dabei der Inneren Verwaltung zu, auch wenn diese durch die Herauslösung der Polizei als Verwaltungsexekutive geschwächt war. Der Dienstsitz des Generalgouverneurs wurde in Krakau eingerichtet.[115]

Die Verwaltung bestand aus drei Ebenen: Dem Generalgouverneur, den Distrikten[116] und den Kreishauptmannschaften[117]. Die Kreishauptmannschaften bildeten dabei das Rückgrat der deutschen Verwaltung,[118] die Ernennung der Kreishauptleute behielt sich der

Generalgouverneur selbst vor.[119] Die Amtssprache im Generalgouvernement war deutsch, die polnische Sprache lediglich zugelassen.[120]

Die allgemeine Polizei war fest in den SS- und Polizeiapparat eingebunden,[121] den man sicherlich als ›Nebenregierung‹ bezeichnen konnte – auch weil der »Höhere SS- und Polizeiführer« dem Generalgouverneur und seinem Stellvertreter zumindest formell direkt unterstand.[122] Jedenfalls war den höheren SS-Führern die Haltung der Verwaltungsstellen meistens völlig gleichgültig.

Die Verwaltung des Generalgouvernements gliederte sich in die Distrikte Krakau, Radom, Lublin, Warschau und Galizien. Zum Distrikt Lublin gehörte auch die Kreishauptmannschaft Zamosc, der bei der neuen Kreiseinteilung auch der größte Teil des Kreises Tomaszów-Lubelski zugeschlagen worden war.[123] Zum 1. Januar 1940 bildete man aus den zuvor 72 polnischen Landkreisen 40 Kreishauptmannschaften sowie sechs Stadthauptmannschaften.[124] Die Fläche eines der neuen Kreise betrug mit durchschnittlich rund 2.500 qkm ein Vielfaches des Reichsdurchschnitts von 600 qkm.[125]

Der Kreis Zamosc umfasste offiziell auch das Stadtkommissariat Zamosc und das Landkommissariat in Tomaszów-Lubelski.[126] Die Stadt- und Landkommissariate waren jedoch stets zumindest formell dem Kreishauptmann unterstellt.

Im Gebiet des Generalgouvernements wurde bereits am 23. November 1939 durch den Generalgouverneur Frank eine Verordnung erlassen,[127] durch welche alle Jüdinnen und Juden gezwungen wurden, am rechten Arm eine weiße Armbinde mit blauem Davidstern zu tragen, was auch den deutschen Wehrmachtsangehörigen nicht entging.[128] Bereits im September 1939 hatte es entsprechende Verfügungen lokaler Behörden gegeben. In der Juristenzeitschrift *Deutsches Recht* wurde dies wie folgt kommentiert:

> »Es ist bekannt, wie stark auch im Gebiet des Generalgouvernements das jüdische Element vertreten ist. Da galt es vor allem, die reinliche Scheidung zwischen Juden und Nichtjuden zu vollziehen. [...] Schon rein äußerlich ist (durch) die Pflicht zum Tragen der Armbinde mit dem Zionsstern [...] für klare Verhältnisse gesorgt.«[129]

Neben die »Kennzeichnungspflicht« trat für Juden die »Allgemeine Arbeitspflicht«. Der Vollzug der Todesstrafe durch Stand- und Sondergerichte, auch solche der Gestapo, war an der Tagesordnung. Dies war aber so weiten Kreisen bekannt, dass sich selbst die Exil-SPD damit auseinandersetzen musste.[130]

Auch im Deutschen Reich wurden die Juden zu harter Zwangsarbeit gepresst, am 20. Dezember 1938 hatte die Reichsanstalt für Arbeitslosenvermittlung und Arbeitslosenversicherung eine Verfügung erlassen, wonach sich alle arbeitslosen Juden zur Zwangsarbeit melden mussten, wobei Juden natürlich nur sehr schwere und unangenehme Arbeiten zugewiesen bekamen.[131] Und im Gau Wien (damals Gauleiter Josef Bürckel) wusste man recht früh zu berichten, dass die Juden nach Lublin transportiert worden seien.[132]

Kennzeichnungspflichtig waren aber auch polnische Zwangsarbeiter im »Reichsgebiet«, welche laut einer Polizeiverordnung vom 8.3.1940 verpflichtet waren, ein gelbes Quadrat mit violettem »P« zu tragen.[133] Ferner galt strafrechtlich für Polen ein Sonderrecht: Die »Polenstrafrechtsverordnung«, welche man nur als Unrechtsverordnung ohne jeden Rechtsschutz bezeichnen kann.[134]

Grundsätzlich herrschte (und vermutlich nicht nur) zu Anfang Mangel an (fachlich qualifiziertem) deutschem Verwaltungspersonal im Generalgouvernement, was sich wohl in den Jahren 1940/41 verbesserte, in denen die Kreishauptleute mehr Personal zugewiesen bekamen.

Jedoch ließ die fachliche Qualität dieses Personals wohl deutlich zu wünschen übrig. Ab 1942 wurde die Personallage wieder merklich schlechter, weil viele jüngere Angehörige der Verwaltung zur Wehrmacht einberufen wurden.[135] General Walter Rudolf Moritz von Unruh betätigte sich offiziell als »Heldenklau«. Er wurde am 22. November 1942 zum »Sonderbeauftragten für die Überprüfung des zweckmäßigen Kriegseinsatzes« nicht nur in der Wehrmacht, sondern ebenso in den Gliederungen und Verwaltungen von Partei und Staat ernannt. Militärisch war das Bemühen des Generals »Heldenklau« wirkungslos, verwaltungstechnisch meist wirkungsvoll im negativen Sinne.

2 Das Generalgouvernement

Der Generalgouverneur Hans Frank

Der im Jahre 1900 in Karlsruhe geborene Jurist Hans Frank war 1928 Gründer des späteren NS-Rechtswahrerbundes, seit 1930 MdR, und zugleich Leiter des Reichsrechtsamtes der NSDAP. Seit Dezember 1934 war Hans Frank Reichsminister ohne Geschäftsbereich und seit dem 25. Oktober 1939 Generalgouverneur im besetzten Polen.

Generalgouverneur Hans Frank sprach bei einem Besuch in Lublin am 17. Oktober 1941 beiläufig von einem »Sonderauftrag des Führers« im Distrikt Lublin. Damit waren wohl die Vernichtung und Vertreibung von Juden und Polen gemeint. Ebenfalls am 17. Oktober 1941 soll Adolf Hitler gesagt haben:

> »Die Eingeborenen? Wir werden dazu übergehen, sie zu sieben. Den destruktiven Juden setzen wir ganz hinaus. [...] Es gibt nur eine Aufgabe: Eine Germanisierung durch Hereinnahme der Deutschen vorzunehmen und die Ureinwohner als Indianer zu betrachten. [...] Ich gehe an diese Sache eiskalt heran. Ich fühle mich nur als der Vollstrecker eines geschichtlichen Willens.«[136]

Ganz im Geiste seines Führers Adolf Hitler äußerte sich dann Generalgouverneur Frank im August 1942 auf einer Großkundgebung der NSDAP in Lemberg: »Es soll doch in dieser Stadt einmal Tausende und Abertausende von diesen Plattfußindianern gegeben haben – es war keiner mehr zu sehen. Ihr werdet doch am Ende mit denen nicht böse umgegangen sein?« Die Menge quittierte diese menschenverachtende, antijüdische Bemerkung angeblich mit »großer Heiterkeit«.[137]

In seiner Eigenschaft als Reichsrechtsführer hatte Generalgouverneur Hans Frank in Wien am 1. Juli 1942 erklärt: »Es gibt kein Reich ohne Recht; es gibt kein Recht ohne Richter«.[138] Daran gehalten hat er sich allerdings in der Praxis nicht. Er übertrug seinen Verwaltungsbeamten zu Anfang zwar keine Strafgewalt, duldete aber deren massive Kompetenzüberschreitungen stillschweigend.

Gegenüber dem Gefängnispsychiater Leon Goldensohn in Nürnberg äußerte Frank sich 1945 folgendermaßen:

»Ich bin verantwortlich für das, wofür ich verantwortlich war, aber ich ließ nie einen einzigen Juden in ein Konzentrationslager stecken oder verbrennen – das kann ich beweisen. Sie werden überrascht sein, wenn Sie sehen, was mein Verteidiger bereithält. Die Vernichtung der Juden war eine Idee von Hitler persönlich. Es stand in Hitlers Testament. Darin sagte er, dass er die Juden vernichtet hat, weil sie den Krieg angefangen hatten. [...] Das ist das abscheulichste, grässlichste Dokument der Menschheitsgeschichte.«[139]

Hans Fritzsche, Journalist mit verschiedenen hohen Funktionen im Ministerium für Volksaufklärung und Propaganda unter Minister Joseph Goebbels sagte dagegen über Frank: »Frank konnte es nicht nur riechen, er wusste Bescheid.«[140] Dies könnte für seinen Kreishauptmann in Zamosc, Helmut Weihenmaier, vielleicht gleichermaßen gelten. Es sei hier nur an die räumliche Lage Zamosc – Tomaszów – Belzec erinnert, was leider nichts Gutes vermuten lässt.

Fritzsche wurde in Nürnberg auf Betreiben der Sowjets angeklagt: Goebbels hatte sich ja durch Selbstmord einer Anklage entzogen, so dass man hier wohl von einem Stellvertreterprozess sprechen kann. Fritzsche wurde freigesprochen, aber später dann nach Protesten aus der Bevölkerung in einem Spruchkammer-Verfahren zu mehreren Jahren Arbeitslager bestraft.

Hermann Göring, der Reichsmarschall des Großdeutschen Reiches, der sich durch Selbstmord der Vollstreckung des Urteils des Internationalen Gerichtshofes in Nürnberg entzog, schützte ebenso während des Prozesses Unwissen vor:

»Dass die Juden aus Deutschland evakuiert werden sollten, war klar. Dass die Juden ins Generalgouvernement Polen gehen sollten, war ebenfalls klar. Aber nicht, dass sie vernichtet werden sollten. Nach dem Krieg sollten die Juden nach Palästina oder anderswohin gebracht werden.«[141]

Auch wenn Generalgouverneur Hans Frank unmittelbar nur Hitler selbst unterstand, wurden seine Autorität und die seiner Verwaltung ständig in Frage gestellt. Denn auch im Generalgouvernement war Heinrich Himmler für alle Fragen der inneren Sicherheit zuständig.[142] Man wird sicher von einer dualen Verwaltung sprechen können: Neben Franks Zivilverwaltung stand die SS- und Polizeiverwaltung

Heinrich Himmlers. Und diese war zweifelsohne noch systemtreuer, als man dies von der ohnehin schon streng gelenkten, allgemeinen Verwaltung sagen kann.

Am 26. März 1941 setzten Reinhard Heydrich und der Generalquartiermeister der Wehrmacht, General Eduard Wagner, auf Hitlers Befehl eine Vereinbarung auf, mit welcher der SS für die Aufrechterhaltung der Sicherheit hinter der Front, in den neu besetzten Gebieten, vollständige Autonomie zugestanden wurde.[143] Am 13. Oktober 1941 traf Reichsführer SS Heinrich Himmler mit Odilo Globocnik zusammen. Vermutlich stammt der Befehl zur Errichtung des Vernichtungslagers Belzec von diesem Tag.[144]

Das deutsche »Recht« des Generalgouvernements

Reichsrechtsführer Hans Frank hat sich in seiner Eigenschaft als Generalgouverneur, gestützt auf einen entsprechenden Erlass Hitlers vom 12. Oktober 1939,[145] der ihm die Befugnisse als Generalgouverneur mit Wirkung vom 26. Oktober 1939 zusprach, selbstverständlich auch als ›Gesetzgeber‹ betätigt. Er ist dabei dem Geist des Regimes treu ergeben gefolgt. Hier seien nur einige seiner »Proklamationen« und »Rechtssetzungsakte« beispielhaft aufgeführt.

Gleich am 26. Oktober erließ der frisch gebackene Generalgouverneur eine Proklamation an die Bevölkerung des Territoriums des Generalgouvernements.

Es fehlte eigentlich nur die Einleitung »An Mein Volk«, mit der sich die regierenden, deutschen Monarchen bis fast zum Ende der Monarchie an ihre Bevölkerung wandten. Kurz vor Toresschluss wurde daraus dann im Herbst 1918 z. B. bei Großerzog Friedrich II. von Baden wenigstens »An das Badische Volk«. Es handelt sich beim »Mein« übrigens nicht um einen vermeintlichen Schreibfehler, sondern um eine gezielte Selbstüberhöhung, an die der Generalgouverneur wohl ganz bewusst anzuknüpfen versucht hat – wenn auch mit sprachlich anderen Mitteln.

Die früheren, deutschen Monarchen schrieben »Mein, Ich, Wir« stets groß – man war ja Serenissimus, d. h. »Herr von Gottes Gnaden« – ob im Fürstentum Reuß älterer Linie mit 316 qkm Fläche (von rund 541.000 qkm Reichsfläche) als flächenkleinstem Staat oder im Fürstentum Schaumburg-Lippe mit 32.000 Einwohnern (von damals rund 41 Millionen im deutschen Reich) – oder eben im Königreich Preußen, im Königreich Bayern, im Königreich Württemberg oder im Großherzogtum Baden. (Zum Vergleich: Der Landkreis Freudenstadt hat heute rund 870 qkm Fläche bei rund 115.000 Einwohnern, der Partnerkreis Tomaszów-Lubelski rund 1.500 qkm Fläche bei rund 90.000 Einwohnern.)

Doch zurück zur Proklamation des Generalgouverneurs, welche ihres entlarvenden Inhalts wegen wenigstens teilweise im Auszug wiedergegeben werden soll:

»Polnische Männer und Frauen!

Ich habe vom Führer den Auftrag erhalten, als Generalgouverneur für die besetzten polnischen Gebiete in entschiedener Form dafür zu sorgen, dass in alle Zukunft ein friedlicher Zustand in diesem Lande gewährleistet bleibt und dass die nachbarlichen Beziehungen der Polen zu dem mächtigen Weltreich der deutschen Nation sich organisch entwickeln. Ihr sollt getreu den von Euch seit geraumen Zeitläufen gepflegten Sitten Euer Leben führen, ihr sollt in allen Ausstrahlungen der Gemeinschaft Eure polnische Eigenart beibehalten dürfen. Allein, das durch die verbrecherische Schuld Eurer bisherigen Machthaber völlig zerstörte Land bedarf der entschiedensten organisatorischen Heranziehung Eurer gemeinschaftlichen Arbeitskraft. Befreit von dem Zwang der Abenteurerpolitik Eurer intellektuellen Regierungsschicht werdet Ihr unter dem starken Schutz des Großdeutschen Reiches in der Erfüllung einer allgemeinen Arbeitspflicht hierfür Eurer Bestes tun. Unter einer gerechten Herrschaft wird jeder durch Arbeit sein Brot verdienen. Für politische Hetzer, Wirtschaftsschieber und jüdische Ausbeuter dagegen wird kein Platz mehr in einem unter deutscher Oberhoheit stehenden Gebiet sein. Jeder Versuch einer Widersetzlichkeit gegen die getroffenen Anordnungen und gegen die Ruhe und Ordnung in den polnischen Gebieten wird mit den starken Waffen des Großdeutschen Reiches und mit rücksichtsloser Schärfe vernichtet. Wer sich aber den gerechten Geboten unseres Reiches fügt, die durchaus Eurer Lebensart entsprechen, soll ungefährdet arbeiten können. Sie werden Euch von vielen, entsetzlichen Missständen befreien, die Ihr als die Folgen einer unglaublichen Misswirtschaft Eurer bisherigen Machthaber heute noch zu tragen habt.«[146]

Zur Verkündung seiner gesetzgeberischen Maßnahmen stand dem Generalgouverneur das *Verordnungsblatt des Generalgouverneurs für die besetzten polnischen Gebiete* zur Verfügung, das zuerst noch in Warschau, dann aber bald in Krakau erschienen ist: Denn Dienstsitz des Generalgouverneurs wurde Krakau, nicht Warschau.[147] Man wollte damit die polnischen Vorkriegsautoritäten demütigen und zugleich durch eine Anknüpfung an das polnische Königtum ›Verknüpfungsgrundlagen‹ schaffen.

Das Verordnungsblatt erschien zweisprachig, in deutscher und polnischer Sprache, wobei bei Auslegungsproblemen selbstverständlich stets die deutsche Version die maßgebliche Fassung darstellte.

Der erste Rechtssetzungsakt nach der Proklamation des Generalgouverneurs war deshalb die *Erste Verordnung über den Aufbau der Verwaltung der besetzten, polnischen Gebiete*[148], ebenfalls vom 26. Oktober 1939. Vom gleichen Tag datieren die *Verordnung über Sicherheit und Ordnung im Generalgouvernement*[149] (durch deren § 3 der »Höhere SS- und Polizeiführer im Generalgouvernement« zum Erlass von Polizeiverordnungen ermächtigt wurde) und die *Verordnung über die Einführung der Arbeitspflicht für die polnische Bevölkerung des Generalgouvernements*[150].

Alle polnischen Bewohner des Generalgouvernements zwischen dem 18. und dem 60. Lebensjahr unterlagen danach mit sofortiger Wirkung der öffentlichen Arbeitspflicht (§ 1 I), für Juden wurde eine Sonderreglung angekündigt (§ 1 II). Diese erging umgehend durch die *Verordnung über die Einführung des Arbeitszwanges für die jüdische Bevölkerung des Generalgouvernements*[151], nach deren § 1 bestimmt wurde: »Für die im Generalgouvernement ansässigen Juden wird mit sofortiger Wirkung der Arbeitszwang eingeführt.«

Die Juden wurden zu diesem Zweck in Zwangsarbeitertrupps zusammengefasst. Man beachte den Unterschied zwischen »öffentlicher Arbeitspflicht« (für Polen von 18 bis 60 Jahren) und dem »Arbeitszwang« (für alle Juden ohne Altersbeschränkung!). Später wurden dann die Distriktchefs ermächtigt, die Arbeitspflicht auf Polen im Alter von 14 bis 18 Jahren auszuweiten.[152] Für Juden wurde die totale Arbeitserfassung dekretiert, verbunden mit strengen Bewegungsbeschränkungen:

> »Allen im Generalgouvernement befindlichen Juden ist das Betreten und die Benutzung von Straßen, Wegen und Plätzen in der Zeit von 21:00 bis 05:00 Uhr ohne schriftliche sowie zeitlich und örtlich begrenzte Erlaubnis der örtlich zuständigen, deutschen Verwaltungsbehörde untersagt. Anordnungen örtlicher, deutscher Behörden, die eine weitergehende Aufenthaltsbeschränkung enthalten, bleiben unberührt.«[153]

Weitere Details wurden durch die *Erfassungsvorschrift* vom 12. Dezember 1939 geregelt:

> »Die Dauer des Arbeitszwanges für Juden beträgt in der Regel zwei Jahre; sie wird verlängert, wenn innerhalb dieser Zeit ihr erzieherischer Zweck nicht erreicht sein sollte.« (§ 1). »Die Zwangsarbeitspflichtigen werden zur Auswertung ihrer Arbeitskraft, [...] bei lagermäßiger Unterbringung zur Arbeit eingesetzt.« (§ 2) »Die Erfassung der Arbeitszwangspflichtigen erstreckt sich zunächst auf die männlichen Juden vom vollendeten 12. bis zum vollendeten 60. Lebensjahr.« (§ 2)[154]

Diese »Rechtsvorschriften« wurden veröffentlicht, worauf nochmals ausdrücklich aufmerksam gemacht sei. Zumindest jeder Verwaltungsangehörige musste wissen, was diese Vorschriften für die betroffenen Personenkreise zu bedeuten hatten.

Durch die *Verordnung über das Schächtverbot*[155] wurde der jüdischen Bevölkerung die Versorgung mit rituell reinem, d. h. nach den religiösen Gesetzen »koscherem« Fleisch unmöglich gemacht. Auf Schächten stand Zuchthaus nicht unter einem Jahr (§ 2 I), die Zuchthausstrafe konnte auch in einem Konzentrationslager vollstreckt werden (§ 2 IV).

Steuervergünstigungen für jüdische Gemeinden, Anstalten, Stiftungen und Vereine wurden aufgehoben: Auch im Unrecht blieb man formell klar.[156] Die Kennzeichnungspflicht für Juden wurde durch Verordnung vom 23. November 1939 offiziell eingeführt: Alle Juden über zehn Jahren mussten am rechten Arm eine mindestens zehn Zentimeter breite, weiße Armbinde mit Zionsstern tragen.[157] Zuwiderhandlungen wurden mit Gefängnis oder Geldstrafe in unbegrenzter Höhe geahndet.[158]

Selbst Geschäfte waren nach deutschen, polnischen oder jüdischen Betrieben unterschiedlich und deutlich zu kennzeichnen.[159] Und durch Verordnung vom 29. Januar 1940 wurden die Juden gezwungen, ihr gesamtes in- und ausländisches Vermögen anzumelden.[160] Schließlich wurde Juden selbst die Benutzung der Eisenbahn verboten.[161]

Doch auch den Juden im Deutschen Reich wurden unvorstellbare Belastungen auferlegt. Am 7. Juli 1940 verbot der Reichspostminister Juden das Halten von Telefonanschlüssen, mit Ausnahmen für »Konsulenten, Krankenbehandler und Personen in privilegierten Mischehen«.

Am 7. Oktober 1940 befahl Hermann Göring in Deutschland die Trennung von Juden und Nichtjuden in den Luftschutzräumen.[162] 1942 untersagte Joseph Goebbels den Verkauf sämtlicher Presseerzeugnisse an Juden. Etwa zur gleichen Zeit war ihnen die Benutzung öffentlicher Telefone verboten worden.[163] Juden waren auch im Reichsgebiet zu Menschen zweiter Klasse entwürdigt worden.

Am 28. November 1939 erging im Generalgouvernement die *Verordnung über die Einsetzung der Judenräte*.[164] Hiernach war in jeder Gemeinde eine Vertretung der Juden zu bilden (§ 1). Der Judenrat wurde durch die Juden der Gemeinde gewählt, für ausscheidende Mitglieder war sofort ein Mitglied nach zu wählen. Der Judenrat bestimmte seinen Vorsitzenden und dessen Stellvertreter selbst, hatte aber nach den Wahlen die Besetzung des Judenrates dem Kreishauptmann mitzuteilen: »Der Kreishauptmann entscheidet darüber, ob die mitgeteilte Besetzung des Judenrates anzuerkennen ist. Er kann eine andersartige Besetzung verfügen.«

Selbstverständlich wurde durch Rechtsverordnung der Begriff des ›Juden‹ ganz genau reglementiert,[165] wie dies im Reichsgebiet bereits durch die furchtbaren Nürnberger Gesetze geschehen war.[166] Auch diese wurden jedoch (angeblich) nur erlassen, um noch Schlimmeres zu verhindern. Die Nürnberger Gesetze wurden übrigens im Rahmen des in Nürnberg stattfindenden, 7. Reichsparteitages der NSDAP (»Reichsparteitag der Freiheit«) am 15. September 1935 einstimmig vom Reichstag verabschiedet – der eigens zu diesem Zweck telegrafisch nach Nürnberg befohlen worden war. Die Verkündung erfolgte im Reichsgesetzblatt bereits am Folgetag, dem 16. September 1935.[167]

Die Nürnberger (Rassen-)Gesetze waren die auf formaljuristischer Grundlage basierenden antisemitischen Diskriminierungsgesetze, die eine Scheinlegalität für die unmenschliche Entwürdigung der Juden bilden sollten. Es waren dies folgende Gesetze:

- Das Gesetz zum Schutz des deutschen Blutes und der deutschen Ehre,[168] in seiner Kurzform Blutschutzgesetz genannt,
- das Reichsbürgergesetz[169] und
- das Reichsflaggengesetz[170].

Auch das jüdische Schulwesen im Generalgouvernement wurde genau geregelt:[171] Jüdische Schulen waren als Privatschulen anzusehen, zugleich waren die Juden jedoch in diesen Schulen schulpflichtig. Diese Schulen sollten jedoch lediglich die allergeringsten Bildungsmöglichkeiten bieten, schließlich hatten die Behörden des Generalgouvernements gerade die Absicht, ein gebildetes Judentum möglichst schon vor seiner Entstehung zu vernichten.

Durch *Verordnung über Ein- und Ausreisebewilligungen für das Gebiet des Generalgouvernements*[172] wurde jede Reisebewegung in und aus dem Generalgouvernement, welche nicht militärischer oder dienstlicher Art war, einer Genehmigungspflicht unterworfen. Man wollte schließlich Kontrolle über unerwünschten Besucherverkehr haben.

Auch das Aufenthaltsrecht der Ausländer im Generalgouvernement wurde neu geregelt: Sie wurden einer besonderen Meldepflicht unterworfen, die auch die Möglichkeit der Ausweisung aus dem Generalgouvernement vorsah.[173]

Dass Meinungsvielfalt nicht gefragt war, war zwar allgemein bekannt, wurde aber durch die *Verordnung über die Herausgabe von Druckerzeugnissen*[174] nochmals deutlich klargestellt: »Die Herausgabe, die Drucklegung und Verbreitung von Druckerzeugnissen aller Art, periodischer und nichtperiodischer Erscheinungsweise sind genehmigungs-pflichtig« (§1).

Im Rundfunkhören als solchem sah man bereits eine Bedrohung der deutschen Herrschaftsgewalt. Die *Verordnung über die Beschlagnahme und Abgabe von Rundfunkgeräten*[175] beschlagnahmte im Generalgouvernement sämtliche Rundfunkgeräte nebst Zubehör und Einzelteilen. Lediglich Reichsdeutsche, Volksdeutsche und Behörden hatten an Stelle der Abgabepflicht eine Anmeldepflicht zu erfüllen.

Für die ukrainische und goralische Bevölkerung konnten die Kreishauptleute Sonderregelungen treffen, wobei generell die »Voraussetzungen für den Betrieb von Rundfunkgeräten [...] besonderer Regelung« vorbehalten blieben (§ 7). Ein Rundfunkgerät besitzen zu dürfen, bedeutete also nicht zwangsläufig auch, es unbeschränkt nutzen zu dürfen.

Besonders perfide und gegen jedes Rechtsgefühl verstoßend ist aber die *Verordnung zur Bekämpfung von Gewalttaten im Generalgouvernement*.[176] Sie führte die Todesstrafe als Regelstrafe ein für

- Gewalttaten gegen das Deutsche Reich oder die im Generalgouvernement ausgeübte Hoheitsgewalt, Einrichtungen oder Anlagen der deutschen Behörden,
- Auffordern oder Anreizen zum Ungehorsam gegen von deutschen Behörden erlassene Verordnungen oder Anordnungen,
- Gewalttaten gegen einen Deutschen wegen seiner Zugehörigkeit zum Deutschtum,
- Schädigung des Vermögens eines Deutschen durch Brandstiftung.

Anstifter und Gehilfe wurden wie der Täter, der Versuch wie die Vollendung der Tat bestraft (§ 6). Durch §§ 8 und 9 wurden auch die sonst straflosen Vorbereitungshandlungen sowie das bloße Unterlassen einer Anzeige der Tatbegehung gleichgestellt. Die Formulierungen öffneten dem »unbestimmten Rechtsbegriff« hier Tür und Tor: Je nach Auslegung konnte man bei fast jeder Handlung zu einem Verbrechen gelangen, für dessen Begehung die Todesstrafe als einzige Strafe vorgesehen war.

Die Strafgewalt wurde Standgerichten übertragen (§ 11), die mit Offizieren und Beamten der Ordnungspolizei bzw. der Einsatzgruppen der Sicherheitspolizei besetzt waren. Später wurde auch den entsprechenden Angehörigen der Totenkopfverbände der SS »richterliche« Gewalt zugesprochen.[177] Von Richtern konnte genauso wenig die Rede sein wie von ordentlichen Verfahrensabläufen: Dies war in vermeintliche Rechtsformen gegossenes Unrecht. Doch mancher Deutsche berief sich nach dem Krieg im Falle seiner Anklage darauf, er habe geglaubt, durch ein »Feldurteil« in seinem Handeln gerechtfertigt zu sein.

Auch moralisch war man in Sorge um das »echte Deutschtum«. Es wurde festgesetzt, dass die Fahnen des Deutschen Reiches und die Symbole der nationalsozialistischen Bewegung im Generalgouvernement nur von Deutschen verwendet werden dürfen. Und weitergehend: »Die Anwendung des deutschen Grußes ist das alleinige Vorrecht Deutscher«.[178] Es ist allerdings auch kaum vorstellbar, dass bei der polnischen Bevölkerung im Allgemeinen der Wunsch besonders groß gewesen ist, den »deutschen Gruß« in alltägliche Anwendung zu bringen.

Im November 1939 wurden auch die Regeln für die Verwaltung der polnischen Gemeinden festgesetzt.[179] Die Verwaltung der Gemeinden wurde in voller und ausschließlicher Verantwortung den Bürgermeistern übertragen. Unbeschadet seiner ausschließlichen Verantwortung konnte er bis zu zehn Berater berufen. Die Aufsichtsbehörde konnte jede Entscheidung der Bürgermeister aufheben. Die Bürgermeister, welche in der Regel der größten Volksgruppe der Gemeinde angehören sollten, wurden auf Vorschlag des Kreishauptmannes durch den Distriktchef bzw. den Generalgouverneur bestimmt.

Dies entsprach den Regelungen der *Deutschen Gemeindeordnung* von 1935,[180] nach welcher die Bürgermeister nach Anhörung des Beauftragten der NSDAP durch die Aufsichtsbehörde zu bestimmen waren. Im Einvernehmen mit der NSDAP benannten die Bürgermeister dann ihre Beigeordneten und die Ratsherren, die ohnehin nur beratend tätig waren. Abstimmungen waren abgeschafft.

Für die Aufgaben der gemeindlichen Selbstverwaltung war in jedem polnischen Landkreis ein Gemeindeverband zu bilden.[181] Man wollte also sauber zwischen der Aufgabe des Landkreises als staatlicher Verwaltungsinstanz und als Selbstverwaltungs-Körperschaft trennen. Doch der Begriff der Selbstverwaltung ging auch hier ins Leere: Der Kreishauptmann führt die Verwaltung des »Gemeindeverbandes in voller und ausschließlicher Verantwortung« (§ 9) und »zur beratenden Mitwirkung kann der Kreishauptmann einen Gemeindeverbandsausschuss bilden, dessen Mitglieder der Kreishauptmann aus den Reihen der im Gemeindeverband ansässigen Personen, insbesondere der Bürgermeister, beruft«(§10). Die Mitglieder konnten jederzeit wieder entlassen werden (§ 10 II), eine Pflicht zur Anhörung des Gemeindeverbandsausschusses bestand nicht (§ 10 IV). Und selbst wenn beraten wurde: Die Beratungen des Gemeindeverbandsausschusses waren nichtöffentlich (§ 10 V).

Gedanken machte man sich bei der Regierung des GG auch über so grundsätzliche Fragen wie die der Uniformierung, sah man darin doch ein einigendes Symbol. Deshalb wurde es polnischen Staatsangehörigen im Generalgouvernement am 28. November 1939 mit sofortiger Wirkung untersagt, Uniformen oder uniformähnliche Kleidungsstücke und Abzeichen zu tragen. Unter dieses Uniformverbot fielen auch die Uniformen polnischer Schüler sowie Angehöriger polnischer Hochschulen.[182] Selbstverständlich musste dieses Verbot bereits einen Tag später, am 29. November 1939, noch genauer gefasst werden. Dabei wurde festgestellt, dass unter das Uniformverbot auch das Tragen gleichartiger Mützen (Schülermützen) falle, wie dies in weiten Teilen Europas damals üblich war. Zugleich wurde aber festgestellt, dass Uniformen und Uniformmäntel dann nicht mehr als Uniformen anzusehen seien, »wenn an Stelle von beiden Reihen

Metallknöpfe andersartige Knöpfe gesetzt« werden und »etwaige Abzeichen an diesen Kleidungsstücken entfernt«[183] worden sind.

Verboten wurden schließlich ab 1. April 1940 auch alle polnischen Symbole: »Das Hoheitszeichen des früheren, polnischen Staates darf im Generalgouvernement nicht mehr geführt oder gezeigt werden.«[184]

Polnischen Forstbeamten konnte die Erlaubnis erteilt werden, Schusswaffen zu besitzen und zu führen. Sie hatten dabei jedoch neben der Pflicht, einen besonderen Berechtigungsausweis mitzuführen, auch zusätzlich eine gelbe Armbinde mit der Aufschrift *Deutscher Forstschutz* zu tragen.[185]

Detailliert geregelt war auch das Tragen der deutschen Beamtenuniformen: Die graue Beamtenuniform trugen die Angehörigen der Verwaltungsspitze, also die jeweiligen Distriktchefs, Amtschefs, Abteilungsleiter und Kreishauptleute; die blaue Beamtenuniform hingegen die unteren Beamten- und Angestelltenränge.[186] Zur Vereinfachung wurden allerdings die Schulterstücke auf den Beamtenuniformen abgeschafft.

Nicht nur untergeordnete Beamte trugen jedoch auch gerne die »Uniformen der Bewegung«, wie z. B. die braune Uniform der SA. Wer etwas auf sich hielt und zumindest einen »Ehrenrang« in der SS hatte, trug selbstverständlich deren Uniform. Nicht nur im Generalgouvernement war das deutsche Volk komplett uniformiert, auch im »Großdeutschen Reich« trug jeder Uniform – von den jüngsten Angehörigen der Hitlerjugend bis hin zu den ältesten Kriegsveteranen.

Im April 1940 wurde schließlich eine »Volksdeutsche Gemeinschaft« im Generalgouvernement gebildet.[187] Zweck der »Volksdeutschen Gemeinschaft« sollte »der Zusammenschluss, die politische und soziale Vertretung der deutschen Volkszugehörigen im Generalgouvernement auf der Grundlage der nationalsozialistischen Weltanschauung« sein.

Dem folgte schließlich durch Hans Frank als »Reichsleiter der NSDAP und Generalgouverneur in Polen«, gemeinsam mit dem »Stellvertreter des Führers«, die *Anordnung über die Errichtung eines Arbeitsbereiches Generalgouvernement Polen der NSDAP*.[188] Der Arbeitsbereich Generalgouvernement der NSDAP führte übrigens die »Deutsche Gemeinschaft«, in der alle Deutschen, die nicht Mitglied der NSDAP waren, sowie alle Volksdeutschen, erfasst waren.

Von nun an wurden alle Angehörigen der NSDAP im Generalgouvernement, einschließlich der Angehörigen aller angeschlossenen Gliederungen (mit Ausnahme der Waffen-SS) im Generalgouvernement »zum Zwecke der politischen Betreuung und weltanschaulichen Ausrichtung besonders zusammengefasst«. Zu diesem Zweck wurden entsprechende Standortführer eingesetzt, welche dem »Reichsleiter und Generalgouverneur Frank« persönlich unterstanden.

Obwohl sie weiterhin Mitglied ihrer heimatlichen NSDAP-Ortsgruppe blieben, hatten sich die Partei- und Gliederungsmitglieder entsprechend erfassen zu lassen. Die Erfassungsaufgabe wurde den Kreishauptleuten übertragen. Die Berufung der Kreishauptleute hatte sich der Generalgouverneur persönlich vorbehalten.[189]

Zur Durchsetzung ihrer Verwaltungsmaßnahmen stand den Kreishauptleuten der im Mai 1940 gegründete »Sonderdienst« zur Verfügung, der ausschließlich der Befehlsgewalt des Kreishauptmannes unterstand und hoheitliche Aufgaben erfüllte.[190] Der Sonderdienst war ursprünglich aus dem »Volksdeutschen Selbstschutz« hervorgegangen und konnte auch zur Erfüllung polizeilicher Aufgaben oder zur Verstärkung bereits eingesetzter Polizeieinheiten eingesetzt werden. Er war aus »unbescholtenen Männern deutscher Volkszugehörigkeit im Alter von 18 bis 40 Jahren« zu bilden (§ 3). Die Männer des Sonderdienstes erhielten Dienstuniform und Bewaffnung, sie trugen am linken Unterarm eine rote Armbinde mit der Aufschrift »Generalgouvernement Polen – Sonderdienst«.

Ein in Lublin und Zamosc eingesetzter Angehöriger des Sonderdienstes berichtete nach dem Krieg:

> »Als ich etwa im September oder Oktober 1940 von Lublin nach Zamosc versetzt wurde, erfolgte die Umbenennung von Selbstschutz in den Sonderdienst. Wir tauschten unsere bisherigen, schwarzen Uniformen in grüne Uniformen ein. Zu diesem Zweck mussten wir nach Krakau fahren, wo wir neu eingekleidet wurden. [...] In Zamosc verrichtete ich zunächst bei dem Son-

derdienst allgemeinen Dienst, insbesondere war ich mit eingeteilt beim Eintreiben von Kontingenten.«[191]

Am 20. April 1942, dem »Geburtstag des Führers« erhielt der Sonderdienst auf der Krakauer Burg von Generalgouverneur Hans Frank eine Hoheitsfahne überreicht.[192] Man muss dabei bedenken, dass die Nationalsozialisten einen wahrhaften Fahnenkult betrieben, was sich auch darin ausdrückte, dass alle »Fahnen der Bewegung« ihre Weihe dadurch empfingen, dass sie mit der »Blutfahne« berührt wurden, jenem Fahnentuch, welches die Hitlerputschisten 1923 in München mit sich führten.

Ebenfalls am 20. April 1942, nur wenig später, fand im großen Saal der Krakauer Burg die Gründung der »SA-Einheit Generalgouvernement« statt. Hierbei betonte Frank wieder:

»Aus den ursprünglich besetzten, polnischen Gebieten [...] wurde im Laufe dieser Jahre das Nebenland des Großdeutschen Reiches, das Generalgouvernement mit allem und jedem versehen, was notwendig ist, damit deutsche Menschen in einem territorial, volkspolitisch, allgemein sozial völlig zerstörten Gebiet einen Aufbau beginnen können.[193] [...] Der Führer aber hat uns hierhergestellt, damit wir ihm diese Ordnung aufbauen. Zu dieser Ordnung gehört nicht nur der Staat, sondern auch die Partei. [...] So können wir, die wir hier die Aufgabe haben, ein neues Land, eine neue Heimstätte für Deutsche, ein neues Zentrum deutschen Lebens im Osten aufzurichten, die Entwicklung gehen, die das Reich genommen hat.«[194]

Weiter ausgedehnt wurde die Macht u. a. der Distriktchefs und Kreishauptleute durch die Vollmacht zur Festsetzung von Aufenthaltsbeschränkungen, die »allgemein oder für einen begrenzten Personenkreis« Gültigkeit haben konnten.[195]

Und schließlich erhielten Distriktchefs und Kreishauptleute auch die Möglichkeit, Geldstrafen bis 1.000 Złoty oder ersatzweise drei Monate Haft festzusetzen.[196] Gegen die Strafbescheide des Kreishauptmanns konnte Beschwerde beim Distriktchef eingelegt werden. Seine Entscheidung war endgültig, alle Strafbescheide höherer Behörden wurden mit der Zustellung rechtskräftig. Rechtsmittel waren nicht vorgesehen.

Sich über deutsches Verwaltungshandeln zu beschweren, muss zumindest teilweise lebensgefährlich gewesen sein. Und letztlich darf nicht vergessen werden: Deutsche und Polen sollten komplett getrennt leben. Für Deutsche gab es eigene Geschäfte, Gaststätten, Kasinos: die »Deutschen Häuser«.[197] Alle Polen hatten Deutschen mit Respekt zu begegnen.[198] Rassendiskriminierung als Vorstufe zum Völkermord war allgegenwärtig.

Baedekers Generalgouvernement

»Die Anregung zu diesem neuen Buch unserer Sammlung gab der Herr Generalgouverneur Reichsminister Dr. Hans Frank. Der Herausgeber hat die Aufgabe mit Freuden begrüßt.«[199] So wird die einzige Ausgabe *Generalgouvernement* des bekannten Reiseführers aus dem Jahr 1943 eröffnet, wobei sich auf der gegenüberliegenden Seite ein ›Sinnspruch‹ des Generalgouverneurs höchstpersönlich findet:

> »Für die aus dem Osten nach dem Reich Reisenden ist das Generalgouvernement bereits ein stark heimatlich anmutendes Gebilde, für die aus dem Reich nach dem Osten Reisenden ist es aber bereits der erste Gruß einer östlichen Welt«.

In der Bevölkerung wurde dies aber mit dem bekannten Flüsterwitz eher so charakterisiert: »Im Westen liegt Frankreich, im Osten wird Frank reich.«

> »Das Generalgouvernement ist als Nebenland des Deutschen Reiches von diesem durch eine Polizei-, Zoll- und Devisengrenze getrennt. Zur Einreise ist daher auch für Deutsche neben einem amtlichen Lichtbildausweis wie Reisepass oder Kennkarte noch ein Durchlassschein erforderlich.[200] In den Städten kommt man im Verkehr auch mit der nichtdeutschen Bevölkerung überall mit der deutschen Sprache aus und wird als Deutscher nur dann polnisch oder ukrainisch sprechen, wenn es unbedingt erforderlich ist. Auf

dem Lande führe man ein polnisches oder ukrainisches Taschenwörterbuch mit sich, um sich notdürftig verständlich zu machen.«[201]

Die im Gebiet des Generalgouvernements gelegenen Teile der ehemaligen Polnischen Staatsbahn bildeten die deutsche sogenannte »Ostbahn«: Die Betriebsführung dieser Ostbahn wurde in den leitenden Positionen von Deutschen wahrgenommen, die Bahnhofsvorsteher der größeren und mittleren Bahnhöfe waren deutsche Bahnbeamte. Ansonsten wurde polnisches oder ukrainisches Personal eingesetzt.

»Für deutsche Fahrgäste sind besondere Fahrkartenschalter, Warteräume, Sperren und Eisenbahnwagen vorhanden.«[202] Für den Postverkehr war die »Deutsche Post Osten« zuständig, deren Leitungsfunktionen ebenfalls Deutschen vorbehalten waren. Kleinere Poststellen verblieben in einheimischen Händen. Daneben bestand eine »Deutsche Dienstpost«: »Die Gegebenheiten des Landes haben die Einführung einer besonderen Dienstpost erforderlich gemacht, die nur durch deutsche Hände geht. Die Dienstpost wird nicht zugestellt«. Im Postomnibusdienst wurden »bei Andrang Deutsche bevorzugt befördert.«[203]

Zum Straßenwesen: »Tankstellen, gut eingerichtete Reparaturwerkstätten und Garagen sind wesentlich seltener als im Altreich.« Die Mitnahme von Reservekanistern und Ersatzteilen wurde deshalb ausdrücklich empfohlen, ferner:

> »Da infolge des starken Pferdefuhrwerksverkehrs Reifenpannen durch Nägel außerordentlich häufig sind, empfiehlt sich die Mitnahme mehrerer Reservereifen und Schläuche sowie von Flickzeug und einer guten Luftpumpe. Auf längeren, einsamen Strecken sowie bei Nachtfahrten ist z. B. auch die Mitnahme einer Waffe ratsam.«[204]

Zamosc wird wie folgt beschrieben[205]:

> »Die Renaissance-Stadt Zamosc (205 m), mit etwa 20.000 Einwohnern, Sitz einer Kreishauptmannschaft im Südosten des Distriktes Lublin [...] ist eine der sehenswertesten Kleinstädte des Generalgouvernements, mit einer stark durch deutschen Einfluss bestimmten Stadtgeschichte. [...] Die 1580 von dem Kanzler Jan (Johann) Zamojski, der in Padua studiert hatte, mit Magdeburger

2 Das Generalgouvernement

Recht gegründete Stadt wurde in gemeinschaftlicher Arbeit von deutschen und italienischen Baumeistern der Renaissancezeit nach dem Vorbild von Padua erbaut. 1585 trat Zamosc der Hanse bei und wurde einer der wichtigsten Handelsplätze des Ostens sowie mit seinen zu Anfang des XVII. Jahrhunderts von dem italienischen Festungsbaumeister Andreas dell'Aqua angelegten starken Befestigungen auch eine wehrhafte Trutzburg deutscher Kultur, deren unter deutscher Führung stehende Bürger zahlreichen Angriffen der Tartaren, Russen und Schweden widerstanden.

Um die Wende des XVII. Jahrhunderts war die Stadt ein Brennpunkt deutschen Geisteslebens und Sitz einer 1593 von Johann Zamojski, der 1600 in Zamosc starb, gestifteten Hochschule (Akademie).« Nach einer knappen Beschreibung der Sehenswürdigkeiten der Stadt – u. a. Marktplatz, Rathaus, Kollegiatkirche, Schloss, Akademie, Lubliner und Lemberger Tor – wird angemerkt, der Kreis Zamosc besitze »ein um 1800 entstandenes stark deutsches (Pfälzer) Siedlungsgebiet, das seine deutsche Art bis heute erhalten hat und zurzeit durch neue Ansiedlungen gefestigt wird.«[206]

Erwähnung findet auch Tomaszów-Lubelski im Baedeker, vor allem mit der Tatsache, dass Tomaszów-Lubelski über keinen eigenen Bahnhof verfügt, jedoch durch eine Kraftpostverbindung (15 min Fahrtzeit, neun Kilometer) vom Bahnhof Belzec erreicht werden kann.[207] Der genannte Bahnhof Belzec aber war nichts anderes als der Zielbahnhof des gleichnamigen Vernichtungslagers.

Tomaszów-Lubelski wird als zum Kreis Zamosc gehörendes Landstädtchen mit 8.000 Einwohnern beschrieben:

»Sitz eines Landkommissars, in hübscher Lage in einer von teilweise bewaldeten Höhen und von Seen umgebenen Talmulde des Flüsschens Solokija, mit Resten alter Befestigungen und schöner barocker Holzkirche aus dem XVIII. Jahrhundert, einer der größten Holzkirchen im Generalgouvernement (interessanter Glockenturm). Deutsche Gaststätten Lemberger Straße 50 und Glowackistraße 4. Auskunft durch den Landkommissar.«

›Der Baedeker‹, damals das beliebteste Reisehandbuch Deutschlands, war also dem höchstpersönlichen Wunsche des Herrn Generalgouverneurs gefolgt, die touristischen Schönheiten des ›Reichsnebenlandes‹ in würdiger Form darzustellen. Und man hatte natürlich auch nicht vergessen, praktische Reisetipps zu geben, die für den Notfall entscheidend sein konnten: Die Mitnahme von Flickzeug und Ersatzreifen zum Beispiel. Die Empfehlung zur Mitnahme einer Waffe aber in Mitteleuropa gibt zu denken: Es handelte sich ja um ein »deutsches Buch für deutsche Menschen«, um es ganz überspitzt zu sagen. War die deutsche Herrenrasse im ›Reichsnebenland‹ so unbeliebt? Und wenn ja, hätte sich auch hier der unbefangene Leser zumindest selbst ganz still fragen müssen: Warum? Oder wurden die entsprechenden Stellen einfach kritiklos überlesen – schließlich wollte man sich ja einzig an den Schönheiten der Landschaft, den beeindruckenden Bauwerken erfreuen und nicht mit so unangenehmen Dingen wie dem politischen Tagesgeschäft oder gar den Leiden der einheimischen Bevölkerung belasten.

»Gangster-Gau« (GG) und »Skandalizien« (Galizien)

Über Generalgouverneur Frank und seine Verwaltung kursierten nicht nur in den führenden Kreisen der NSDAP, sondern allgemein recht bald eindeutige Gerüchte. Ganz besonders in den weit verbreiteten, sogenannten ›Flüster-Witzen‹ sprach man vom »Gangster-Gau« und von »Skandalizien«.

Es verwundert deshalb nicht: Alle Korruptionsfälle im Generalgouvernement wurden zur Verhandlung dem Sondergericht Breslau zugewiesen. Man wollte hierdurch jeden Einfluss Franks vermeiden.[208] Es scheint so, als ob man sich auf breiter Front und ganz ungeniert die eigenen Taschen gefüllt hätte. Jedenfalls gab es immer wieder »Beanstandungen«.

Zum wohl prominentesten Opfer der Korruption wurde z. B. Gouverneur Karl Lasch, Chef des Distrikts Galizien. Er wurde überraschend am 24. Januar 1942 verhaftet.[209] Im März wurde er dem Sondergericht Breslau übergeben, das im Mai mit der Verhandlung begann. Am 3. Juni 1942 wurde Karl Lasch auf Weisung Heinrich Himmlers in seiner Zelle erschossen.

Die Ursachen für die Korruption wurden im eigenen negativen Beispiel des Generalgouverneurs Frank, aber auch »in der negativen Auslese und der verbreiteten Unfähigkeit des Personals in der Verwaltung« gesehen.[210] Viele Kreishauptleute pflegten einen pompösen Lebensstill, der dem ihres Generalgouverneurs fast gleichkam. Und für Generalgouverneur Frank und seine Familie war offensichtlich und für jedermann deutlich erkennbar nur das Allerbeste gerade noch gut genug. Es soll aber auch auf Kreisebene in vielen Fällen blühende Korruption, Selbstbereicherung und Schleichhandel gegeben haben.

Die Verhältnisse im Generalgouvernement boten allen, die sie zu nutzen verstanden, ob auf legalen oder anderen Wegen, ungeahnte Möglichkeiten: Materielle Vorteile, bessere und schnellere Aufstiegsmöglichkeiten. Deutschen, die ins Generalgouvernement kamen, zumal wenn sie in der Verwaltung arbeiteten, konnte aber die Art und der Charakter einer insgesamt und offensichtlich ausbeuterischen Besatzungspolitik nicht verborgen bleiben.[211]

Die deutschen Beamten waren keine Beobachter, sondern Gestalter dieser Besatzungspolitik.[212] Und sie nutzten alle Möglichkeiten, es sich bequem zu machen: Beispielsweise mit jüdischen Bediensteten, den sogenannten »Hausjuden«.[213] Dabei störte dann der bei den Verwaltungsleuten unbestritten vorhandene, breite antisemitische Konsens wiederum nicht.[214] Es ging tatsächlich nur um die eigene Bequemlichkeit und das Füllen der (oft nicht einmal mitgebrachten) »eigenen« Taschen.

3 Der Distrikt Lublin

Die Mittelinstanz der Verwaltung war im Generalgouvernement die des Distriktchefs, welche später (10. November 1939) den Titel »Gouverneur« erhielt.[215] Jedoch wurde die Amtsbezeichnung »Gouverneur« erst am 25. September 1941 offiziell eingeführt.

Der Aufbau des Amtes des Distriktchefs in Lublin kam anfangs nur schleppend voran, erst im Dezember 1939 stand die innere Struktur, für die anfangs 34 hierzu abgeordnete Beamte und Angestellte aus dem Reich zur Verfügung standen.[216] Bei der Steuerverwaltung, die als erste wieder eröffnet wurde, griff man auf 800 polnische Beamte zurück, welche von zwölf Reichsdeutschen überwacht wurden. Der Fiskus hatte zum Wohle des Reiches stets uneingeschränkt zu funktionieren, schließlich trieb er die Mittel für die Kriegswirtschaft ein.

Das gesamte deutsche Personal der Arbeitsverwaltung stellte das Landesarbeitsamt Schlesien, so dass die Arbeitsverwaltung Anfang 1940 ihren Dienst aufnehmen konnte. Der Aufbau der deutschen Verwaltung im Distrikt Lublin konnte am 1. Juni 1940 als im Wesentlichen vollzogen betrachtet werden.

Die Distriktverwaltung Lublin verpflichtete die Kreishauptleute, mit dem Stab der »Aktion Reinhardt« bei Judenaussiedlungen zusammenzuarbeiten. Der Gouverneur wies die Kreishauptleute am 17. April 1942 an: »Gleichzeitig weise ich nochmals darauf hin, dass die einzelnen Judenaussiedlungen in engster Zusammenarbeit mit dem SD [Sicherheitsdienst des Reichsführers SS] durchzuführen sind.« Ferner wurde den Kreishauptleuten bei einer Dienstbesprechung auf Distriktebene bekanntgegeben, »dass vorübergehend Juden im Durchgang aufgenommen werden müssen.«[217] Vertreter des Stabes des Höheren SS- und Polizeiführers Odilo Globocnik begaben sich im März 1942 u. a. persönlich zu den Kreishauptleuten in Krasnystaw und Zamosc, um diese »über die zum Teil schon laufende und kommende Judenaktion vertraulich zu unterrichten.«[218] Als Termin für den Beginn der planmäßigen Ausrottung der jüdischen Bevölkerung im Distrikt Lublin nahm die Zentrale Ermittlungsstelle Ludwigsburg den 14. März 1942 an.[219]

Der Distrikt Lublin hatte in der Zeit von 1939 bis 1944 vier Distriktchefs. Wenn auch alle dieser Distriktchefs eine gleich stramme NS-Haltung bewiesen, so waren deren ›Schriftzüge‹ doch in charakteristischen Prägungen sehr unterschiedlich.

Am 22. Juli 1944 wurde Lublin von den Deutschen geräumt. Ein deutsches Sonderkommando beging zuvor einen Massenmord an den im Lubliner Burggefängnis inhaftierten Gefangenen.[220] Rund 2.100 Gefangene wurden vom 17. bis zum 20. Juli 1944 dort erschossen.[221] So unterschiedlich wie ihre ›Handschrift‹ war übrigens auch das Nachkriegsschicksal der Distriktgouverneure von Lublin – die Sparte reichte vom Todesurteil durch ein polnisches Gericht (und dessen Vollstreckung) über Verschollenheit (oder vielleicht auch erfolgreiches Untertauchen) bis hin zur (wenn auch nur gnadenweisen) Einstufung als Mitläufer im westdeutschen Entnazifizierungsverfahren.

Distriktchef Friedrich Schmidt (1939–1940)

Von Oktober 1939 bis Januar 1940 war der SS-Brigadeführer Friedrich Schmidt[222] (geboren 1902 im württembergischen Wiesenbach), Leiter des Hauptschulungsamtes der NSDAP, in Personalunion auch Distriktchef von Lublin. Als treuer Vertreter des Gedankengutes der SS berief er am 13. Dezember 1939 den SS- und Polizeiführer Odilo Globocnik zu seinem Stellvertreter.[223]

Globocnik sah sich hier wohl als ›Geschäftsführender Stellvertreter mit Nachfolgerecht‹ – Friedrich Schmidt überließ ihm die praktische Verwaltung des Distrikts und nährte wohl auch Hoffnung auf eine Nachfolge. Bis zu seiner Ernennung zum Leiter des Hauptschulungsamtes der NSDAP 1937 war Schmidt stellvertretender Gauleiter von Württemberg (1934–1937) gewesen. Es erscheint nicht unwahrscheinlich, dass der Uracher Kreisleiter Mayer, mit dem sich Helmut Weihenmaier überworfen hatte (s. Kap. 6), und der frühere, stellvertretende Gauleiter von Württemberg, Friedrich Schmidt, sich gekannt und vielleicht auch ausgetauscht haben, was die Position des neuen, abkommandierten Regierungsrates Helmut Weihenmaier als Kreishauptmann sicher nicht gerade leichter gemacht hätte. Schmidt musste übrigens seinen Sessel nach Zerwürfnissen mit Generalgouverneur Hans Frank räumen, der ihn vor die Entscheidung stellte: Parteiarbeit im Reich oder Tätigkeit als Gouverneur. Nach dem Krieg konnte er wohl froh sein, dass man ihn von seinem Amt als Distriktchef befreit hatte. Er entging dem weltlichen Arm der Gerechtigkeit (wohl aus Mangel an Beweisen) und starb 1973 in Burghausen an der Salzach.

Gouverneur Ernst Zörner (1940–1943)

Am 21. Februar 1940 vereidigte Generalgouverneur Hans Frank den früheren Oberbürgermeister von Dresden (1933) und Stadthauptmann von Krakau (1939), Ernst Zörner, als neuen Distriktchef in Lublin.[224] Ernst Zörner, zuvor auch Reichstagsvizepräsident und Landtagspräsident in Braunschweig, hatte sich besondere Verdienste durch seine Bemühungen um die »Einbürgerung des Führers« 1932 in Braunschweig erworben. Bis zu seiner Einbürgerung in Braunschweig war der staatenlose Adolf Hitler stets von der Ausweisung bedroht gewesen. Als braunschweigischer Regierungsrat wurde er im Reich eingebürgert.

Ernst Zörner, der sich durch diese Verdienste vielleicht moralisch gestärkt fühlte, versuchte nach seinem Eintreffen in Lublin den Einfluss von Odilo Globocnik und der SS energisch zurückzudrängen. So berief er umgehend einen Fachbeamten zum Amtschef des Distrikts und zu seinem Stellvertreter. Trotzdem machte Globocnik als SS- und Polizeiführer eigentlich weiter, was er wollte, da er sich um

3 Der Distrikt Lublin

die Unterstellungsverhältnisse nicht kümmerte. Der SS-Führer wusste, dass er sich auf die Rückendeckung durch den Reichsführer SS Heinrich Himmler verlassen konnte. Die Stellung Globocniks wurde noch dadurch gestärkt, dass er sich zum »Distriktstandortführer der NSDAP« für Lublin ernennen ließ. Seine Machtfülle wurde schier grenzenlos, als er am 17. Juli 1941 zum »Beauftragten für die Errichtung der SS- und Polizeistützpunkte im neuen Ostraum« ernannt und am 20. Juli 1941 von Himmler beauftragt wurde, in der Stadt Lublin ein »SS- und Polizeiviertel« zu schaffen.

Die Ansiedlungspläne der SS machten den Distrikt praktisch unregierbar, weil es in den zur Vertreibung vorgesehenen Gebieten zu einer echten Aufstandsbewegung kam. Gerade dies hatte die Zivilverwaltung – zumindest während des Krieges – jedoch verhindern wollen. Dieser Widerstand Ernst Zörners gegen die Politik Heinrich Himmlers führte letztendlich zu seiner Ablösung am 10. April 1943. Doch der Gouverneur und frühere Dresdener Oberbürgermeister Zörner beklagte sich im Herbst 1942, dass bei »Judenaussiedlungen« – zur Ermordung – zu viele Juden flüchten könnten.[225]

Sein Amtschef, Oberregierungsrat Engler,[226] hatte bereits früher ausgeführt: »Es wäre zu begrüßen, wenn auf Verlassen des Ghettos die Todesstrafe stände«. Die entsprechende Verordnung erließ Generalgouverneur Hans Frank am 15.10.1941: »Juden, die den ihnen zugewiesenen Wohnbezirk unbefugt verlassen, werden mit dem Tode bestraft.«[227]

Am 10. April 1943 wurde Ernst Zörner seines Amtes enthoben, wohl auf Drängen des Reichsführers SS Heinrich Himmler: Ernst Zörner stand wohl der Politik des SS- und Polizeiführers Odilo Globocnik, und damit auch Heinrich Himmlers Bestrebungen, im Weg. Ernst Zörner verschwand wohl in der Bedeutungslosigkeit der »Organisation Todt« und soll sich 1945 zu Kriegsende im Protektorat Böhmen und Mähren aufgehalten haben, wo sich seine Spur verliert. Seine Todeserklärung erfolgte 1960 mit Wirkung zum Jahresende 1945. Ob er selbst zu einem Opfer des Krieges wurde, ob er Selbstmord begangen hat oder unter falschem Namen untergetaucht ist, ist bis heute ungeklärt.

Gouverneur Dr. Ludwig Fischer (1943)

Nach der Ablösung von Ernst Zörner wurde Dr. Ludwig Fischer, der gleichzeitig Gouverneur des Distrikts Warschau war, vorübergehend zum kommissarischen Gouverneur für Lublin eingesetzt. Seine Amtszeit dauerte nur vom 10. April 1943 bis zum 28. Mai 1943. Insoweit kann man sagen, dass sein Wirken im Distrikt Lublin wohl mehr eine Formsache sowie zeitlich gesehen von untergeordneter Bedeutung war – er war formell ja nur rund sechs Wochen im Amt.

Dr. Ludwig Fischer, der im Dezember 1940 für Juden die Todesstrafe bei unbefugtem Verlassen des Ghettos gefordert hatte, wurde 1947 vom polnischen »Obersten Volkstribunal« zum Tode verurteilt und in Warschau hingerichtet.[228]

Dr. Ludwig Fischer gehörte als Mitglied der »Akademie für Deutsches Recht« zum »Führungsstab des Bundes nationalsozialistischer deutscher Juristen«, also zur engeren Entourage um den Generalgouverneur Hans Frank. Bevor er Distriktgouverneur wurde, hatte er sich bereits Meriten als Führer der »Einsatzgruppe IV« in Polen erworben.

Oberregierungsrat Dr. Haße äußerte am 28. Mai 1943 bei einer Arbeitstagung des Generalgouverneurs mit dem Gouverneur, den Abteilungsleitern und den Kreishauptleuten im Distriktgebäude in Lublin, anlässlich der Amtsübergabe von Gouverneur Dr. Ludwig Fischer an Gouverneur Richard Wendler über die Verwaltung des Distriktes Lublin. Hans Frank notierte dazu in sein Tagebuch:

> »Im Kreise Zamosc seien im Wege der Umsiedlung 10.000 Deutsche in der Landwirtschaft angesetzt worden. [Anm. des Verf.: Dr. Haße schweigt darüber, was mit den ursprünglichen, polnischen Bauern und ihren Familien geschehen ist!] Gegen diese Umsiedlung habe man Bedenken gehabt, die auch heute noch nicht, besonders im Hinblick auf die gegenwärtige Situation, beseitigt seien. Fest stehe aber, dass die in diesen Raum gesetzten deutschen Volksgenossen von der Verwaltung im Einvernehmen mit dem Reichskommissar zur Festigung des deutschen Volkstumes [Anm. des Verf.: Reichsführer SS

Heinrich Himmler] mit allen Kräften unterstützt würden, damit ihre Lage so günstig wie nur möglich gestaltet werden könne.

Der jetzt in Angriff genommene Gemeindeaufbau werde dadurch gekennzeichnet, dass aus zehn polnischen Gemeinden sechs gemacht worden seien. Wesentliche Personalschwierigkeiten beständen nicht, und die Verfassung der polnischen Gemeinden bilde eine gute Grundlage für eine ersprießliche Arbeit.

Die Frage der sogenannten Sickersiedlung stelle die Verwaltung vor manche Probleme verwaltungsmäßiger und wirtschaftlicher Art. Mit SS- und Polizeiführer Globocnik sei darüber bereits eine Abmachung getroffen worden, auch sei eine Planung im Zusammenhang mit der Stadt Lublin im Gange. Nach einer Mitteilung des SS- und Polizeiführers solle die Umsiedlung vorläufig eingestellt werden. Die Maßnahmen der Distriktverwaltung müssten nur auf das abgestimmt werden, was etwa hinsichtlich der Umsiedlung bearbeitet werden müsste, damit völlige Ordnung in diese Dinge komme.

Angesichts der Gestaltung der Sicherheitslage könne man heute für eine Erfüllung der wichtigsten Aufgaben nicht mehr garantieren. 31 Gemeindeverwaltungen seien zerstört, 61 aktionsunfähig, was bedeute, dass drei Kreise nicht mehr arbeiten könnten. Es müsse unter Umständen dafür gesorgt werden, dass diese Gefahr gebannt werde und die Verwaltung die Möglichkeit erhalte, sich praktisch durchzusetzen.«[229]

Auch Oberpostrat Wrede hatte über Überfälle und Sabotageakte zu klagen:

»Fälle von größerer Bedeutung seien 226 vorgekommen [...]. Auch Post- und Fernmeldeeinrichtungen seien von diesen Überfällen betroffen gewesen: 17 Postdienststellen seien mit ihrem gesamten Inventar [...] vernichtet worden. 79 Fernmeldelinien und Kabel zwischen Haupt- und Nebenorten seien nachhaltig zerstört worden, ebenso 116 Teilnehmerapparate, vor allem bei Liegenschaftsgütern, Polizeiposten und Sägewerken, ferner 32 Klappenschränke.«[230]

Oberregierungsrat Haße fuhr fort:

»Der Baudienst [Anm. des Verfassers: das aus Einheimischen bestehende Pendant zum Reichsarbeitsdienst] habe bisher gut funktioniert [...]. Wenn er aber nicht besser geschützt werde, dann werde er ein ideales Rekrutendepot für die Banditen [Anm. des Verf.: Widerstandskämpfer] darstellen. Wenn [...]

Lager nicht ausgiebig geschützt würden, bestehe die Gefahr, dass sich die Zahl der Banditen schnell vermehre.«[231]

Hierzu berichtet auch Baudienstführer von Ray:

»Der Baudienst sei auf 11.000 Mann verstärkt worden. Die Musterungen, die zum Ende des vorigen Jahres und zu Beginn des Jahres 1943 stattgefunden hätten, hätten noch gute Erfolge gehabt. Aber seit Anfang 1943 ließen gewisse Anzeichen darauf schließen, dass die Einziehung der Baudienstpflichtigen in den nächsten Monaten mit großen Schwierigkeiten verbunden sein werde. Diese Erscheinung sei wohl in der Hauptsache auf das Bandenwesen zurückzuführen. Beurlaubte Angehörige des Baudienstes erhielten vielfach Briefe, in denen ihnen angedroht werde, dass ihre Angehörigen ermordet oder ihre Gehöfte in Brand gesteckt würden, wenn sie wieder in ihre Abteilungen zurückkehrten. Auch werde die Flucht der Baudienstmänner sehr begünstigt.«[232]

Auch mit der Zuverlässigkeit sonstigen, »fremdvölkischen Personals« zeigte sich Oberregierungsrat Haße nicht unbedingt zufrieden, wie Frank ebenfalls vermerkte:

»Was den Einsatz von Armeniern und Ukrainern im Gebiet des Distrikts Lublin angehe, so sei zu befürchten, dass sie denselben politischen Einflüssen ausgesetzt seien wie die einheimische Bevölkerung. Vielleicht würde es sich empfehlen, diese Menschen entweder an die Front zu schicken oder in eine völlig fremde Umgebung zu bringen, damit sie keine Beziehungen zur Bevölkerung aufnehmen könnten.«[233]

Gouverneur Richard Wendler (1943–44)

Generalgouverneur Hans Frank ernannte am 28. Mai 1943 den SS-Brigadeführer (später: SS-Gruppenführer und Generalleutnant der Polizei) Richard Wendler zum Gouverneur von Lublin.[234] Am 13. März 1942 sprach Heinrich Himmler in Krakau mit Gouverneur Wendler (der damals in Krakau Gouverneur war) und nahm am Abend an einem Essen bei Generalgouverneur Frank teil. Himmler äußerte dabei, er wolle im Kreis Zamosc deutsche Bauern auf großen Landgütern ansiedeln. In seinem Dienstkalender vermerkte er, dass in Lublin und Zamosc deutsche Stadtviertel im jeweils sanierten Stadtkern geschaffen werden sollten.[235]

Der SS-Kamerad war vermutlich der Wunschkandidat des SS-Führers Globocnik schlechthin. Doch die Rechnung des SS- und Polizei-Führers Odilo Globocnik ging nicht auf. Richard Wendler wurde nicht, wie erhofft, zum massiven Unterstützer seiner Germanisierungsbestrebungen. Schließlich gelang es Hans Frank nach einem Gespräch bei Hitler, wohl unterstützt durch Richard Wendler zu erreichen, dass Heinrich Himmler die Ablösung Globocniks im Juni 1943 zusagte.

Zum Nachfolger von Odilo Globocnik wurde am 7. Juli 1943 der SS-Gruppenführer Jakob Sporenberg ernannt, der im September 1943 die Dienstgeschäfte von Globocnik übernahm. Wendler und Sporenberg blieben in ihren Ämtern bis zur Räumung und Evakuierung der deutschen Besatzung.

Richard Wendler war mit bekannten Nazi-Größen persönlich bekannt. Im »Akademischen Gesangverein«[236] hatte er die Brüder Himmler dereinst kennengelernt, wo Richard Wendler zuerst Gebhardt, dann Heinrich Himmler begegnet ist. Der spätere Reichsführer SS hatte damals noch Gewissensbisse im Hinblick auf das »blutige Reinigungsritual«[237] der studentischen Mensur – später ist ihm dann sein christlicher Glaube gänzlich verloren gegangen.

Und Richard Wendler, geboren 1898 in Oberdorf bei Bad Reichenhall, wurde später nicht nur der Schwager des Gebhard Himmler, sondern, nach einer Zwischenstation als Oberbürgermeister von Hof, auch eine der führenden Persönlichkeiten im besetzten Polen. Am 14. September 1939 ging Richard Wendler auf eigenen Wunsch mit dem Chef der Zivilverwaltung Hans Frank ins Generalgouvernement.[238] Man kannte sich schließlich aus gemeinsamen Zeiten an der Münchner Universität und später beim rechtsgerichteten Freikorps Epp.

Wendler wurde sofort nach der deutschen Besetzung Polens in Kielce im Distrikt Radom als Stadtkommissar eingesetzt, wurde im November 1939 Stadtkommissar in Tschenstochau, und war ab August 1941 wieder in Kielce. Im Februar 1942 wurde er dann Distriktgouverneur in Krakau, im Mai 1943 Distriktgouverneur in Lublin, wo er bis zur Befreiung am 22. Juli 1944 blieb.[239]

Als Stadthauptmann von Tschenstochau ließ Richard Wendler am 9. April 1941 ein Ghetto einrichten, das wenige Monate später, am 23. August 1941, abgeriegelt wurde. Zwischenzeitlich hatte man tausende von Juden aus der Umgebung dorthin verschleppt und unter katastrophalen Bedingungen zusammengepfercht.[240]

1945 bis 1948 versteckte sich Richard Wendler unter dem Namen »Kummermehr«, er wurde im Jahr darauf im Spruchkammerverfahren zu drei Jahren Arbeitslager verurteilt.

Doch es gelang ihm später, bei der Entnazifizierung von der Gruppe der »Hauptbeschuldigten« über die der Gruppe der »Belasteten« im Gnadenweg zum »Mitläufer« zu werden. 1955 wurde Richard Wendler wiederum in München als Rechtsanwalt zugelassen. Er starb 1972 in Prien am Chiemsee.[241] Nach dem Krieg gab Richard Wendler an, mit dem jüdischen Ältestenrat und dem Vorsitzenden der polnischen Verwaltung immer »ordentlich ausgekommen« zu sein.[242] Er konnte nach dem Krieg sogar Entlastungszeugen aufbringen, welche bestätigten, dass Juden und Polen von ihm immer freundlich behandelt worden seien. Es war zwar wohl niemand von seiner behaupteten Unschuld überzeugt, wogegen allein schon seine hohen Stellungen sprachen, jedoch konnte ihm konkret nichts nachgewiesen werden. Eine bemerkenswerte Parallele zu Helmut Weihenmaier.

Bei Richard Wendlers Polizeichef war die Lage gänzlich anders. Jakob Sporenberg, der SS-Gruppenführer und Generalleutnant der Polizei, geboren 1902 in Düsseldorf, betätigte sich u. a. als Kommandoführer bei der Aktion »Erntefest«, bei der im November 1943 ungefähr 40.000 jüdische Zwangsarbeiter ermordet wurden. Er wurde 1951 in Warschau hingerichtet.

Andere NS-Funktionäre auf der Flucht kamen in den Genuss geradezu ›göttlicher‹ Hilfe, indem ihnen das gütige Verstehen der katholischen Kirche effektiv weiterhalf – wenn es ging, meist über die »Rattenlinie« nach Südamerika.[243] Oder aber, wie im Falle des Gouverneurs von Krakau, Otto Wächter, der wenigstens in Würde im römischen Hospital San Spirito in den Armen des katholischen Bischofs Hudal sterben konnte.[244]

4 Der Kreis Zamosc

Die Aufgaben des Kreishauptmannes

Die unterste Stufe der deutschen Zivilverwaltung bildeten die Stadt- und Kreishauptmannschaften. Zum 1. Januar 1940 wurden – vor allem aus Gründen des Personalmangels – aus 72 polnischen Landkreisen nunmehr 40 »deutsche« Kreis- und sieben Stadthauptmannschaften im Generalgouvernement gebildet.[245]

Im Distrikt Lublin entstanden 10 Kreishauptmannschaften, darunter die Kreishauptmannschaft Zamosc, geleitet jeweils von einem deutschen Kreishauptmann. Die Kreishauptleute, welche 1939 in ihre Einsatzorte kommandiert wurden, verfügten nur über sehr wenig Personal.[246] Auch später waren Personalknappheit und schlechte Qualität des vorhandenen Personals deutlich bemerkbar.

Der unterworfenen, polnischen Verwaltung konnte der Kreishauptmann anfangs nur einen »Verwaltungstrupp« entgegensetzen: Zwei Schreibkräfte, zwei Fahrer, ein Truppführer, ein mittlerer Beamter sowie ein Bauer als Kreislandwirt.[247]

Die Kreishauptleute waren die Vollstrecker des »Deutschen Willens« gegenüber einer »fremdvölkischen Bevölkerung«.[248] Der Kreishauptmann herrschte wie ein Lokalkönig, seine Machtbefugnisse überschritten diese eines deutschen Landrates bei weitem.[249] Der Kreishauptmann hatte Macht und Selbstversorgung zu sichern, Kontingente und Arbeitskräfte zu erfassen.

Er beaufsichtigte die sogenannte »einheimische Selbstverwaltung«, was jedoch keinesfalls mit der kommunalen Selbstverwaltung in unserem heutigen Wertbegriff verwechselt werden darf. Es gab in dem Sinn keine eigenen Angelegenheiten der »einheimischen Selbstverwaltung«, sondern es wurde alles als »Pflichtaufgabe nach

Weisung« betrachtet. Der Kreishauptmann befahl. Die Macht der Kreishauptleute war schier unbegrenzt

In der Kreishauptmannschaft Busko wurden selbst polnische Beamte und Angestellte wiederholt geschlagen, und viele deutsche Kreishauptleute führten als Symbol der Macht eine Reitpeitsche mit sich, von der sie auch Gebrauch machten.[250] Um sich abzusichern, forderten Kreishauptleute sogar offiziell die Einführung der Prügelstrafe.[251] Man sah sich als unumschränkter König, zumindest aber als kleiner Staathalter: »Hier draußen ist alles anders (als im Reich). Hier steht nichts auf dem Papier, hier gilt nur die Tat.«[252]

Lange war den Kreishauptleuten der Zugriff auf die Gendarmerie verwehrt. Erst am 17. Oktober 1941 wurde festgelegt, dass ein Kreishauptmann unbedingte Weisungsbefugnis gegenüber dem Gendarmerie-Kreisführer seines Kreises habe. Diese Weisungsbefugnis war aber wohl im Hinblick auf die Kreishauptleute nicht nur auf deren örtliche, sondern auch deren sachliche Zuständigkeit beschränkt. Stets jedoch konnten die Kreishauptleute über ihren Sonderdienst sowie die polnische Polizei verfügen.[253] Auch wenn die Kreishauptleute eigentlich keine formelle Befugnis hatten, die Todesstrafe zu verhängen – sie machten sich oft zu Herren über Leben und Tod.

So beauftragte man teilweise z. B. die polizeilichen Standgerichte, die Todesstrafe zu verhängen. Kreishauptmann Gerstenhauer veranlasste in Krasnystaw Todesurteile gegen zwei Polen durch ein solches Polizeigericht. Kreishauptmann Stössenreuther veranlasste in Janow-Lubelski die Erschießung eines Bauern als »Sühnemaßnahme«.

Kreishauptmann von Winterfeld ›verurteilte‹ am 7. Oktober 1939 im Kreis Lubartow vier Polen zum Tode. Am 22. Februar wurden vier weitere Polen auf Anordnung des Kreishauptmannes auf dem Friedhof in Lubartow erschossen.

Ein »Standgericht des Kreishauptmannes« verurteilte in Rdzyn am 9. Februar 1940 einen Juden und vier Polen zum Tode.[254] Kreishauptmann Stitzinger in Tarnów ersuchte den SD um »Durchführung schärfster Sühnemaßnahmen« für den Tod eines Volksdeutschen und

meldet kurz darauf die Festnahme von 50 Geiseln. Unter »schärfsten Sühnemaßnahmen« war damals Erschießen zu verstehen.
Die Selbstherrlichkeit der Verwaltung fiel sogar der Wehrmacht auf:

> »Von einer Reihe von militärischen Dienststellen liegen Meldungen vor, dass in letzter Zeit von zivilen Dienststellen oder sonstigen Behörden, ohne Wissen der für den betreffenden Bereich zuständigen Wehrmachtsdienststellen, Geiseln festgesetzt und Erschießungen vorgenommen werden.«[255]

Auch in Landwirtschaftssachen, vor allem bei sogenannten ›Agrardelikten‹, war das Vorgehen der Kreishauptleute völlig willkürlich. Strafen in unbestimmter Höhe und Kollektivstrafen waren an der Tagesordnung.[256]
Ein Vermerk vom 30. Mai 1944 hält fest:

> »Die Kreishauptleute [haben] die Grundlagen der Verwaltungsstrafvorschriften längst verlassen und [helfen] sich mit wesentlich schärferen Maßnahmen. Sie verhängen Haftstrafen, Zwangsarbeit usw., weil sie mit milderen Mitteln sich nicht mehr durchsetzen können. Die [...] fehlerhaften Verwaltungsakte sind bei den Kreishauptleuten tägliche Erscheinung [...].«[257]

Ein Verwaltungsfachmann brachte den Vorschlag, klare Verhältnisse zu schaffen: »Wenn ein Repräsentant der deutschen Obrigkeit gegenüber einem Nichtdeutschen eine Entscheidung gefällt hat, so muss diese grundsätzlich als gültig angesehen werden.«[258] Damit lieferte man die Bevölkerung der Willkür, Selbstherrlichkeit und Herrschsucht der deutschen Verwaltungsinstanzen aus.

Die Besetzung der Kreishauptmannsposten war im Distrikt Lublin durch einen sehr hohen Wechsel gekennzeichnet. Nur die beiden Kreishauptleute Helmut Weihenmaier (Zamosc) und Emil Ziegenmeyer (Lublin-Land) waren von Beginn bis zum Ende der deutschen Besatzungszeit auf ihren Posten.[259]

Einige Kreishauptleute wurden wegen Unfähigkeit, Korruption oder Krankheit abgesetzt. Der Historiker Bogdan Musial geht davon aus, dass alle Kreishauptleute sich im größeren oder kleineren Stil bereichert haben. Man muss davon ausgehen, dass im Distrikt Lublin alle Kreishauptleute Mitglied der NSDAP waren, mindestens acht waren Mitglieder der SA, mindestens einer (Claus Volkmann) Mitglied der SS.[260]

Den deutschen Behörden untergeordnet – von Selbstverwaltung konnte keine Rede sein – waren die Dorfschulzen (*soltys*) sowie die Vögte (*woit*), die den aus mehreren Dörfern bestehenden Sammelgemeinden vorstanden. Sie waren, wie die Bürgermeister der Städte, völlig weisungsgebunden. In der Regel ließ man zunächst die polnischen Amtsträger ihre Geschäfte weiterführen. Nach und nach wurden jedoch solche, die sich »nicht bewährten«, ersetzt – meist durch zugereiste oder einheimische Volksdeutsche. 1944 waren unter den 245 Bürgermeistern und Vögten des Distrikts Lublin bereits 24 Volksdeutsche.[261]

Kreishauptleute waren ab Mitte 1942 auch bevorzugte Opfer gezielter Attentate.[262] Ein Kreishauptmann ließ zu jener Zeit sogar aus Angst vor Attentaten die Fenster seines Hauses zumauern.[263] Mit der Abnahme der deutschen Herrschaftsgewalt und der Zunahme von Partisanenüberfällen baten auch ab 1943 auffällig viele polnische Amtsträger um ihre Ablösung.

Der Kreishauptmann war in der Regel auch Standortführer der NSDAP für seinen Kreis,[264] eine in etwa dem Kreisleiter im Reichsgebiet entsprechende Position. Auch Helmut Weihenmaier hatte diese Aufgabe übernommen. Bei der straffen Führung und Gliederung der NSDAP – sie besaß übrigens auch eine Auslandsorganisation, die NSDAP-AO, welche weltweit verbreitet war – war in vielen Fällen der Kreisleiter eine sehr gefürchtete Autorität, die auch die in der Bevölkerung selten beliebten und meist gefürchteten Ortsgruppenleiter zum Zittern bringen konnte.

Verwaltet wurden die Gräuel im Osten mithilfe der *Zentralkartei der NSDAP*. Diese war im »Braunen Haus« in München beheimatet, dem ehemaligen Palais Barlow. Am 26. Mai 1930 kaufte der »Nationalsozialistische Deutsche Arbeiterverein« an der Brienzer Straße in München das Palais Barlow von der Witwe Elisabeth Barlow.

Die *Zentralkartei der NSDAP* hat übrigens gegen den Willen ihrer Begründer den Zweiten Weltkrieg überlebt und steht als einzigartiges Dokument für Recherche und Auswertung zur Verfügung. Der interessante Bericht über deren Entdeckung und Rettung,[265] welcher am 28. Oktober 1945 in der Presse erschien, wird aber wohl nur den Deutschen im Widerstand Freude gemacht haben: *Die Neue Zeitung* (eine von der amerikanischen Besatzungsverwaltung zugelassene Zeitung für die deutsche Bevölkerung, die ab 1945 in München erschien) berichtete, wie der Inhaber eine Papiermühle in München die von der NSDAP in mehreren LKWs angelieferten Karteikarten nicht zerstörte, sondern unter sonstigem Altpapier vor der Vernichtung bewahrte.

Die Kreishauptmannschaft Zamosc

Die Stadt Zamosc war 1560 vom Haupt- und Kronkanzler Polens, Hetmann Jan Zamojski gegründet worden. Über mehrere Jahrhunderte, bis 1820, war die Stadt als sogenanntes Majorat Eigentum der Familie. 1588 ließen sich in der Stadt die ersten Juden nieder, welche ein besonderes Siedlungsprivileg von Jan Zamojski erhalten hatten. Privilegiert waren zuerst nur sephardische Juden, die bis zu ihrer Vertreibung 1492 und 1513 auf der Iberischen Halbinsel lebten und aus der Türkei, Spanien, Portugal oder den Niederlanden stammten.

Reiche Kaufleute und Handwerker unter ihnen leisteten bedeutende Beiträge zum Aufschwung der Stadt. In den Jahren 1648–1655, in der Zeit der verheerenden Kosaken- und Schwedenkriege, verließ ein Großteil von ihnen die zerstörte Stadt. Aschkenasische Juden (sie waren die ursprüngliche, jüdische Bevölkerung), die aus den umliegenden Dörfern stammten, nahmen ihren Platz in Zamosc ein.

Die jüdische Gemeinde Zamosc zählte 1764 rund 1.900 Mitglieder, im Jahr 1827 schon über 2.800 Mitglieder. Sie war damit eine der größten, jüdischen Gemeinden Polens, und der Bevölkerungsanteil der Juden lag bei über 50 %.[266] Kurz vor dem Ausbruch des Ersten Weltkrieges lebten in Zamosc rund 10.500 Juden, sie stellten mit rund 65 % die Mehrheit der Stadtbevölkerung. 1931 lebten in Zamosc

10.265 Juden, was einem Bevölkerungsanteil von rund 42 % entsprach. In den 1920-er und 1930-Jahren erschienen in Zamosc auch mehrere jüdische Zeitungen: *Unzer Gajst*, *Zamoscer Wort* und *Zamoscer Sztyme*.

Am 13. September 1939 betraten die deutschen Invasoren Zamosc zum ersten Mal. Sie blieben zwei Wochen in der Stadt und verließen sie am 26. September 1939 wieder. Einen Tag später besetzten sowjetische Truppen die Stadt, die sich jedoch nach Änderung der Demarkationslinie am 5./6. Oktober 1939 wieder zurückzogen. Mit ihnen flohen zwischen 7.000 und 8.000 Juden, der größte Teil der rund 12.500 Einwohner umfassenden Bevölkerung, aus der Stadt.

Am 7. oder 8. Oktober 1939 besetzen wieder deutsche Truppen die Stadt Zamosc, welche heute mit ihrem einmaligen, im italienischen Renaissance-Stil erbauten Marktplatz zum Weltkulturerbe zählt. Ende Oktober nahm Kreishauptmann Helmut Weihenmaier, zunächst noch ohne Mitarbeiter, seine Geschäfte in Zamosc auf.

Die Judenräte

Das wirksamste Werkzeug deutscher Kontrolle waren die Judenräte, die in allen jüdischen Gemeinden eingerichtet wurden.[267] Den örtlichen Judenräten entsprach im Reich in etwa die sogenannte »Reichsvereinigung der Juden« in Deutschland. Sie wurde von Anfang an von der Gestapo und deren Judenreferat unter Adolf Eichmann kontrolliert. Sie war sozusagen der Judenrat auf nationaler Ebene.[268] Die ernsthaften Bemühungen der zwangsverpflichteten Juden, sich für ihre geschundene und jeden Augenblick vom Tode bedrohte Minderheit einzusetzen, waren deshalb von Anfang an zum Scheitern verurteilt.

Über ›ihren‹ Judenrat übten die jeweiligen Kreishauptleute selbständig ihre Befehlsgewalt aus, die ihnen spätestens ab dem Frühjahr 1940 vorbehalten war. Am 28. November 1939 erging die *Verordnung über die Einsetzung der Judenräte.* Damit wurde das formalisiert, was sich die meisten deutschen Verwaltungsbehörden von selbst schon angemaßt hatten. Der Judenrat bestimmte theoretisch seinen Vorsitzenden und dessen Stellvertreter selbst, hatte aber nach den Wahlen die Besetzung des Judenrates dem Kreishauptmann mitzuteilen: »Der Kreishauptmann entscheidet darüber, ob die mitgeteilte Besetzung des Judenrates anzuerkennen ist. Er kann eine andersartige Besetzung verfügen.«[269]

Und selbstverständlich war durch Rechtsverordnung der Begriff des ›Juden‹ ganz genau reglementiert worden.[270] Es war dies bekanntermaßen eine Anlehnung an die furchtbaren Nürnberger Gesetze: Das sogenannte »Blutschutzgesetz«[271] und das sogenannte »Reichsbürgergesetz«[272] vom 15. September 1935, zu deren Ausführung bereits am 14. November 1935 die *Erste Verordnung zum Blutschutzgesetz* erging, welche detailliert regelte, wer als Jude, Halbjude oder Vierteljude anzusehen war.[273]

Dieses Gesetz war in Deutschland öffentlich und dadurch auch allgemein bekannt gemacht geworden. Die Unrechtslage der deutschen Juden wurde also zuerst einmal auf die polnischen Juden übertragen. Doch selbstverständlich sollte es noch schlimmer kommen. Die Judenräte waren keine Selbstverwaltungsorgane, ja nicht einmal die Andeutung davon. Sie waren von der deutschen Regierung zwangsrekrutierte Erfüllungsgehilfen.

Die Kreishauptleute wiesen von Anfang an die Judenräte an, Transporte zusammenzustellen. Aufgelöst wurden die Judenräte im Herbst 1942, als Ghettos und Wohnbezirke in den Kreisen des Distrikts Lublin liquidiert waren. In den verbleibenden »Judenwohnbezirken« übten die Kreishauptleute nun, gemäß einer Polizeiverordnung vom 28. Oktober 1942 direkten Zugriff aus. § 2 Abs. III der Verordnung des Höheren SS- und Polizeiführers Globocnik bestimmte:

»Vom 1. Dezember 1942 ab darf sich kein Jude im Distrikt Lublin ohne polizeiliche Erlaubnis außerhalb eines Judenwohnbezirks aufhalten oder diesen verlassen. Andere Personen dürfen sich [...] in einem Judenwohnbezirk nur mit polizeilicher Erlaubnis aufhalten oder ihn betreten. Die Erlaubnis erteilt der für den Judenwohnbezirk zuständige Kreishauptmann«.[274]

Wohl spätestens im März/April 1942 war auch den Vertretern der Judenräte bekannt, was in den Vernichtungslagern vor sich ging: Massenmord.[275] Die Vorsitzenden der Judenräte waren selten geachtet und meist verhasst. Selbst noch Jahre nach ihrem Tod.[276] Ihre Zeitgenossen sahen sie oft als von Ehrgeiz und Größenwahn geprägt. »Der Judenrat ist in den Augen der Warschauer Gemeinde etwas Abscheuliches«, notierte ein jüdischer Zeitzeuge. Abgesehen von dem Zorn, den die weitverbreitete Korruption auslöste, galt der Unmut der Bewohner vor allem der Heranziehung zur Zwangsarbeit, der Besteuerung und der Brutalität der jüdischen Polizei.[277] Beträchtliche Teile der Ghettopolizei waren moralisch und materiell korrupt.[278]

Auch in den Ghettos spielte Geld eine ganz wesentliche Rolle. Einen der unmittelbaren Vorteile, den man sich mit Geld erkaufen konnte, war die Befreiung von der Zwangsarbeit. Die reicheren Schichten bezahlten entweder die Judenräte, oder sie bestachen die Deutschen direkt.[279] Die Vorgänge in der Kreishauptmannschaft Zamosc waren deshalb keine Einzelfälle, sondern entsprachen in der Praxis eher einer allgemeinen Übung.

Der Judenrat von Zamosc – Abteilungen, Aufgaben, Tätigkeit

Ungefähr Mitte Oktober 1939 ordneten die Gestapo und die deutsche Zivilverwaltung in Zamosc die Einrichtung eines jüdischen Ältestenrates an. Er sollte weniger die Interessen der jüdischen Bevölkerung garantieren, als vor allem dafür Sorge tragen, dass die Anordnungen und Befehle der deutschen Besatzer umgesetzt werden.[280]

An die Spitze des Ältestenrates von Zamosc wurde der Rechtsanwalt Mieczysław (genannt Mendel) Garfinkel (manchmal auch: Garfinkiel) gestellt. Mitglieder der Verwaltung der Kultusgemeinde wurden ihm zur Seite gestellt, vor allem vermögende Juden, welche auch bei der Sparkasse oder der Handelsbank, beim Handelsverband oder dem Verband jüdischer Handwerker führende Rollen spielten. Unter ihnen auch zahlreiche, frühere Stadträte.[281]

Im November 1939 erließ Generalgouverneur Hans Frank Richtlinien über die Bildung der Judenräte.[282] Im Januar 1940 wurde der bisherige Ältestenrat von Zamosc in den 24-köpfigen Judenrat umgewandelt. Der größte Teil der Mitglieder des Ältestenrates ging in den Judenrat über.

Sekretär des Judenrates war der frühere Stadtarchitekt von Zamosc, Karol Braunstein, ein aus Westpolen stammender, deutscher Jude. Der Judenrat unterhielt fünf Abteilungen: Bevölkerungsevidenz, Standesamt, Finanzabteilung, Versorgungsabteilung, Arbeitsabteilung. Um die Jahresmitte 1940 kamen drei weitere Abteilungen hinzu: die Abteilung für Lager, die Postabteilung und die Steuerabteilung.

Die Evidenzabteilung stellte Einwohnerverzeichnisse, vor allem zum Zwecke der Erfassung der jüdischen Bevölkerung zur Zwangsarbeit zusammen. Das Standesamt war nicht nur für alle Personenstandsbeurkundungen zuständig, sondern gab auch provisorische Personalausweise aus. Die Finanzabteilung war für das Budget verantwortlich, die Steuerabteilung für die Steuererhebung. Die Versorgungsabteilung war für die Lebensmittelkarten, aber auch die Verteilung von Hilfslieferungen zuständig. Die eigene Postabteilung war notwendig geworden, nachdem Juden die Benutzung der nunmehrigen »Deutsche Post Osten« untersagt worden war. Daneben gab es übrigens noch eine »Deutsche Dienstpost«, in der »deutsche Briefe« nur durch deutsche Hände gingen. Die Arbeitsabteilung hatte das Personal für die Zwangsarbeit zu stellen. Der Lohn für die Zwangsarbeit betrug zwei Złoty täglich, für Zwangsarbeit bei der SS wurden vier Złoty täglich bezahlt.[283] Dort wurden die Zwangsarbeiter jedoch oft schwer misshandelt.[284] Konnte man nicht genügend Zwangsarbeiter beschaffen, wurden die Leute von der Straße weggefangen und misshandelt.

Der Abteilung für Lager oblag es nach eigenem Selbstverständnis, den in den Zwangsarbeitslagern festgehaltenen Juden jedmögliche Hilfe und Unterstützung zuteil zu werden lassen. Allein in Zamosc selbst befanden sich zwei Zwangsarbeitslager: Jenes der Luftwaffe in der alten Festung und jenes der SS in Zamosc-Janowice. In dieser Abteilung der Kanzlei des Judenrates wurde eine Annahmestelle geschaffen, welche vermeintlich Pakete an die Deportierten weiterleiten sollte.[285] Früh am Morgen standen die Familienangehörigen an, um im wahrsten Sinne vom Munde abgesparte Gaben an die Deportierten übersenden zu können. Sie mussten sich einer komplizierten Prozedur unterziehen, bei welcher sie von jüdischen Beamten und jüdischen Polizisten, meist aus der Tschechoslowakei stammend, drangsaliert und schikaniert wurden. Es ist kaum anzunehmen, dass die unter vielen Opfern zusammengebrachten Pakete ihre Empfänger je erreicht haben.

Allerdings musste der Judenrat auch allein im Oktober 1939 an die deutsche Verwaltung eine Kontribution in Höhe von 85.000 Złoty leisten. Ein Zeitzeuge berichtete:

> »Es verlief kein Monat, in dem die Deutschen den Juden nicht eine Steuer auferlegten, sei es in bar oder in Wertgegenständen. Einen Monat wollten sie, dass die Juden so und so viele silberne und goldene Tafelservice ablieferten. Ein anderes Mal verlangten sie wertvolle Möbel, Pelze usw. Alle diese Sachen sollte der Judenrat nach dem Wohlstand der Bewohner einsammeln. Die wertvollsten Sachen wurden von den Juden versteckt, und so musste der Judenrat oft gewaltsam und mit Polizeiassistenz die Sondersteuer einbringen. Die Geldkontributionen endeten nie. In erster Linie wurden alle Juden gezwungen, fremde Valuta und Goldmünzen herauszugeben. [...] Auf diese Art nahmen die Deutschen den unglücklichen im Ghetto eingeschlossenen Juden alle Ersparnisse und Reserven fort.«[286]

Die Judenräte lebten in einer mehr als schwierigen, in einer eigentlich ausweglosen Situation. Sie konnten sich der deutschen Verpflichtung zur Mitgliedschaft im Judenrat nicht entziehen. Sie konnten sich im Judenrat und bei der alltäglichen Arbeit den Befehlen der deutschen Besatzer nicht entziehen. Sie hatten deutsche Befehle umzusetzen und wollten wohl zumeist zugleich ihre Gemeinden möglichst schonen.

Die umstrittene Rolle der Judenräte

Bereits im März 1942 wusste der Judenrat von Zamosc, oder zumindest sein Vorsitzender Mendel Garfinkel, ganz genau, was mit den »in den Osten« deportierten Juden geschah. Der Judenrat von Lublin hatte sich während der dortigen »Aussiedlungsaktion«, der ersten im Generalgouvernement in der Zeit vom 17. bis 31. März 1942, an den Judenrat vom Zamosc gewandt, um von dort vielleicht Informationen über das Schicksal der Abtransportierten in Erfahrung zu bekommen.

Man wusste seitens des Lubliner Judenrates lediglich, dass die Transporte der Ausgesiedelten Richtung Zamosc gingen. Aus Tomaszów-Lubelski und von polnischen Eisenbahnern erfuhr der Judenrat von Zamosc, dass all diese Transporte nach Belzec gingen – dorthin wurden täglich 10.000 bis 12.000 Menschen gebracht, ohne dass jemals jemand gesehen habe, dass Personen von dort wieder abtransportiert worden seien. Aus Tomaszów-Lubelski hatte man dem Vorsitzenden des Judenrates, Garfinkel, zu verstehen gegeben, dass man davon ausgehen müsse, die nach Belzec deportierten Personen würden »auf eine unbekannte Art« ermordet werden.[287] Als Ende März 1942 zwei oder drei Juden aus Lublin dem Vernichtungslager Belzec entfliehen konnten und Mendel Garfinkel von ihren Erfahrungen berichteten, konnte ihnen der Vorsitzende des Judenrates von Zamosc noch immer nicht glauben, dass alle nach Belzec gebrachten Juden durch Gas ermordet wurden. Diese änderte sich jedoch nach der ersten Aussiedlungsaktion in Zamosc am 11. April 1942.

Zwei Tage nach der Aussiedlungsaktion, also am 13. April 1942, kam Lejb Wolsztajn, der 15-jährige Sohn des Mitgliedes des Judenrates Szlomo Wolsztajn, in die Kanzlei von Mendel Garfinkel. Er berichtete nun dem Vorsitzenden des Judenrates detailliert, wie die Morde abliefen. Obwohl Garfinkel die Tatsachen nun bekannt waren, behielt er das Geheimnis für sich und warnte die jüdische Gemeinde von Zamosc nicht.[288]

Eines Tages erhielt Mendel Garfinkel über einen jüdischen Zwangsarbeiter aus einem offenen Arbeitslager den zuverlässigen

Hinweis, die Deutschen wollten am nächsten Tage einer erneute
»Aussiedlung« durchführen. Mendel Garfinkel wollte sichergehen, ob
die Information richtig sei und begab sich zur Gestapo (!!!), um deren
Glaubwürdigkeit zu überprüfen. Die versicherte ihm, die Gerüchte
seien völlig aus der Luft gegriffen und würden jeder Grundlage entbehren – und führte am nächsten Tag die Aktion planmäßig durch.

Aus dieser Situation heraus ist es sicher kein Wunder, dass die
Judenräte von vielen ihrer Zeitgenossen, welche zugleich ihre Mitleidenden und Opfer waren, in einem sehr schlechten Licht gesehen
worden sind. Über das Auftreten der Mitglieder des Judenrates berichtete der Überlebende des Ghettos von Zamosc, Jekutiel (Kisiel)
Cwilich später:

> »Die Mitglieder des Judenrates bewegten sich in eleganten Anzügen, glattrasiert, am rechten Arm trugen sie ein Band mit der Aufschrift ›Judenrat‹ in lateinischer Schrift. Auf dem Band trugen sie auch ihre Nummer (von 1 bis 24). Die gleichen Armbänder, jedoch ohne Nummer, trugen auch die Beamten des Judenrates.«

Als Beispiel sei hier nur genannt: Der Judenrat hatte, auf welchem
Weg auch immer, einen kompletten Überblick über den Besitz jedes
Einzelnen. Als 1941 das Krankenhaus gebaut wurde, erhielten einzelne Juden gezielt den Befehl, sofort abzuliefern, was sie an medizinischen Geräten besaßen.[289] Auf Initiative des Judenrates entstanden sowohl ein Ambulatorium als auch ein jüdisches Krankenhaus[290]
und ein vollständig neues Bad[291]. Betrieben wurden ferner eine
Kantine (bis 1942), ein jüdisches Altersheim, eine Kinderküche und
ein Kindergarten. Man tat also, was irgend möglich war, um zu helfen
und die Lage zu verbessern. Zamosc erfreute sich merkwürdiger
Weise bei den Juden des Rufes einer »sicheren Stätte in der Provinz«,
so dass auch viele Flüchtlinge aus den geschlossenen Ghettos von
Warschau, Lodz und Lublin in Zamosc Schutz suchten.[292]

Aber: Der Judenrat als solches war sicher ein Instrument deutscher
Vernichtungspolitik, was in keinem Widerspruch zur persönlichen
Tragik der Position seiner einzelnen Mitglieder steht. Ihre Kompe-

tenz war unbedeutend, und gegenüber den Deutschen waren sie machtlos. Man sah in ihnen das kleinere Übel.[293]

Flucht und Rettung einiger Judenräte

Die Mitglieder des Judenrates waren aber nicht vom furchtbaren Schicksal der Juden in Zamosc ausgenommen: Der größte Teil von ihnen wurde 1942 während der »Aussiedlungsaktionen« aus dem Zamoscer Ghetto ermordet.[294] Trotzdem gelang es im November 1942 einigen Mitgliedern des Judenrates, sich zumindest vorübergehend durch Flucht dem sicheren Tod zu entziehen.[295] Dazu zählten Dr. Lejba Rozenman und der Kommandant der Getto-Polizei Alwin Lippmann, die beide später zu Tode kamen.

Aber auch die Judenräte Eljasz Epsztajn, Mieczysław Garfinkel und sein Bruder Dawid Garfinkel (auch Dedek genannt), Boruch Wilder und Szmuel Roizen konnten sich und Teile ihrer Familien retten. Dr. Lejba Rozenman floh mit Frau und Tochter aus Izbica nach Lemberg, wurde dort aber auf der Straße erkannt und an die Deutschen verraten. Alwin Lippmann floh, wurde in Stryi verhaftet, konnte sich als »Deutscher« tarnen, erreichte so seine Freilassung und wurde dort Direktor der Gasanstalt. Nach Aufdeckung seiner Identität wurde er verhaftet und über Lemberg, Płaszów und Auschwitz nach Mauthausen verschleppt, wo er höchstwahrscheinlich ermordet wurde.

Mendel Garfinkel – Vorsitzender des Judenrates

Rechtsanwalt Mendel Garfinkel, der Vorsitzende des Judenrates, war 1898 in Zamosc geboren worden. Sein Vater Sanel war nicht nur zeitweise Vorstand der jüdischen Kultusgemeinde und Stadtrat gewesen, sondern auch Inhaber einer Brauerei in Zamosc.[296] Mendel hatte an der Universität Warschau Jura studiert, und seines Ausbildung 1930 bei dem bekannten Zamoscer Rechtsanwalt Henryk Cygielman abgeschlossen. Polnisch, Deutsch und Jiddisch beherrschte er in Wort und Schrift perfekt.

Seine Tätigkeit als Anwalt übte Mendel Garfinkel eigentlich nicht aus. Nur selten sei er bei Gericht aufgetreten. Zeitweise in Warschau lebend, widmete er sich der Verwaltung seiner Vermögensangelegenheiten. Als er wieder nach Zamosc zurückkehrte, betreute er die Vermögensangelegenheiten der Familie. Er besaß in der Stadt ein Mietshaus, ein Gut auf dem Lande und wohl auch umfangreichen Waldbesitz. Mendel war stark assimiliert und polonisiert. Mendel Garfinkel galt als besonders korruptes und selbstsüchtiges Element im Judenrat. Eine Zeitzeugin beschrieb ihn folgendermaßen: »Mendel Garfinkel war allmächtig und verhielt sich wie ein Feudalherr auf seinem Gut. Er war grob zu den Hilflosen und devot zu den Deutschen«.[297]

Die SS bescheinigte ihm, eine despotische, energische Führerfigur zu sein, die in keiner lokalen Angelegenheit zu übergehen sei: »Es wird gestohlen, geraubt, geschunden – das alles natürlich zum Besten der Gemeinde.«[298] Garfinkel und die um ihn herum gebildete Gruppe des Judenrates war bei den »gewöhnlichen« Juden regelrecht verhasst.[299]

Über den Judenrat Goldhammer berichtet ein Zeitzeuge:

> »Jede Woche trug er einen neuen Anzug, kaufte die verschiedensten Wertsachen. Er vergnügte sich gerne. Oft kam er mit den Kollegen vom Judenrat zu dem Wirtshausbesitzer Jankiel Boruch Mendels. Nicht selten kam er dann auf den Judenrat zu sprechen, weckte Streitereien und schrie die Mitarbeiter des Judenrates an, bis alle davonliefen. [...] Auch Frau Goldhammer war im Ghetto bekannt. Sie unterhielt in ihrem Haus eine Gaststätte.[300] Es kamen Gäste und es wurde gekochtes und gebratenes Fleisch, Fisch und verschiedene Getränke serviert. Mitglieder des Judenrates und weitere »große Leute« mit ihren Geliebten kamen zu ihr. Jeder dieser Leute hatte seine »Geliebte«, so wurden sie genannt. Wilde Orgien spielten sich dort ab. Goldhammers Nachbarn erzählten oft darüber. In dieser Gaststätte hielt der Judenrat auch oft seine Sitzungen ab.«

In Zamosc befand sich eine bekannte Krakauer Familie, eine Mutter mit zwei Töchtern und einem Sohn. Eine der Töchter nannte man die

»Freundin« von Mendel Garfinkel. Die Stadt kannte sie als die »Blonde Bestie«. Sie soll großen Einfluss auf den Judenrat ausgeübt haben. Wenn jemand etwas einrichten wollte, sei er zu ihr gegangen. Sie habe eine wunderschöne Wohnung gehabt, und dort sei man hingegangen und habe bezahlt.[301]

Jedoch nicht alle Zeitzeugen stellen Mendel Garfinkel ein schlechtes Zeugnis aus. Sowohl der Chef der jüdischen Lumpensammler im Ghetto Zamosc, Jan Bolotnow, als auch der Organisator des »Zamosc-Lubliner Ausschusses zur Hilfe für die Juden in Warschau«, Stefan Sendlak, schilderten den Vorsitzenden Garfinkel nicht als moralisch verkommene Persönlichkeit, »sondern als verantwortungsvollen Mann, der sich der Gefahren seiner Funktion durchaus bewusst gewesen sei.«[302]

Stefan Sendlak über Garfinkel:

> »Die führenden Persönlichkeiten der jüdischen Gemeinde bemühten sich auf jede Weise, die deutsche Unterdrückung abzuwenden. Diese Bemühungen waren jedoch nicht erfolgreich, denn die Deutschen verwirklichten trotz allem konsequent ihre Pläne. [...] Der Rechtsanwalt Garfinkel war stets bereit und willig, bedrohten Leuten zu helfen.«

Im Unterschied zu anderen Zeitzeugen wirft ihm Sendlak nicht Überheblichkeit und Arroganz, sondern Feigheit, Apathie und die fehlende Hoffnung auf ein Überleben vor.

Mieczysław Garfinkel, der während der Deportation der Zamoscer Juden im Oktober 1942 von der Gestapo verhaftet und ins Gefängnis gesteckt worden war, wurde – wohl dank seiner Kontakte und seiner Bestechungsgelder – nach einigen Tagen wieder entlassen und wie alle anderen nach Izbica abgeschoben.[303] Von dort gelang ihm die Flucht nach Warschau, wo er untertauchte.

Nach dem Krieg kehrte er kurz nach Zamosc zurück, jedoch gehasst von den Juden in Polen wie auch im Ausland, ging er nach Warschau. Er änderte seinen Nachnamen in Garwin (was sich auch anglisiert aussprechen lässt), zog über Warschau und Breslau gen Westen. In Breslau wurde er auf der Straße erkannt und als Kollaborateur der polnischen Staatssicherheit übergeben. Der damalige, polnische Justizminister Henryk Świątkowski, der von 1945 bis 1956 im Amt war, kannte Garwin-Garfinkel jedoch aus der Vorkriegszeit in Zamosc und setzte sich persönlich dafür ein, dass er aus dem Gefängnis entlassen wurde. Garwin verließ Polen, lebte einige Zeit in Deutschland, lebte kurz in Israel und ging dann nach Rhodesien (Simbabwe), wo sich sein dritter Bruder, Matys, schon vor dem Krieg niedergelassen hatte.

Schließlich ging er nach Großbritannien und ließ sich in London nieder, wo er sich – sinnigerweise – mit Wiedergutmachungsleistungen für Opfer des Holocaust befasst haben soll. Er soll bis in die 1980er-Jahre gelebt haben, und nochmals geheiratet haben. Sein Sohn soll zu Anfang dieses Jahrtausends noch in London gelebt haben.

Die jüdische Polizei in Zamosc

Zur Durchsetzung der Befehle der deutschen Machthaber, also auch des Kreishauptmannes Weihenmaier, setzte der Judenrat in Zamosc zuerst eine inoffizielle Gruppe von »sztarken« (›starken‹) Leuten ein. Sie nahmen mit Anwendung von Gewalt weg, was die Deutschen gefordert hatten. Die von den Bewohnern der Stadt gehasste Gruppe wurde von Abraham Micholes geführt. Irgendwann verhaftete die Gestapo Micholes und er verschwand. Es ging das Gerückt um, er sei nach Lublin gebracht und dort erschossen worden.

Die »Starken« wurden dann durch die jüdische Polizei, den »Ordnungsdienst« ersetzt.[304] Der Bruder des Vorsitzenden des Judenrates, Dawid (Dudek) Garfinkel, wurde ihr Kommandant. In der Erinnerung der Überlebenden erscheint er in einem weit besseren Licht als sein Bruder, friedfertig und ohne Überheblichkeit. Eine Zeitzeugin berichtete: »Dudek als Polizeidirektor schadete nicht. Er bemühte sich, abseits zu bleiben und niemanden in Gefahr zu bringen.«[305] Nachdem in Zamosc Transporte tschechischer und deutscher Juden in großem Umfang eingetroffen waren, wurde die Polizei komplett umstrukturiert. An die Stelle des friedlichen Garfinkel trat der Dortmunder Jude

Alwin Lippmann. Lippmann war ein Jude mit typisch deutschen Idealen – pedantisch, dienstbeflissen, schweigsam.[306] Die Stärke der Polizei wurde auf 20 Personen erhöht.

Die Angehörigen der jüdischen Polizei hatten einen langen Mantel mit Gürtel, trugen besondere Mützen mit Abzeichen und Davidsstern. Bewaffnet waren sie lediglich mit einem Knüppel. Im Gebäude einer ehemaligen Sodawasserfabrik errichtete die jüdische Polizei sogar ein eigenes Gefängnis.[307] Ein Angehöriger der jüdischen Polizei in Zamosc sagte nach dem Krieg aus:

> »Auch wenn wir ihre Befehle nicht befolgt hätten, die Deutschen hätten ihre Pläne trotzdem verwirklicht. Und sie hätten sie auf noch brutalere und konsequentere Weise durchgeführt und die Zahl der Opfer wäre höher gewesen.«[308]

Übrigens war die Entscheidung, deutsche Juden als Leiter der Ghettopolizei einzusetzen, nicht außergewöhnlich. Gewaltige Unterschiede gab es jedoch im Verhalten der Polizeichefs. Chef der jüdischen Polizei im Konzentrationslager Theresienstadt war beispielsweise Karl Löwenstein, als »Mischling« eigestuft, der zum Protestantismus übergetreten war und der als ehemaliger kaiserlicher Offizier ein Preuße bis ins Mark war.[309] Auch über ihn wird sehr unterschiedlich berichtet, jedoch soll er einen hohen Gerechtigkeitssinn besessen haben und als ›Ritter ohne Furcht und Tadel‹ schonungslos gegen Missstände vorgegangen sein.[310]

Der Kommandant der jüdischen Polizei im Ghetto Zamosc, Alwin Lippmann, stammte aus Dortmund. Er war mit einem Transport deutscher Juden nach Zamosc gekommen.[311] Er war eine wirklich tragische Persönlichkeit, die »weder Deutscher, noch Held«[312] war – obwohl er wohl beides gerne gewesen wäre, weil dies sicher seiner Denkweise und seiner Lebensbetrachtung entsprach. Er war im Ersten Weltkrieg Flieger im Jagdgeschwader Richthofen gewesen, kannte also den Reichsmarschall, Preußischen Ministerpräsidenten, Präsidenten des Reichstages, Reichsforstmeister und Reichsjägermeister Hermann Göring persönlich. Der hochdekorierte jüdische Fliegeroffizier hatte den Glauben an ›sein‹ Deutschtum vermutlich nie aufgegeben – wohl nicht einmal im Ghetto Zamosc, wo er als Leiter des »Jüdischen Ordnungsdienstes« eingesetzt war. Er war Träger hoher Auszeichnungen, er hatte alle seine Orden und Medaillen mit nach Zamosc gebracht sowie Lobbriefe von den Feldmarschällen Hindenburg und Mackensen. Geholfen haben ihm jedoch weder seine deutschen Auszeichnungen noch seine deutsche Gründlichkeit. Lippmann wurde, so stellte das Amtsgericht Dortmund 1958 fest, im Jahre 1944 im KZ Auschwitz ermordet.[313]

Alwin Lippmann wurde am 22. Januar 1892 in Düsseldorf geboren. Die Geburtsurkunde des Kaufmannsohnes enthält den Vermerk vom 23. Dezember 1938, wonach Alwin Lippmann zusätzlich den Vornamen Israel angenommen habe.[314] Lippmann hat dies selbstverständlich nicht freiwillig getan, sondern in Folge einer Verordnung vom 17. August 1938, welche auf einem Gesetz aus dem gleichen Jahre beruht: Hiernach wurden Juden gezwungen, den zusätzlichen Vornamen Israel oder Sara zu führen. Am 21. März 1947 beurkundete der zuständige Standesbeamte die Löschung des zusätzlichen Vornamens, war die Unrechtsgrundlage dafür doch bereits durch das Kontrollratsgesetz Nr. 1 aufgehoben worden.

Alwin Lippmann hat von dieser – von Amts wegen – erfolgten Änderung nicht einmal mehr erfahren: Die letzte, dokumentierbare Nachricht über Alwin Lippmann ist jene, wonach der Frontoffizier und Flieger des Ersten Weltkrieges am 24. August 1944 mit einem Häftlingstransport vom KZ Mauthausen in das KZ Auschwitz verschleppt wurde.

Zwischen Geburt und Todes des jüdischen Frontkämpfers Alwin Lippmann liegt jedoch mehr als nur ein individuelles, isoliertes Schicksal. Dazwischen liegt das Leiden ganzer Generationen national denkender Deutscher jüdischen Glaubens, deren Geschichte so hoffnungsvoll in den Befreiungskriegen begann und in so grausamer Täuschung endete.[315]

Wir erinnern uns, wie deutsche, national gesinnte Juden das Aufkommen des Dritten Reiches sahen:

»Der Verband nationaldeutscher Juden bezweckt den Zusammenschluss aller derjenigen Deutschen jüdischen Stammes, die bei offenem Bekennen ihrer Abstammung sich mit deutschem Wesen und deutscher Kultur so unauflöslich verwachsen fühlen, dass sie nicht anders als deutsch empfinden und denken können. Er bekämpft alle Äußerungen und Betätigungen undeutschen Geistes, mögen sie von Juden oder Nichtjuden ausgehen, die das Wiedererstarken deutscher Volkskraft, deutscher Rechtlichkeit und deutschen Selbstgefühls beeinträchtigen und damit den Wiederaufstieg Deutschlands zu einer geachteten Stellung in der Welt gefährden.«[316]

Und nach Hjalmar Schacht, dem im Nürnberger Prozess freigesprochenen Reichsbankpräsidenten und Reichswirtschaftsminister, erließ gerade dieser Verband der »Nationaldeutschen Juden« zur Reichspräsidentenwahl 1934 folgenden Aufruf:

»Wir Mitglieder des im Jahre 1921 gegründeten Verbandes nationaldeutscher Juden haben stets im Krieg und im Frieden das Wohl des deutschen Volkes und Vaterlandes, dem wir uns unaufhörlich verbunden fühlen, über unser eigenes Wohl gestellt. Deshalb haben wir die nationale Erhebung vom Januar 1933 begrüßt, trotzdem sie gegen uns selbst Härten brachte, denn wir sehen in ihr das einzige Mittel, den in vierzehn Unglücksjahren von undeutschen Elementen angerichteten Schaden zu beseitigen.«[317]

Alwin Lippmann war wohl Täter, Opfer und Zuschauer[318] gleichzeitig und dabei all dies wohl vielleicht auch aus Überzeugung: Aus der Überzeugung heraus, eigentlich ein deutscher Held sein zu wollen. Ob Alwin Lippmann letztendlich selbst ein Opfer falsch verstandenen Heldentums geworden ist, können und dürfen wir im Nachhinein nicht beurteilen. Menschen wie er wurden jedoch genauso hemmungslos ausgenutzt, wie auch erniedrigt.

Auch ein anderer deutscher Jude hatte sich im Ersten Weltkrieg als Kriegsfreiwilliger aufgeopfert, weil er als Pazifist nicht wollte, dass seine Glaubensbrüder im deutschen Vaterland ausgegrenzt und zurückgesetzt werden: Der sozialdemokratische Reichstagsabgeordnete Ludwig Frank aus dem badischen (Schwanau-)Nonnenweier bei Lahr im Ortenaukreis, dessen Vorfahren aus Rabbinerfamilien stammten. Frank wollte seinem Vaterland dienen, damit alle Deutschen vor dem Gesetz Gleichbehandlung finden.[319]

Das Landkommissariat in Tomaszów-Lubelski

Das Landkommissariat in Tomaszów-Lubelski wurde von den Besatzern zum 1. Juni 1940 errichtet. Es gab damals im Distrikt Lublin zwei Landkommissariate, das in Lubartow und das in Tomaszów-Lubelski. Im Laufe der Zeit wurden immer mehr Landkommissariate eingerichtet, da sich deren Betrieb als praktisch erwies.[320] Sie entwickelten sich immer mehr zu einer vierten Verwaltungsstufe im Generalgouvernement, auch wenn sie offiziell nur Außenstellen der Kreishauptmannschaft waren. In Tomaszów-Lubelski befanden sich nach den Ermittlungen der Zentralstelle Ludwigsburg folgende deutschen Behörden:[321]

- Die Zweigstelle der Kreishauptmannschaft, welche die längste Zeit von Landkommissar Walter P***r als Vertreter von Kreishauptmann Helmut Weihenmaier geleitet wurde. Der Landkommissar vertrat zwar dessen Tätigkeitsbereich, war jedoch nicht allgemeiner Vertreter des Kreishauptmannes, wie dies z. B. der Erste Landesbeamte im Verhältnis zum Landrat in Baden-Württemberg ist.
- Ein Gendarmerieposten in Stärke von etwa zehn Mann.
- Ein Außenposten der Sicherheitspolizei und des Sicherheitsdienstes, der sich im Haus des Apothekers Prochniki in der Kosciuszkostraße befand und etwa fünf Mann stark war.
- Ein polnischer Polizeiposten, der sich aber nicht mit jüdischen Angelegenheiten befasste.
- Eine polnische Stadtverwaltung.

Landkommissar Werner Ansel

Ungefähr zur gleichen Zeit, wie Kreishauptmann Helmut Weihenmaier seine Geschäfte in Zamosc aufnahm, soll angeblich der Landkommissar Dr. Werner Ansel nach Tomaszów-Lubelski gekommen sein.[322] Dies steht im Widerspruch zu der Tatsache, dass das Landkommissariat erst im Juni 1940 errichtet worden ist. Die Ursache dafür liegt wohl darin, dass Tomaszów-Lubelski zum damaligen Zeitpunkt dem Kreis Biłgoraj zugeschlagen werden sollte, die Kreisabgrenzung also noch nicht endgültig geklärt war.

Dr. Werner Ansel war zuvor Regierungsrat in Heilbronn, stieg später zum Kreishauptmann von Biłgoraj, danach zum Kreishauptmann in Cholm auf. Zwischenzeitlich hatte Ansel bei der Wehrmacht Dienst getan.[323] 1948 bis 1972 war Ansel dann Landrat in Crailsheim. Ein 1968 eröffnetes Ermittlungsverfahren wurde eingestellt.

Als Kreishauptmann in Biłgoraj (1939) berichtete Werner Ansel:

> »Um eine Vergeltungsmaßnahme auf dem Fuß folgen zu lassen, habe ich fernmündlich die Genehmigung darüber eingeholt, die im Polizeigefängnis in Bilgoraj wegen unbefugten Waffenbesitzes und Raubüberfalles einsitzenden Personen erschießen zu lassen. Die Genehmigung hierzu wurde erteilt. Es sind am 27. Juni gegen 20:30 Uhr sieben Personen erschossen worden.«[324]

Als Kreishauptmann von Cholm (April bis Dezember 1942, danach Wehrmachtsdienst, ab Juli 1944 wieder Kreishauptmann in Cholm) hat Dr. Werner Ansel nachweislich das Vernichtungslager Sobibor besucht, und zwar angeblich kurz vor seiner Inbetriebnahme. In den 1960er-Jahren behauptete er bei einer Vernehmung, dass ihm der Zweck des Lagers damals nicht bekannt gewesen sei: »Beim Besuch des noch nicht belegten Lagers seien ihm keine Besonderheiten aufgefallen.«[325]

Jedoch: Die Struktur der Lager unterschied sich wesentlich und deutlich von der von Arbeitslagern. Und auch die hohe Zahl von Menschen, die ohne Wiederkehr dorthin verschleppt wurde, hätte doch Anlass zum Hinterfragen der Vorgänge sein müssen. Zumindest für einen promovierten Juristen.

Landkommissar Hans L***k

Hans L***k, ein eher untergeordneter Beamter aus dem Kommunaldienst, war zunächst Landkommissar in Tomaszów-Lubelski, er wurde aber bald wegen seiner Alkoholexzesse nach Biłgoraj versetzt. Er verletzte sich im Herbst 1942 tödlich, als er einen Juden mit seinem Gewehrkolben erschlagen wollte.[326] Er nahm dabei sicherlich keine ihm als Verwaltungsbeamten obliegende Aufgabe wahr, sondern handelte mit hoher Wahrscheinlichkeit schlicht als Mörder.

Landkommissar Walter P***r

Walter P***r amtierte ab 1942 bis 1944 in der Funktion als Landkommissar in Tomaszów-Lubelski. Nach übereinstimmenden Zeugenaussagen leitete er die örtlichen »Judenaussiedlungen« nach Belzec selbst. Er soll dabei auch Juden persönlich ausgeraubt und eigenhändig ermordet haben. Der Exzesstäter Walter P***r soll auch mehrmals selbst das Vernichtungslager Belzec aufgesucht haben, das ja nur wenige Kilometer von Tomaszów- Lubelski entfernt liegt.[327] Während der Amtszeit von P***r soll es auch zu willkürlichen Erschießungen in Tomaszów-Lubelski gekommen sein. Eine Zeugin sagte aus, dass noch vor der Aussiedlungsaktion im Februar 1942 drei Deutsche, einer in Zivilkleidung und zwei Uniformierte, in den Abendstunden in die Wohnungen der Juden eingedrungen seien und alle angetroffenen Personen an Ort und Stelle erschossen hätten.[328]

Das Ghetto Tomaszów-Lubelski wurde wohl gegen Ende 1942 liquidiert.[329] Dies war die größte Vernichtungsaktion, der nach Zeugenaussagen rund 1.000 Menschen zum Opfer fielen. Die Aktion fand in der Nacht von Sonntag auf Montag statt. Am Sonntag befahl Landkommissar P***r dem Vorsitzenden des Judenrates von Tomaszów-Lubelski, Abe Bergerbaum, zu ihm zu kommen und verlangte von ihm Kaffee, Tischdecken und Besteck. Bergerbaum kam dem »Wunsch« nach.[330] Bergerbaum versteckte sich vor der befürchteten Aktion im Keller des Kreisamtes, wurde von P***r aber entdeckt und eigenhändig erschossen.[331] Zwischenzeitlich hatte man alle Juden durch Gendarmerie und Gestapo auf dem Ringplatz zusammengejagt.

Wer nicht schnell genug laufen konnte, wurde gleich erschossen. Über 20 Personen sollen auf dem Sammelplatz erschossen worden sein.³³² Die transportfähigen Personen wurden nach ins Vernichtungslager Belzec verschleppt. P***r ging durch die Stadt, in Begleitung höherer Gestapo-Offiziere, und leitete die Aktion. Eine Zeugin beobachtete auch, wie P***r seine eigene, jüdische Hausangestellte auf den Platz brachte und dort erschoss. P***r habe auch weitere Personen eigenhändig erschossen, wie die Zeugin beobachtete, und soll auch wöchentlich das Vernichtungslager Belzec besucht haben. Die Zeugin hatte die Aussage allerdings vor einem »Polizei-Untersucher der UNRA-Polizei beim D.O. Center Stuttgart-West« und nicht vor einem Richter gemacht. Deshalb waren die Aussagen später nicht verwertbar, die Zeugin selbst war zudem unauffindbar geworden.

Landkommissar Walter P***r beteiligte sich also auch höchstpersönlich an den »Räumungen«.³³³ Und er misshandelte Juden und Polen. Grabdenkmäler und Gedenktafeln des jüdischen Friedhofes von Tomaszów-Lubelski benutzte der Landkommissar nach der Liquidierung des Ghettos dazu, eine Straße zu pflastern.³³⁴ Dem Landkommissar Walter P***r genügte die Tatsache einer Festnahme durch die Gendarmerie wegen Schwarzhandels, um eine jüdische Familie in das Vernichtungslager Belzec einzuweisen.³³⁵ Er hielt die Juden in Tomaszów-Lubelski durch ständigen Terror in Angst und Schrecken, er war gewalttätig und nutzte seine Stellung sicherlich auch zur persönlichen Bereicherung.³³⁶

Vertreibung und Mord in Tomaszów-Lubelski (Kreis Zamosc)

Während noch in den ersten Tagen nach Kriegsausbruch Landrat und Bürgermeister öffentlich bekannt gaben, Polen stehe durch die Kriegserklärungen von Frankreich und England gegen Deutschland nach dessen Angriff nicht allein, kam es doch gleich zu Kriegsbeginn in Tomaszów-Lubelski im Kreis Zamosc zu schweren Luftangriffen: Am Markttag, dem 7. September, wurde die Stadt von der deutschen Luftwaffe angegriffen.³³⁷ Man wird diesen Angriff auf den Wochenmarkt leider als echten Terrorangriff bezeichnen müssen. Der Wochenmarkt in Tomaszów, der jeden Donnerstag stattfand, war weithin bekannt. Der Kriegsausbruch war für die Menschen ferner ein berechtigter Anlass, die Vorräte an überlebenswichtigem Alltagsbedarf nach Möglichkeit aufzufrischen. Der Marktplatz und seine Zugangswege waren deshalb von Menschen geradezu überfüllt. Der Luftangriff forderte über 200 Tote, und eine große Siedlungsfläche, vor allem das jüdische Viertel, wurde fast gänzlich zerstört.[338]

Als deutsche Truppen am 13. September 1939 die Stadt besetzten, wurden die noch anwesenden Juden zur Sklavenarbeit missbraucht und ihr Eigentum beschlagnahmt. Sofort nach der Besetzung der Stadt durch deutsche Truppen wurden alle jüdischen Männer durch deutsche Gendarmerie verhaftet und in das Gebäude des dortigen Kinos eingesperrt. Den Familien wurde Lösegeld abgepresst, trotzdem wurden nicht alle Opfer freigelassen.[339]

Sechs Juden wurden in den Wald verschleppt und dort von den Deutschen ermordet. Am 20. September 1939 zogen sich die deutschen Truppen zurück, und wurden durch Einheiten der Sowjetarmee ersetzt. Eine Woche später zogen sich die Russen auf die Demarkationslinie des Molotow-Ribbentrop-Paktes zurück. Ihnen schlossen sich über 2.000 Juden an, unter ihnen Rabbiner und Admor[340] Aryeh Leibus Rubin. Rund 3.500 Juden blieben in der Stadt zurück.

Mit dem Einmarsch der deutschen Truppen hatten Zwangsarbeit, Willkür und Gewalt Einzug gehalten. So sperrten die deutschen Besatzer eines Tages im Dezember 1939 zahlreiche Juden, unter ihnen körperlich und geistig behinderte Personen, in einen Keller – und befahlen anderen Juden diesen über mehrere Tage eimerweise zu füllen, bis die Menschen einen qualvollen Ertrinkungstod gestorben waren.[341]

Im März 1942 wurden alle Juden aus Tomaszów-Lubelski über 32 Jahre in das Vernichtungslager Belzec verschleppt. Auch am 22. Mai 1942, dem Schawuot-Fest (es entspricht dem christlichen Pfingstfest), welches an die Übergabe der Gesetzestafeln auf dem Sinai erinnert,[342] wurden Männer, Frauen und Kinder auf dem Marktplatz aufgereiht, auf LKWs verladen und ins Todeslager Belzec verschleppt.[343] Jene, welche Widerstand leisteten, wurden auf der Stelle erschossen.

Am 27. Oktober 1942 wurden die letzten Juden Tomaszów-Lubelskis ermordet. Einheiten der Gestapo, unterstützt vom Sonderdienst des Generalgouvernements – der aber vorwiegend aus sogenannten Volksdeutschen bestand –, umstellten die Häuser der Juden, ›räumten‹ sie und verschleppten die Bewohner nach Belzec. Wenigen gelang die Flucht in die Wälder. Einige Polen versuchten ihren verfolgten jüdischen Mitbürgern zu helfen. Den Menschen in Tomsazow-Lubelski wurde Unvorstellbares angetan – vor allem der jüdischen Bevölkerung, nicht minder aber auch den Polen.

5 Kreishauptmann Helmut Weihenmaier

Der deutsche Kreishauptmann Helmut Weihenmaier nahm seine Geschäfte in Zamosc Ende Oktober 1939 auf, wobei er zunächst keine Mitarbeiter hatte.[344] Die Fluktuation unter den Kreishauptleuten war erstaunlich hoch. Gründe dafür waren vor allem Krankheit, Unfähigkeit oder Korruption. Die erkannte Korruption bei den Kreishauptleuten war aber wohl nur die Spitze eines Eisberges. Musial geht davon aus, dass alle Kreishauptleute sich im größeren oder kleineren Stil selbst bereicherten, »schwarze Fonds« führten oder »Judenkontributionen« in die eigene Tasche wirtschafteten.[345]

Auch wenn sehr vieles darauf hindeutet, dass die Vermutung Musials allgemein richtig ist, so war sie jedoch im konkreten Einzelfall Weihenmaier bisher nicht zu beweisen. Dies soll keinen der Kreishauptleute entschuldigen oder irgendwelche Handlungsweisen rechtfertigen. Ein abschließender, juristisch eindeutiger Beweis wird hier wohl auch nie (mehr) möglich sein. Trotzdem ist die Annahme Musials, wenn auch unbewiesen, nicht einfach aus der Luft gegriffen.

Es deutet tatsächlich sehr vieles darauf hin, dass eine äußerst große Zahl der »deutschen Herrenmenschen«, vermutlich sogar die große Mehrheit von ihnen, sich nicht nur ihrer Ideologie entsprechend überheblich, sondern in den meisten Fällen auch äußerst habgierig und korrupt gezeigt haben.

Andererseits muss ihnen auch ein – der Ideologie und der Propaganda der Zeit entsprechender – ›Kulturschock‹ widerfahren sein, der jedoch ihr schändliches Verhalten keinesfalls entschuldigt: »Öde, leer, trostlos, ein zerschossener Bahnhof, Dreck, Gestank, Gesindel, eine fremde Sprache, kaum ein Wort Deutsch. Das war der erste Empfang«.[346] So wie der frühere, bayerische Landrat Heinz Doering, den das Schicksal in das Generalgouvernement verschlagen hatte, werden sicherlich nicht wenige gedacht haben. So schrieb auch Generalfeldmarschall Gerd von Rundstedt in einem privat verfassten Brief an seine Frau 1941: »Wir gehen morgen nach Zamosch, werden den Unterschied zwischen hier und dem dreckigen Judennest sehr merken.«[347]

Es war vermutlich einerseits der etwas wohlige und spannungsvolle Grusel vor dem Fremden, dem Unbekannten, dem Exotischen – und andererseits der furchtbare, durch nichts zu rechtfertigende, überhebliche und menschenverachtende Rassen- und Nationalitätenhass.

Am 10. September 1939 hatte Adolf Hitler sogar höchstpersönlich eine Rundfahrt durch das Judenviertel im nunmehr besetzten polnischen Kielce gemacht. Pressechef Otto Dietrich, der zur ständigen Entourage des Führers gehörte, schilderte den Besuch wie folgt:

> »Wenn wir einmal geglaubt haben, den Juden zu kennen, so werden wir hier eines anderen belehrt [...]. Es ist unvorstellbar, wie diese Menschen aussehen [...]. Der physische Abscheu hindert uns, unsere journalistischen Nachforschungen an Ort und Stelle fortzusetzen. [Es] sind die Juden in Polen keineswegs arm, aber sie leben in einem unvorstellbaren Schmutz, in Hütten, in denen in Deutschland kein Landstreicher übernachten würde.«[348]

Trotzdem haben sich dann wohl die meisten der Verwaltungsangehörigen mit der vorgefundenen Situation, sagen wir einmal recht gut ›arrangiert‹ und die – vor allem für sich selbst – möglichen, besten Lösungen umgesetzt.

Dies entspricht dem objektivierbaren Gesamtbild, das sich jedoch im Einzelfall nicht so pauschal auf alle Verwaltungsangehörigen übertragen lässt. Man stahl und gaunerte jedoch zusammen, was das Zeug hielt – ohne Rücksicht auf Verluste bei der polnischen oder jüdischen Bevölkerung.

5 Kreishauptmann Helmut Weihenmaier

Herkunft und Werdegang bis Zamosc

Helmut Weihenmaier wurde 1905 in Neresheim geboren. Der Sohn eines württembergischen Oberamtmannes (Landrates) besuchte das Evangelische Gymnasium, er studierte danach von 1924 bis 1929 als Werkstudent in wirtschaftlich schwieriger Zeit in Tübingen und Berlin Rechtswissenschaften. 1929 erfolgte die erste Staatsprüfung, danach der übliche Vorbereitungsdienst und 1933 die zweite Staatsprüfung. Vom April 1933 an bis Januar 1934 war er Rechtsanwalt in Nürtingen. In diese Zeit fällt auch sein Beitritt zur NSDAP (30.4.1933) und zur SA (1.11.1933). Alte Nazis, »alte Kämpfer« im Sprachgebrauch jener Zeit würden diese Beitritte als gerade noch ›zur rechten Zeit‹ bezeichnen.

Zuvor ist Helmut Weihenmaier politisch nicht öffentlich in Erscheinung getreten, ferner konnte bisher auch nicht ermittelt werden, ob er vorab einer anderen Partei angehört hat: »Als Beamter hat er eine normale Entwicklung hinter sich, ohne dass er durch den Nationalsozialismus gefördert oder herausgestellt wurde«,[349] berichtete der Oberbürgermeister von Reutlingen Oskar Kalbfell später im Entnazifizierungsprozess.

Ab Januar 1934 war Helmut Weihenmaier Assessor beim Oberamt (heute würden wir sagen, Landratsamt) in Urach, wo er 1936 auch Regierungsrat wurde. 1937/38 bekleidete er die Position des Oberamtsverwesers in Urach, wurde 1938 Stellvertreter des Landrates in Reutlingen, er war 1938/39 Amtsverweser in den Landratsämtern Crailsheim und Esslingen.[350]

Bereits auf seiner Station beim Oberamt Urach wurde Helmut Weihenmaier durchweg positiv bewertet:

> »Gerichtsassessor Weihenmaier wurde weisungsgemäß in die gesamte staatliche und teilweise auch in die kommunale Verwaltung eingeführt und auch zu einer Reihe von Besprechungen zugezogen. Bezirksrats- und Sparkassensitzungen konnten nach Auflösung der Bezirks- und Verwaltungsräte nicht stattfinden.«[351]

»Er zeigte reges Interesse für die verschiedenen Verwaltungszweige und ist außerordentlich fleißig. Im Verkehr mit Behörden und Publikum zeigt er gutes Geschick; er eignet sich m. E. durchaus für die Verwaltung. Seine Führung in und außer Dienst ist tadellos. Ich beantrage seine Bestellung zum Regierungsassessor.«[352]

»Regierungsassessor Weihenmaier hatte während des Erholungs- und Krankheitsurlaubs des Oberamtsvorstandes vom 18.7.–1.11.1934 die Stellvertretung zu übernehmen. Er ist dieser Aufgabe trotz erheblichen Geschäftsanfalles und bei vermindertem Personal in einwandfreier Weise nachgekommen. Dies war nur durch dauernde Überzeitarbeit möglich. Die Tätigkeit während dieser Zeit kann daher – besonders wenn man die besonderen bezirkspolitischen Schwierigkeiten sieht, von denen auch er nicht verschont blieb, berücksichtigt, wohl als ›besondere Leistung‹ im Sinne von Kap. 15 Titel 30 des Staatshaushaltsplanes angesehen werden. Ich beantrage daher, ihm aus den dort bereitgestellten Mitteln eine angemessene Belohnung zu gewähren.«[353]

Es wird später noch interessant sein, auf die »besonderen, bezirkspolitischen Schwierigkeiten« näher einzugehen.

»Regierungsassessor Weihenmaier ist jetzt 2 Jahre meinem Amt zugeteilt. Er war längere Zeit Oberamtsverweser und hat hierbei unter recht schwierigen Verhältnissen die Dienstgeschäfte mit großer Tatkraft und großem Geschick geführt. Mit einem selten lauteren Charakter verbindet er ein zuvorkommendes und doch bestimmtes Auftreten im dienstlichen Verkehr. Er hat sich in die Verwaltung recht gut eingearbeitet und verfügt über recht gute Kenntnisse. Seine Führung ist in jeder Hinsicht einwandfrei.«[354]

Dass die Verhältnisse tatsächlich viel komplexer und schwieriger waren, als man diese einem jungen Beamten in seiner ersten Amtsstelle normalerweise zumutet, werden wir noch sehen.

Am 29. Mai 1936 wurden Person und Leistung von Helmut Weihenmaier wie folgt bewertet: »[...] ist ein fleißiger Beamter mit guten Kenntnissen; seine Führung ist einwandfrei. Politisch ist nichts einzuwenden; Weihenmaier ist Mitglied der NSDAP [...] und gehört auch der SA an.«[355]

Der Satz »Politisch ist nichts einzuwenden« ist für jede mögliche Interpretation offen. Er kann ausgelegt werden von ›absolut linientreu‹ bis hin zu ›lau und gerade noch zu halten‹. Diese Bewertung hilft uns also objektiv nicht weiter. Im Juni 1936 hatte die Reichsstelle für Sippenforschung sich mit der Frage der arischen Abstammung des Herrn Regierungsassessor Helmut Weihenmaier zu beschäftigen.[356] Schließlich war ›Reinblütigkeit‹ eine wichtige Voraussetzung für eine Beamtenkarriere.

Am 25. August 1936 stellte die Reichsstelle für Sippenforschung dann fest:

> »Gegen die arische Abstammung des Regierungsassessors Helmut Weihenmaier, Oberamt Urach, bestehen [...] keine Bedenken. Diese Unbedenklichkeitsbescheinigung ist nur für die bei der dortigen Dienststelle geführten Personalakten bestimmt und stellt keinen förmlichen Abstammungsnachweis dar.«[357]

Am 5. September 1936 wurde Helmut Weihenmaier zum Regierungsrat ernannt:

> »Im Namen des Reiches ernenne ich unter Berufung in das Beamtenverhältnis den Regierungsassessor Helmut Weihenmaier zum Regierungsrat im württembergischen Landesdienst. Ich vollziehe diese Urkunde in der Erwartung, dass der Ernannte getreu seinem Diensteide seine Amtspflichten gewissenhaft erfüllt und das Vertrauen rechtfertigt, das ihm durch diese Ernennung bewiesen wird. Zugleich sichere ich ihm meinen besonderen Schutz zu.«[358]

Ausgefertigt war diese Urkunde in Berchtesgaden, unterzeichnet vom »Führer und Reichskanzler« Adolf Hitler und gegengezeichnet von Reichsinnenminister Wilhelm Frick, den der Nürnberger Gerichtshof bekanntlich als einen der Hauptkriegsverbrecher zum Tode verurteilt hat.

Am 6. Oktober 1939 ereilte Helmut Weihenmaier ein schicksalhafter Ruf; ein Ruf, bei dem bis heute nicht gänzlich geklärt werden kann, ob dieser gegen seinen Willen erfolgt ist. Zumindest ist dies nach seiner Darstellung so, welche bisher nicht widerlegt werden kann: Von der Hand des Ministerialrats Dr. Dellbrügge (ab 1944 SS-Brigadeführer und Regierungspräsident in der Reichsstatthalterei in Wien) als Referenten und des Amtsrates Steinborn als Expedienten erging um 18:17 Uhr über die Funkstelle des Reichs- und Preußischen Ministers des Inneren ein Fernschreiben in dreifacher Ausfertigung an das Ministerium des Inneren in Stuttgart, das Oberkommando des Heeres (Generalstab des Heers – Generalquartiermeister) und den Oberpräsidenten in Breslau:

> »Habe den Reg. Rat Weihenmeyer [sic!] – Reutlingen dem CdZ Rüdiger AOK 10 zur Verwendung als Landkommissar i. Geb. östl. der Weichsel zur Verfügung gestellt. Er ist sofort zum Sammelort Oberpräsidium Breslau in Marsch zu setzen. [...] Ich bitte, ihn von dem Sammelort abrufen zu lassen und mit Beorderung zu versehen.«[359]

»AOK 10« ist das Armeeoberkommando 10, »CdZ« bezeichnet den Chef der Zivilverwaltung und »Rüdiger« meint den 1889 geborenen, früheren Regierungspräsidenten Hans Rüdiger (in Oppeln ab 13. Oktober 1937), dessen Schicksal und Verbleib bis heute ungeklärt ist.

Am 21. November 1939 teilte das Württembergische Innenministerium dem Reichsministerium des Inneren mit, dass Helmut Weihenmaier am 10. Oktober »dorthin in Marsch« gesetzt worden sei. Er habe sich ordnungsgemäß beim Wehrbezirkskommando Tübingen abgemeldet, weshalb »die beabsichtigte U.-Stellung« vom Wehrbezirkskommando Tübingen nicht mehr durchgeführt werden könne.[360]

Es blieb dann – jedenfalls in den amtlichen Akten – still in der Frage der Verwendung von Helmut Weihenmaier, bis die Hauptabteilung Innere Verwaltung der Regierung des Generalgouvernements sich am 15. Mai 1942 an den Reichsminister des Inneren wandte:

> »Ich beabsichtige, die Versetzung des Obengenannten [Regierungsrat Helmut Weihenmaier], der abordnungsweise bei dem Gouverneur des Distriktes Lublin, Kreishauptm. Zamosc, beschäftigt ist, in das Generalgouvernement zu veranlassen. Es ist beabsichtigt, ihn in eine freie Planstelle [...] des Stellenplanes für das Generalgouvernement einzuweisen. Die Stelle ist verfügbar. Der in Frage stehende Beamte ist mit seiner Versetzung einverstanden. Er hat seine Planstelle noch beim Landratsamt in Reutlingen [...]. Ich beabsichtige ferner die Ernennung des obengenannten Beamten zum Kreishauptmann [...] und zwar zugleich mit seiner Versetzung vorzuschlagen. Ich bitte, Regierungsrat Helmut Weihenmaier
>
> 1. zur Versetzung in das Generalgouvernement zur Verfügung zu stellen und mir die Personalakten zu überlassen und

2. um eine grundsätzliche Stellungnahme zu dem beabsichtigten Beförderungsvorschlag.«[361]

Am 13. Juni 1942 forderte der Reichsminister des Inneren per Schnellbrief beim Reichsstatthalter in Württemberg die »beschleunigte Übersendung der Personalakten und Mitteilung, ob Bedenken gegen die beabsichtigte Maßnahme bestehen.«[362] Es gab keine Probleme: »Gegen seine Ernennung zum Kreishauptmann im Generalgouvernement bestehen keine Bedenken.«[363] Mit Schreiben vom 14. Januar 1943 teilte dann sogar die Nationalsozialistische Deutsche Arbeiterpartei – Partei-Kanzlei dem Herrn Reichsminister des Inneren mit: »Der Ernennung des Regierungsrates Helmut Weihenmaier zum Kreishauptmann in Zamosc [...] wird zugestimmt.«[364]

Am 4. Dezember 1942 beantragte – in Vertretung des Generalgouverneurs – der Staatssekretär der Regierung des Generalgouvernements Bühler die Ernennung des Regierungsrates Helmut Weihenmaier zum Kreishauptmann. Das Reichsministerium des Inneren trat dem Antrag am 25. Januar 1943 bei. Der Antrag trägt den – wohl nur noch formellen – Vermerk »Der Leiter der Partei-Kanzlei hat Einwendungen gegen die Ernennung nicht erhoben.«

Der Weg war also frei für einen neuen Schritt auf der Karriereleiter des Dritten Reiches, die Parteidienststellen, die Dienststellen Württembergs und des Reiches hatten keine Bedenken dagegen, Helmut Weihenmaier die entsprechenden Karrierechancen zu ermöglichen. Es ist wohl nicht vermessen, anzunehmen dass sich Helmut Weihenmaier über diese positive Wendung in seiner Karriere gefreut hat. Ob ihm dabei bewusst und für ihn menschlich belastend war, nunmehr auch formell ein größeres und massiv installiertes Zahnrad nicht in einer überdimensionalen Uhr, sondern in einer überdimensionalen Mühle geworden zu sein, die nicht Getreide, sondern Menschen in furchtbarster Weise zermahlen hat – diese Frage könnte er uns nur persönlich beantworten.

Laufbahn im Generalgouvernement

Es ist heute rückblickend nicht unbedingt einfach, politische und fachliche Karriereeinflüsse aus der Zeit des Nationalsozialismus sauber zu trennen, vor allem weil es meist unmöglich ist, aus den vorhandene Quellen klare Rückschlüsse zu ziehen. Deshalb wird hier die gesamte Laufbahn Helmut Weihenmaiers während seiner Dienstzeit im Generalgouvernement zusammengefasst dargestellt, soweit dies aus den zugänglichen Quellen überhaupt möglich ist. Die Darstellung muss derzeitig zwangsläufig noch unvollständig bleiben.

Jedenfalls nahm Helmut Weihenmaier ab Oktober 1939 die Funktion des Kreishauptmannes in Zamosc wahr. Er hat dies ehrlicherweise auch nach dem Krieg im Rahmen seines politischen Säuberungsverfahren nicht verschwiegen, sondern selbst angegeben, von Oktober 1939 bis Juli 1944 Kreishauptmann in Zamosc gewesen zu sein.[365] Es wäre dies allerdings auch sicherlich nicht zu verheimlichen gewesen.

Die Personalnot war zu jener Zeit sehr groß, denn zwischenzeitlich wurden selbst verfemte, ehemalige Freimaurer und andere, politische Gegner in der Verwaltung wieder verwendet. Fachleute waren Mangelware, insbesondere in der öffentlichen Verwaltung.

Der Antrag zur Ernennung Helmut Weihenmaiers ging am 27. Januar 1943 in der Präsidialkanzlei des Führers ein, Reichsminister Dr. Meissner verfügte am 29. Januar 1943 die Ausfertigung der Ernennungsurkunde:

»Im Namen des Deutschen Volkes« ernannte der »Führer und Reichskanzler« mit Datum vom 30. Januar 1943 – sinnigerweise dem zehnten Jahrestag der Machtergreifung der Nationalsozialisten den bisherigen Regierungsrat Helmut Weihenmaier nunmehr offiziell zum Kreishauptmann.[366] Die Stelle wahrgenommen hatte er ja bereits seit 1939.

Helmut Weihenmaier war also am 31. Juli 1934 zum Regierungsassessor bestellt worden, zum 1. September 1936 zum Regierungsrat ernannt worden[367] und mit Wirkung vom 30. Januar 1943 auch formell Kreishauptmann geworden. Für den Einsatz im Generalgouvernement erhielten die deutschen Beamten besondere Zulagen und Reisediäten. Reichsdeutsche standen im Osten, im Vergleich zur einheimischen Bevölkerung, die höchsten Lebensmittelzuteilungen zu. Die Zivilverwaltung und die NSDAP waren bemüht, den deutschen Besatzern ihren Aufenthalt möglichst angenehm zu gestalten. Für sie gab es besondere Geschäfte, in denen man zu festgesetzten Preisen einkaufen konnte, für sie bestanden bevorzugt belieferte Restaurants und Cafés,[368] die ganz bestimmt auch ausstattungsmäßig zu den ›ersten Häusern am Platz‹ gehört haben. Und diese gastronomischen Betriebe waren ausschließlich Deutschen vorbehalten, so dass man dort vor unterwünschten oder sogar ›lästigen‹ Kontakten mit der einheimischen Bevölkerung sicher war.

Mitgliedschaft bei der NSDAP

Mitglied der NSDAP war Helmut Weihenmaier seit dem 30. April 1933 unter der Mitgliedsnummer 3.254.047, und in der Partei nahm er die Funktion eines »Standortführers der NSDAP«[369] in Zamosc, und zwar seit dem September 1940, wahr.[370] In seinem Fragebogen/Questionnaire, den Helmut Weihenmaier wie Millionen andere Deutsche auszufüllen hatte, gab er am 11. Januar 1946 an: »Von November 1940 bis Juli 1944 Standortführer der NSDAP in Zamosc (GenGouv), mit der Leitung beauftragt, nebenamtlich, ohne Dienstrang als politischer Leiter.«[371] Dem Verordnungsblatt der NSDAP vom September 1943 ist zu entnehmen, dass Helmut Weihenmaier vor dem 31. Juli 1943 kommissarisch zum Standortführer der NSDAP in Zamosc bestellt worden ist.[372] Damit wurde ihm zumindest bis zu jenem Zeitpunkt wohl tatsächlich kein Rang als politischer Leiter verleihen.

Insoweit muss Helmut Weihenmaier zuerkannt werden, seine Mitgliedschaft[373] und seine Tätigkeit in der NSDAP nicht verschwiegen, sondern von Art und Umfang her ehrlich angegeben zu haben. Es musste ihm wohl auch bewusst sein, dass er keine andere Wahl hatte. Der Zeitunterschied September/November kann sich daraus erklären, dass gewisse Aufgaben der NSDAP den Kreishauptleuten übertragen worden sind, und zwar kraft Amtes. So könnte Helmut Weihenmaier durchaus bei der Ernennung zum Standortführer den Zeitablauf rückblickend anders gesehen haben, als sich dies aus der Aktenlage ergibt. Deren Genauigkeit dürfte allerdings in diesem Punkt durchaus hinterfragt werden.

Ausnahmslos jedes Mitglied der NSDAP hatte bei seiner Aufnahme, in der Mitgliederversammlung vor dem zuständigen Ortsgruppenleiter ein Treuegelöbnis abzulegen: »Ich gelobe meinem Führer Adolf Hitler Treue. Ich verspreche, ihm und den Führern, die er mir bestimmt, jederzeit Achtung und Gehorsam entgegenzubringen.«[374] Die Parteigenossen der NSDAP sollten nicht denken oder selbständig handeln – sie hatten zu gehorchen.

Der Ortsgruppenleiter überreichte nach dem Treuegelöbnis das Mitgliedsbuch – wie früher oft der Pfarrer nach der Konfirmation eine Bibel oder den besonders schön kalligraphisch gestalteten Einsegnungsspruch an den Konfirmanden. Der Parteifunktionär sprach dabei die Worte: »Im Namen des Führers überreiche ich Ihnen Ihr Mitgliedsbuch. Halten Sie der Partei die Treue wie bisher!«[375]

Am Donnerstag, 23. Januar 1941 weihte Generalgouverneur Hans Frank in Lublin das »Haus der Nationalsozialisten« ein. Hierbei wurden ihm die Standortführer (der NSDAP) und die Amtsleiter des Distrikts Lublin vorgestellt.[376] Weil Helmut Weihenmaier seit Herbst 1940 zusätzlich zu seiner Position als Kreishauptmann die Funktion eines »Standortführers der NSDAP«[377] in Zamosc wahrnahm, ist anzunehmen, dass auch er an dieser Feierlichkeit teilnahm – oder teilnehmen musste. Generalgouverneur Hans Frank wandte sich an die Lubliner Funktionäre seiner NSDAP im Bereich des Generalgouvernements:

> »Der Augenblick, in dem wir nunmehr das ›Haus der Nationalsozialisten‹ in Lublin seiner Bestimmung übergeben, hat uns hier vereint und erfüllt uns mit tiefen und weiten Gedanken. Es ist das erste Mal in der Geschichte unserer

Bewegung, dass hier, in einem noch vor wenigen Jahren kaum als deutsch vorstellbaren Raum, im äußersten Machtbereich unseres Reiches ein Haus jener Bewegung übergeben werden soll, die am Ausgangspunkt des gesamten Wiederaufstiegs unseres Volkes stand. [...]
Dieses Haus [...] ist das östlichste, weitest vorgestoßene Bereichsgebäude unserer Bewegung. [...] Nationalsozialist ist nur, wer in voller bedingungsloser Hingabe an den Führer bereit ist, gehorsam zu sein. [...] Wir sind hier in diesem Gebiet zu einem Willensakt versammelt. Der Wille, den der Führer uns hier eingeflammt hat, dieser Wille lautet: Dieses Gebiet wird immer deutsch bleiben! [...] Es ist nicht möglich, dass man das Volk liebt, ohne dass man es zur Härte erzieht. [...] Möge aus diesem Gebäude hinaus in das Land die Entschlossenheit der Nationalsozialistischen Führung dringen, nie wieder dieses Land herauszugeben!«[378]

Der Feierstunde schloss sich ein »Vorbeimarsch der Wehrmacht, der SS und der Polizei vor dem Generalgouverneur am Adolf-Hitler-Platz« in Lublin unmittelbar an. Eine Aussprache war, der Zeit entsprechend, weder vorgesehen noch erwünscht. Die Anwesenden scheinen sich zufrieden – zumindest aber ohne offenen Widerspruch, was auch nicht zu erwarten war – dem Willen des Führers und seines Generalgouverneurs untergeordnet zu haben. Oder wie ein stilisiertes ›Kindergartengebet‹ der damaligen Zeit gelautet haben soll: »Händchen falten, Köpfchen senken, und an Adolf Hitler denken.«

Der Kreisstandortführer der NSDAP im Generalgouvernement entsprach in seiner Parteifunktion in etwa dem Kreisleiter im Reichsgebiet, der Standortführer in etwa dem Ortsgruppenleiter im Reichsgebiet. Man kann durchaus sagen, dass die Kreisleiter im Reich zu den allmächtigen Halbgöttern in Braun zählten: Der reich goldbesetzten, braunen Uniform wegen wurden sie auch zur Kategorie »Goldfasan« gezählt.

Die Dienstränge der Politischen Leiter der NSDAP[379] reichten in der Ortsgruppe bis zum Oberabschnittsleiter[380] (einem Dienstrang zwischen Hauptmann und Major), auf Kreisebene bis zum Dienstleiter[381], auf Gauebene bis zum Oberbefehlsleiter[382] (einem Dienstrang zwischen Oberst und Generalmajor, darüber stand nur noch der Gauleiter), auf Reichsebene bis zum Hauptbefehlsleiter[383] (entsprach General oder Admiral, darüber standen nur noch die Reichsleiter).

Ein Kreisleiter entsprach in der Parteihierarchie der NSDAP wiederum in der Regel dem Hauptbereichsleiter, der dem Rang eines Obersten der Wehrmacht, eines Oberstarbeitsführers des Reichsarbeitsdienstes oder eines Standartenführers bei SS oder SA entsprach.

Bei der Hitlerjugend hätte dies dem Rang eines Bannführers entsprochen. Immerhin ein Dienstgrad höher als der höchste Dienstgrad beim Deutschen Jungvolk, der Oberjungstammführer. Die Pimpfe des Deutschen Jungvolkes waren zehn bis 14 Jahre alt, Deutschland voll uniformiert. Ein Flüsterwitz jener Zeit: »Wann naht der Endsieg? Wenn an den Pforten der Altenheime Schilder hängen ›Wegen Fronteinsatz geschlossen‹ und die letzten AA-Männer in den Kindergärten ihre Töpfchen verlassen, um an die Front zu gehen.«

Die Nationalsozialisten unterschieden säuberlich genau zwischen »Dienstrang« und »Dienststellung«. Der Dienstrang der politischen Leiter war an den Kragenspiegeln der Parteiuniform zu erkennen, die Dienststellung durch die entsprechende Kennzeichnung auf der Armbinde.[384] Nur Kragenspiegel und Armbinde zusammen machten den perfekten Nazi-Funktionär.

Diese Regelung geht auf eine Anordnung Adolf Hitlers aus dem Jahr 1933 zurück. Das Organisationsbuch der NSDAP führt dazu aus:

> »Im Verfolg des Ausbaues der NSDAP und der von allen politischen Leitern erwarteten, langjährigen Beständigkeit in der Erfüllung ihrer Aufgaben hat es sich notwendig gemacht, die bisher für Politische Leiter geltenden Abzeichen durch sinnvolle Ergänzungen zu verbessern. Bisher drückten die Abzeichen des Politischen Leiters gleichzeitig Dienstrang und Dienststellung aus; Beförderungsmöglichkeiten waren bei der Verleihung dieser Abzeichen – sofern nicht eine höhere Dienststellung eingenommen wurde – nicht gegeben. Die neuen Abzeichen geben die Möglichkeit, Politischen Leitern, die infolge der jahre-, vielleicht jahrzehntelang ihren Dienst, z. B. als Ortsgruppenleiter usw. versehen müssen, trotzdem die Aussicht auf Beförderung zu geben. Der Führer hat daher verfügt, dass die neuen Abzeichen der Politischen Leiter Dienstrang und Dienststellung getrennt zum Ausdruck bringen. Der Dienstrang ist auf den Spiegeln [Kragenspiegeln] zu erkennen und die Dienststellung durch entsprechende Kennzeichnung auf der Armbinde.«[385]

Ferner wurde sauber getrennt zwischen Berufungen und Ernennungen: »Die Berufung ist die Betrauung eines Parteigenossen mit der auftragsweisen Leitung einer Dienststelle der Partei. [...] Mit der Berufung ist noch keine Dienstrangverleihung verbunden.«[386] Unterstellt man, dass Helmut Weihenmaier mit seiner Angabe »beauftragt« die »Berufung« umschreiben wollte, so wäre die Wahrheit seiner Behauptung zumindest im gegenwärtigen Zeitpunkt nicht zu widerlegen.

Die Aufgaben des politischen Leiters waren innerhalb der NSDAP wie folgt definiert: »Der Politische Leiter muss Prediger und Soldat zugleich sein.«[387] Der Politische Leiter hatte einen besonderen Treueid zu leisten: »Ich schwöre Adolf Hitler unverbrüchliche Treue. Ich schwöre ihm und den Führern, die er mir bestimmt, unbedingten Gehorsam.«[388] Man beachte: Eine religiöse Beteuerungsformel, die gläubige Menschen vor Gewissenskonflikten bewahren will, war gar nicht vorgesehen. Der Führer wurde zum Erlöser, der Gefolgsmann zum Jünger oder Evangelisten.

Es lassen sich bisher keine Hinweise darauf finden, dass Helmut Weihenmaier wirklich als politischer Leiter ernannt und vereidigt wurde. Weihenmaier wurde als Kreishauptmann mit der Leitung der entsprechenden Parteidienststelle betraut. Damit war wohl kein bisher nachweisbarer Parteidienstrang verbunden, es muss davon ausgegangen werden, dass Helmut Weihenmaier keinen Parteidienstrang erhalten hat.

Dies würde – in analoger Umsetzung – auch der Regelung der Anordnung des Generalgouverneurs als Leiter des Arbeitsbereiches Generalgouvernement der NSDAP, wonach die Kreishauptleute die Erfassungsformulare der betreffenden NSDAP-Mitglieder entgegenzunehmen hatten, entsprechen.[389] Ferner bleibt festzuhalten, dass die betreffenden, von den Standortführern zu betreuenden ›Parteigenossen‹ verwaltungsmäßig Mitglied ihrer Heimatortsgruppe geblieben sind, an welche sie auch ihre Beiträge zu entrichten hatten.

Helmut Weihenmaier nahm sicher organisatorisch die ihm übertragenen Geschäfte wahr, für eine Tätigkeit darüber hinaus – wie man dies bei Politischen Leitern eigentlich erwartet hat – sind bis heute keine Hinweise bekannt.

Tomaszów-Lubelski und Zamosc waren zwei getrennte NSDAP-Standorte. Ob Helmut Weihenmaier als Kreisstandortführer in beiden Städten oberster Parteifunktionär war, konnte bisher noch nicht geklärt werden. Man könnte auch annehmen, dass er Standortführer nur für Zamosc war. Die Angaben sind bisher unterschiedlich, weil z. B. in der zeitgenössischen NS-Literatur im Distrikt Lublin im Gegensatz zum Distrikt Radom keine Kreisstandorte aufgeführt sind.[390] Allerdings ging der Reutlinger Oberbürgermeister Oskar Kalbfell im Jahre 1946 davon aus, Helmut Weihenmaier sei NSDP-Standortführer für den Kreis Zamosc gewesen.[391] Damit wäre er auch für Tomaszów-Lubelski zuständig gewesen.

Die jeweiligen Standortführer der NSDAP waren zugleich auch in Personalunion die Führer der Ortsverbände der »Volksdeutschen Gemeinschaft«.[392] Die Funktion Helmut Weihenmaiers könnte hier also – ohne etwas verharmlosen zu wollen – doch auch wohl eher eine rein administrative gewesen sein. Über ihre Inhalte und die damit verbundenen, tatsächlichen Machtbefugnisse ist bis heute nichts bekannt. Bleibt zu erwägen, wie bedeutungsvoll sie war.

Zwei große Gruppen von NSDAP-Mitgliedern – eigentlich die ausschließlich bedeutungsvollen, weil auch die im GG eingesetzten, deutschen Polizeieinheiten der Wehrmacht oder der SS unterstanden – fielen als mögliches Betreuungspotential von vornherein objektiv weg.

Das Wehrgesetz vom 21. Mai 1935 bestimmte ausdrücklich über den Bereich »Politik in der Wehrmacht: Die Soldaten dürfen sich politisch nicht betätigen. Die Zugehörigkeit zur NSDAP oder zu einem der ihr angeschlossenen Verbände ruht für die Dauer des aktiven Wehrdienstes«.[393]

Die Anordnung des Generalgouverneurs über die »Errichtung des Arbeitsbereiches Generalgouvernement Polen der NSDAP« vom 6. Mai 1940 setzte fest: »Alle Mitglieder der NSDAP und die Angehörigen der Gliederungen der NSDAP, mit Ausnahme der Waffen-SS, im Generalgouvernement werden zum Zwecke der politischen Betreuung und weltanschaulichen Ausrichtung besonders zusammengefasst.«[394] Damit blieben als potentiell zu betreuende Mitglieder nur die Angehörigen der Zivilverwaltung oder aus dem Bereich der freien Wirtschaft übrig. Ihre Zahl wird jedoch, auch bei großzügiger Schätzung, in Zamosc sicher keine 100 erreicht haben.

Erwägen wir nun objektiv weiter: Helmut Weihenmaier hatte administrativ vielleicht rund 100 ›Parteigenossen‹ zu betreuen, welche darüber hinaus Mitglied ihrer Heimatortsgruppe blieben. Womit bereits der dienstliche und disziplinarische Hintergrund bei diesen rund 100 Parteigenossen erheblich reduziert war.

Der Block der NSDAP als unterste Parteigliederungseinheit bestand aus 40 bis 60 Haushaltungen.[395] Er unterstand dem Blockleiter. Es ist davon auszugehen, dass einem Blockleiter, im Volksmund ›Blockwart‹ genannt, die Betreuung von rund 120 bis 160 Personen oblag, gab es damals doch wenig Single-Haushalte und meist auch Familien, in denen erwachsene Kinder noch bis zur eigenen Eheschließung im Haushalt der Eltern lebten. Ferner zählten Hausangestellte und z. B. Lehrlinge, welche in die Familie ihres Lehrherrn aufgenommen waren, zu dessen Haushaltung dazu.

Nimmt man diese Erwägungen zusammen, so könnte man – bei äußerst gutwilliger Betrachtung – die parteipolitische Belastung Helmut Weihenmaiers vielleicht eher mit der eines Blockleiters, als der eines Kreisleiters der NSDAP im Reichsgebiet vergleichen. Weihenmaier wäre damit, ohne dem Korps der Politischen Leiter angehört zu haben, in der Parteihierarchie der NSDAP mit einem von rund 200.000 Blockleitern zu vergleichen gewesen. Sein Verteidiger im Säuberungsverfahren geht sogar davon aus, dass Helmut Weihenmaier nur »zehn bis 15 Parteigenossen in seinem großen Bezirk«[396] zu betreuen hatte. Dies mag vielleicht etwas zu wohlwollend dargestellt sein (es war ja die Darstellung des Verteidigers, nicht des Anklägers), würde aber trotzdem dem Vergleich mit einem »Blockwart« eben gerade nicht widersprechen. Nochmals betont: Es handelt sich um die Ausführungen der Verteidigung, welche nicht widerlegt worden sind.

Das »Korps der Politischen Leiter« war übrigens im Nürnberger Prozess gegen die Hauptkriegsverbrecher zur verbrecherischen Organisation erklärt worden, hiervon betroffen waren jedoch nur die »Führer« vom Kreisleiter aufwärts (und nur, wenn sie dieses Amt nach 1939 inne hatten). Die Behandlung der Funktionäre der NSDAP im Generalgouvernement wurde jedoch nicht explizit beurteilt. Es ist also davon auszugehen, dass Helmut Weihenmaier der verbrecherischen Organisation des »Korps der politischen Leiter« nicht angehört hat.

Die SA und die Ostgebiete

Die SA, der Helmut Weihenmaier ebenfalls angehört hatte, wurde im Nürnberger Prozess nicht zur verbrecherischen Organisation erklärt. Bei der großen Masse von Deutschen, welche sich der SA angeschlossen hatten, hätte deren geschlossene Verurteilung nach dem Krieg sicher auch zu ganz erheblichen praktischen Problemen geführt.

Die SA war Ordnertruppe der NSDAP, Wehrverband, Massenorganisation und Parteiarmee zugleich.[397] Die »Braunen Bataillone« waren weit länger als die 12 Jahre des »Dutzendjährigen Reiches« lang ein wichtiges Instrument zur Formung und systemgerechten Prägung deutscher Männer nach den Wünschen und Bedürfnissen des Systems. Hierdurch wurde dem einfachen SA-Mann die Chance geboten, sich in die sogenannte »Volksgemeinschaft« einzubringen.[398]

Im Jahr 1942 befanden sich Einheiten der SA auf dem Territorium des ehemaligen tschechoslowakischen Staats, im Elsass, in Slowenien, im Warthegau und im Generalgouvernement. Die Geschichte der SA in diesen Regionen ist bisher praktisch noch unerforscht.[399]

Bereits im Jahr 1926 erfolgte die Gründung der Ortsgruppe des Nationalsozialistischen Deutschen Studentenbundes an der Eberhard-Karls-Universität zu Tübingen, im Jahr 1929 wurde dort ein rein studentischer SA-Sturm gegründet.[400]

107

Auch seitens der SA bestanden Pläne, dass bei Kriegsende mindestens 5.000 neue SA-Siedler bereitstehen sollten, um unverzüglich in neue Siedlungsgebiete einrücken zu können. Die Schulung der Neubauern sollte in drei speziell zu diesem Zweck auf SA-eigenem Land errichteten SA-Siedlerschulen in den dann bereits neu eingegliederten Ostgebieten erfolgen.[401]

Die oberste SA Führung strebte in siedlungspolitischer Hinsicht eine klare Aufteilung der Kompetenzen zwischen SA und SS an: Die SS sollte für die Ansiedlung »heimkehrender« Deutscher (Rücksiedler) zuständig sein, während der SA die Ansiedlung von Neubauern aus dem »Altreich« übertragen werden sollte.[402] Obwohl verlässliche Zahlen und Statistiken fehlen, muss trotzdem davon ausgegangen werden, dass die Gesamtzahl der im Osten angesiedelten SA-Bauern höchstens 3-stellig war.[403]

Der Aufbau einer bäuerlichen Existenz in den besetzten Ostgebieten stellte wohl nur für eine Minderheit der Deutschen ein interessantes und erstrebenswertes Ziel dar. Ein Zeichen dafür ist die Bewertung des »Umsiedlungsfachmannes« SS-Brigadeführer Herbert Backe im Juli 1942, der äußerte, »die Neubildung eines deutschen Bauerntums im besetzten Europa« sei als Langzeitaufgabe zu sehen.[404]

Noch im März 1944 versammelten sich hochrangige SA-Führer in Posen zu einer mehrtägigen Tagung, bei der Leitlinien, Perspektiven und Ziele der zukünftigen Arbeit erörtert werden sollten. Ziel war vor allem die Gestaltung der Nachkriegszeit. Obergruppenführer Gottlob Berger sprach über das Thema die »Mission Deutschlands im europäischen Osten«, SA-Stabschef Wilhelm Scheppman hielt einen Vortrag über »Die Reichsidee als politischen Auftrag«.[405]

Während bereits anlässlich des ersten Jahrestags der Gründung des Generalgouvernements am 26. Oktober 1940 neue SA-Führer ernannt worden waren, wurde erst im Frühjahr 1942 damit begonnen, reguläre SA-Einheiten aufzustellen. Es handelte sich dabei ausnahmslos um Bürger des Deutschen Reiches, die meist zur Erledigung administrativer oder auch militärischer Aufgaben in das Generalgouvernement entsandt worden waren. Diese durften dann bei offiziellen

Anlässen ihre SA-Uniformen und Abzeichen der Heimatprovinzen anlegen.

In neue Einheiten der SA vor Ort wurden sie jedoch nicht eingegliedert. Im März 1941 wurde allerdings ein sogenannter »SA-Ehrensturm« in Krakau gebildet, der zukünftig Paraden und Aufmärsche durch seine Teilnahme verschönern sollte. Der ab dem Jahr 1942 massiv steigende Widerstand gegen die deutsche Besatzungspolitik im Generalgouvernement erfordere, nach Ansicht der deutschen Besatzer, unter anderem die Errichtung sogenannter »Wehrschützenbereitschaften« – ein buntes Sammelsurium von Personal, das eine Mischung aus volksdeutscher Miliz, Bürgerwehr und Hilfspolizei darstellen sollte.[406]

Es war dies so auch der Wille von Generalgouverneur Hans Frank, der sich eine Stärkung der SA zumindest neben, vielleicht auch lieber anstelle der SS im Generalgouvernement gewünscht hätte. Mit Wirkung vom 17. Dezember 1941 bestand für alle im Generalgouvernement lebenden deutschen Männer, die mindestens 17 Jahre alt waren, die Dienstpflicht in einer dieser »Wehrschützenbereitschaften«.

Verhältnis Weihenmaiers zur SA

Eine nicht geringe Bedeutung maß Generalgouverneur Hans Frank, der sich auch als »Oberster SA-Führer im Generalgouvernement« sah, dem Ausbau der braun uniformierten Sturmabteilungen zu. In ihnen sah er ein wesentliches Element zur Durchsetzung deutscher Interessen. Deshalb gründete Hans Frank den Bereich Generalgouvernement der SA am 20. April 1942, sozusagen als Geburtstagsgeschenk des Generalgouvernements an den Führer Adolf Hitler. Hans Frank führte dazu aus:

> »Als ich die Partei hier gründete, errichtete ich einen Arbeitsbereich Generalgouvernement der NSDAP und schuf damit, da ja das Gebiet des General-

gouvernements weit über das normale Territorium eines Reichsgaues hinausgeht, eine völlig eigene, notwendigerweise auch wieder völlig einheitlich von mir geführte Parteiorganisation. [...] Erst musste hier der geschlossene Block der einheitlichen NSDAP geschaffen werden, dieses verwurzelt sein organisiert werden. [...]

Wir sind heute beim zweiten Punkt der Entwicklung der NSDAP im Generalgouvernement angelangt. Ich gebe nunmehr die Gestaltung der Gliederungen innerhalb des Arbeitsbereiches Generalgouvernement frei und eröffne heute, wie es gebührt, das Wirken der SA im Generalgouvernement, weil der SA als ältester, auch zahlenmäßig größter, geschlossener Organisation der NSDAP zukommt, hier voranzuschreiten. Diese SA möge im Generalgouvernement ein Vorbild treuester Geschlossenheit und entschiedenen, nationalsozialistischen Wesens sein. [...]

Ich rufe von dieser Stelle aus die deutschen Männer des Generalgouvernements nunmehr auf, sich der SA der NSDAP hier einzuordnen. Um sie zu verstärken, habe ich auch die bisherigen Wehrschützenorganisationen als SA-Wehrverbände der SA eingegliedert.

Wir können als deutsche Männer in einem fremdvölkisch stark besiedelten Raum nur bestehen, wenn wir uns in diesem Land nicht nur als Sendboten der bequemen Aktenführung verstehen, sondern als Sendboten des unbequemsten, was es in der Geschichte gibt, nämlich des sich durch eigenen, persönlichen Einsatz Durchsetzen müssens. [...]

Nun, ich verlange von jedem Deutschen, der nicht einer anderen Gliederung angehört, dass er sich nunmehr [...] diesem Gemeinschaftsdienst der SA und der SA-Wehrbereitschaften verschreibt. [...] Ich werde auch staatsdienstlich dafür Sorge tragen, dass dieser SA-Dienst durchgeführt und erfüllt werden kann, indem ich die Dienststunden bei den Behörden so einteile und einrichte, dass diejenigen, die bei der SA Dienst tun, von dienstlichen Verpflichtungen [...] befreit werden können.«[407]

Der SA-Dienstrang des im Jahre 1943 dann offiziell neuernannten und endlich in eine Planstelle eingewiesenen Kreishauptmannes Helmut Weihenmaier war der eines Scharführers.[408] Der Dienstgrad des Scharführers in der SA entsprach dem des Unteroffiziers der Wehrmacht, lag zwischen den Dienstgraden des Obergefreiten und des Unterfeldwebels.

Damit bekleidete Helmut Weihenmaier bei der SA den Dienstrang, welchen er auch bei der Wehrmacht erreicht hatte.[409] Helmut Weihenmaier hatte bei der Wehrmacht an einem Lehrgang beim Ersatzbataillon Weingarten in der Zeit vom 10. September 1935 bis zum 9. November 1935 teilgenommen.[410]

In die SA eingetreten war Weihenmaier mit Wirkung vom 1. November 1933[411] und war zuletzt beim Sturm 11 der Standarte 180 in Reutlingen am 9. November 1936 zum Scharführer befördert worden.[412] Mit dem Briefkopf »Der Führungsstab der SA im Generalgouvernement – Standarte Lublin« Br.B. Nr. 462/43[413] ist ein Schreiben des »Führers der SA-Standarte Lublin«, unterzeichnet von Sturmbannführer Jobst, betitelt, in welchem am 1. August 1943 beim SA-Führungsstab im Generalgouvernement beantragt wird:

> »Der Kreishauptmann und Standortführer der NSDAP in Zamosc, SA-Scharführer Weihemayer [sic!], hat sich bereiterklärt, die Führung der dortigen SA zu übernehmen und den Aufbau der SA im Gebiet von Zamosc persönlich vorwärtszutreiben.
>
> Da die SA-Standarte Lublin keinen geeigneteren SA-Angehörigen finden konnte, der die Betreuung der gerade in diesem Raum so zahlreichen Ansiedler in SA-mäßiger Hinsicht übernehmen konnte, bittet die Standarte Lublin, genehmigen zu wollen, dass der Scharführer Weihemayer [sic!] außer der Reihe zum Hauptsturmführer befördert wird, um damit auch in diesem Raum das so notwendige Gegengewicht herzustellen.
>
> Nach persönlicher Rücksprache mit Scharführer Weihemayer [sic!] war dieser Rechtsberater eines Sturmbannes und sollte als solcher bereits in früheren Zeiten zum Ehrensturmbannführer befördert werden. W. hat das damals strikte abgelehnt mit der Begründung, er wolle im Sturm aktiven SA-Dienst verrichten. – In Anbetracht der dem Führungsstab bekannten Sachlage bittet die Standarte Lublin nochmals, dem Antrag stattzugeben.«[414]

Ob es zu dieser beantragten Beförderung kam, konnte bisher noch nicht ermittelt werden. Wohl eher nicht, es kam angeblich aus welchen Gründen auch immer eine bedeutend kleinere Nummer heraus: »Im Jahr 1943 wurde er während seiner Abordnung nach Polen von der SA zum Truppführer ernannt.«[415] Also statt der einem Hauptmann entsprechende SA-Dienstgrad sozusagen der eines SA-Feldwebels. Der Hintergrund des Antrages ist ebenfalls ungeklärt. Wollte der Kreishauptmann einfach seine Macht ausbauen und sich dem System weiter anbiedern, oder wollte er mit der Aktion eine Möglichkeit bekommen, seinem Landkommissar in Tomaszów-Lubelski, Walter P***r, besser Paroli bieten zu können?

Der Landkommissar in Tomaszów-Lubelski Walter P***r protzte ja neben seiner (rangniedrigeren) Zivilbeamtenuniform auch mit seiner SA-Uniform und fühlte sich sicher als Inhaber des Goldenen Parteiabzeichens erhaben gegenüber seinem Chef, der die Mitgliedsnummer 3.254.047 gerade noch am 30. April 1933 erhalten hatte. Im Gegensatz zu Walter P***r soll Helmut Weihenmaier angeblich immer die Uniform der Zivilbeamten getragen haben, auch er selbst behauptet, im Generalgouvernement nie die Uniform der SA getragen zu haben. Welchen Sinn aber hätte dann seine SA-Beförderung gemacht? Wenn er die Position wahrgenommen hat, so wird er zwangsläufig auch die Uniform getragen haben müssen.

Das Goldene Parteiabzeichen, auf das Walter P***r so stolz war, wurde durch Verfügung Adolf Hitlers im Oktober 1933 anlässlich des 9. November 1933 (10. Jahrestag des Münchner Hitler-Putsches) gestiftet und setzte im Allgemeinen eine ununterbrochene Mitgliedschaft in der NSDASP vor dem 27. Februar 1925 und eine Mitgliedsnummer unter 100.000 voraus. Das Parteiabzeichen trug auf der Rückseite die Mitgliedsnummer seines Inhabers.[416] Nach dem Ordensverbot des Artikels 109 der Weimarer Reichsverfassung hatten sich die Nazis bemüht, die ›Dekorationsschmerzen‹ ihrer Volksgenossen durch zahlreiche Auszeichnungen zu lindern. Es gab den sogenannten »Blutorden« für die Teilnehmer am Hitler-Putsch 1923,[417] die »Dienstauszeichnung der NSDAP« (in den drei Klassen Bronze, Silber und Gold)[418] und das NSDAP-Ehrenzeichen »Pionier der Arbeit«.[419]

Helmut Weihenmaier selbst gehörte zu denjenigen, welche die »Alten Kämpfer« der NSDAP verächtlich »Märzgefallene« nannten.[420] Damit waren vor allem Beamte gemeint, welche erst nach der siegreichen Reichstagswahl im März 1933 und noch vor der dreijährigen Aufnahmesperre für Neuanträge ab dem 1. April 1933 »den Weg in die Bewegung gefunden hatten«. Da es eine dreimonatige Bewerbungsfrist gab, muss davon ausgegangen werden, dass Helmut Weihenmaier seinen Aufnahmeantrag wohl noch im Januar 1933 gestellt hat. Der Tag der Machtergreifung war bekanntlich der 30. Januar 1933, der Tag, an dem Adolf Hitler zum Reichskanzler wurde.

Genau ein Jahrzehnt nach diesem schicksalhaften Ereignis für Deutschland und die Welt wurde Helmut Weihenmaier, der seit seiner Abordnung nach Kriegsbeginn 1939 dieses Amt bereits ausübte, offiziell zum Kreishauptmann ernannt.

Der Kreishauptmann und der Generalgouverneur

Der 28. Juli 1940 war ein Sonntag. Generalgouverneur Hans Frank hatte den Tag mit dem Besuch eines Gottesdienstes in der Kathedrale von Cholm eröffnet, und war nach einem Abstecher in Biłgoraj (mit Brauereibesuch) am Nachmittag in Zamosc eingetroffen. Zu seiner Begrüßung waren auf dem Marktplatz (vor dem historischen Rathaus, das Amtssitz des deutschen Kreishauptmannes Helmut Weihenmaier war) jeweils eine Ehrenkompanie des Polizeiregiments und der SS-Reiterschwadron angetreten. Zusätzlich hatte man »Volksdeutsche« und Ukrainer in ihren Trachten positioniert.

Kreishauptmann Helmut Weihenmaier stellte die Mitarbeiter der Kreishauptmannschaft vor, bevor Hans Frank die Ehrenformationen abschritt. Zum Mittagessen ging man dann in das jetzt als Kino eingerichtete Stadttheater, vor dem ein Musikkorps der Wehrmacht konzertierte.[421]

Im Stadttheater ergriff Kreishauptmann Helmut Weihenmaier wohl recht flott das Wort zur Begrüßung des Generalgouverneurs und seiner Entourage. Dabei passte sich der Kreishauptmann den sprachlichen Gegebenheiten der Zeit zumindest an, um nicht zu sagen, er leistete freudig Gehorsam und zollte den geschuldeten Tribut:

»Mit Ihrem Besuch, Herr Generalgouverneur, haben Sie uns eine große Freude bereitet. Im Namen aller Deutschen der Kreishauptmannschaft Zamosc begrüße ich Sie herzlichst. [...] Dieses Land ist ein Land der Gegensätzlichkeit, und alle, die wir hier sind, kennen und wissen das. Um nur ein kleines Beispiel zu erwähnen: Sie haben alle diesen herrlichen Marktplatz gesehen: Reinste, schönste italienische Renaissance; nicht von Polen sind diese Häuser erbaut, sondern von einem italienischen Architekten im Auftrage des polnischen Grafen Zamojski, nachdem die Stadt benannt ist. Herrliche Skulpturen und Plastiken und wunderbare Farben, eine ausgezeichnete Fassade.

Ich bin überzeugt, dass dieser Architekt im Jahre 1530 diese Häuser auch im Inneren schön ausgebaut hat. Tut man jetzt aber einen Schritt hinter die Tür, dann findet man auch hier wieder Dreck und Gestank. Das ist eben Polen. Diese Beispiele lassen sich ja beliebig vermehren. Diese Gegensätzlichkeit scheint sogar in der Natur zu liegen: Wir haben grimmige Winter und schwüle, heißeste Sommer.

Mit diesen Gedanken möchte ich darauf überleiten, dass dies auch auf uns Menschen, auf uns Deutsche einwirkt. Wer kennt nicht die Stimmungen, die uns hier packen, wenn uns etwas quer gegangen ist, wenn uns die Polen mit ihrer Trägheit, Faulheit und Dummheit das Leben sauer gemacht haben und wenn wir schon nah dran sind, den Karren umzuschmeißen? Das waren Tiefpunkte in unserer Stimmung.

Aber es ist merkwürdig: Mit einem Schlage fasst uns dann plötzlich wieder ein Hochgefühl, eine freudige Stimmung. Da hat etwas geklappt, da war alles in Ordnung, da sind wir wie zu Hause in diesem Lande, das unsere Truppen in einem großen Feldzug erobert hat.

Dann ist alles wieder vergessen, was schlecht und schwierig war, dann sind wir die Herren und alles ist schön. So wechselt hier das Hässliche und Schöne oft in unvermittelter, überraschender Folge. An diese schönen Tage müssen wir uns halten. Da müssen wir die Kraft sammeln, um weiterarbeiten zu können.

Einen solchen Tag, Herr Generalgouverneur, haben Sie uns heute mit Ihrem Besuch geschenkt. Wir danken Ihnen von Herzen dafür.

Wir werden diesen Tag nie vergessen und wir versprechen Ihnen an diesem Tage, dass wir weiterarbeiten werden, wenn es auch manchmal schwer ist. Wir bitten Sie um Ihre weitere Unterstützung, die Sie uns bisher gewährt haben, wofür wir Ihnen herzlichen Dank sagen.

Und dann wird es auch aufwärts gehen, dann werden wir in der Lage sein, dem Befehl des Führers, den er uns in der Person des Herrn Generalgouverneurs gibt und geben wird, zu folgen. In diesem Sinne fordere ich die Deutschen aus Zamosz [sic!] auf, auf das Wohl des Herrn Generalgouverneurs und auf das Wohl unserer werten Gäste zu trinken!«[422]

Auf die Ansprache des Kreishauptmannes Helmut Weihenmaier antwortete Generalgouverneur Hans Frank:

»Ich freue mich, dass es mir heute wieder einmal möglich ist, nach Zamosz [sic!] zu kommen. Als ich vor einigen Monaten zu Beginn des härtesten Winters, den man seit Menschengedenken in der Geschichte kennt, hier in Zamosz [sic!] weilte, da sah es hier noch ganz anders aus. Als ich aber heute und gestern feststellen konnte, welch ungeheuren Aufstieg dieser Ort in der kurzen Zeit genommen hat, und zwar in allen Bereichen der Ordnung, der Sauberkeit usw., wie sich auch in dem Kreis, durch den ich nun schon den zweiten Tag gefahren bin, manches geändert hat, da hat mich das alles doch mit großer Freude erfüllt.

Das gibt mir die stolze Berechtigung, Ihnen, als dem Kreishauptmann, den Dank auszusprechen für diese hervorragenden Leistungen, für die Schaffung einer neuen Ordnung nach diesem entsetzlichen Chaos, das wir in Polen vorgefunden hatten. Sie, Herr Kreishauptmann, und Ihre Mitarbeiter, haben sich sehr wohl bewährt. [...]

Sie haben von der Zeit gesprochen, als die Menschen aus der deutschen Welt hierherkamen und in diesen Raum geschickt wurden: Zunächst die Offiziere und der deutsche Soldat, die dieses Polen mit dem Einsatz ihres Lebens eroberten. Für alle Zeiten ist dieser Blitzfeldzug der 18 Tage ein grandioses Dokument deutscher Leistung.

Als wir dann kamen, um das infolge des Krieges schwer darnieder liegende Land allmählich wieder in eine Form zu bringen, da schien dieses Beginnen zunächst auf turmhohe Schwierigkeiten zu stoßen, die kaum zu überwinden waren. Und doch ist es gelungen. Und so möchte ich Ihnen denn heute, Herr Kreishauptmann, sagen, dass, als ich vor wenigen Tagen dem Führer über das Generalgouvernement Bericht erstattete, er die große Entscheidung gefällt hat, dass das Generalgouvernement nicht mehr als besetztes, polnisches Gebiet gilt, sondern Bestandteil des Deutschen Reiches ist.

Diese Entscheidung ist deshalb von so ungeheurer Bedeutung, weil sie die größte Anerkennung zum Ausdruck bringt, die der Führer für das Wirken seiner Soldaten und der ihnen folgenden Verwaltung aussprechen konnte. Wir haben dieses Gebiet im Namen des Führers und des Reiches in den Formen zu verwalten, die der Führer bestimmt hat. Das können wir aber nur deshalb, weil brave Männer und Frauen vielfach an verzweifelt einsamer Stelle ihre Arbeit leisten, trotzdem sie manchmal unter den Stimmungen zu leiden haben, von denen Sie so packend gesprochen haben.

Wir haben aber die Hoffnung, dass dieses Land in Zukunft ein untrennbarer Bestandteil des Deutschen Reiches sein wird.

Ich glaube auch, Herr Kreishauptmann, dass diese Entscheidung des Führers insofern für Sie Bedeutung hat, als sie Ihnen nunmehr die Möglichkeit gibt, die Familien Ihrer Beamten und Angestellten hereinzurufen, dann auch ein großes Wohnbauprojekt in die Tat umzusetzen und so dafür zu sorgen, dass diese Stadt für deutsche Menschen immer wohnlicher wird. Entscheidend wird weiter sein, dass sich nunmehr die Möglichkeit gibt, für die deutschen Beamten hier Planstellen zu schaffen, die ihnen die feste Fundierung ihrer Position ermöglichen.

Ich habe die Gewissheit, dass Sie an dieser Stelle im engsten Verein mit allen hier lebenden deutschen Menschen aller Dienststellen der Wehrmacht, der Polizei, der Partei usw. dafür sorgen werden, dass der Deutsche Name in diesem Raum hochgeachtet wird. Mögen einmal glückliche Menschen in diesem Raum leben.«[423]

Im Anschluss an den Empfang hatte der Generalgouverneur noch ein reichhaltiges Besuchsprogramm: Auf der Tagesordnung stand der Besuch der Baustelle Obere Lubanka, wo über 500 Juden, 35 polnische Arbeiter und sechs polnische, technische Bauleiter unter der Bewachung von 17 reichs- und volksdeutschen »Selbstschutzmännern« Entwässerungsarbeiten zur Verbesserung der Landwirtschaftsstruktur durchführen mussten.

Bevor der Generalgouverneur den Sonderzug nach Lublin bestieg, besuchte er die deutsch-russische Grenze mit dem neu angelegten Panzergraben bei Belzec – wo später das Vernichtungslager seinen Standort haben sollte.[424] Es war Sonntag, der 28. Juli 1940.

Vertreibungen und Umsiedlungen unter Weihenmaier

In Zamosc angekommen, beabsichtigte Kreishauptmann Weihenmaier im Dezember 1939 rund 550 Juden, welche gerade aus

Włocławek deportiert worden waren, über den Bug in den sowjetisch besetzten Teil Polens zu vertreiben.[425]

Der Kreishauptmann selbst wohnte kultiviert im Gebäude der Emissionsbank in der Lemberger Straße in Zamosc.[426] Es ist zu vermuten, dass dies nicht nur eine ordentliche, sondern auch sichere Unterkunft war. Hinzu kam, dass er sich spätestens ab September/Oktober 1940 einen volksdeutschen Angehörigen des polizeiähnlichen Sonderdienstes zur persönlichen Verfügung halten konnte: Dieser berichtete später: »Bald darauf wurde ich Putzer beim Kreishauptmann Weihenmaier. Diese Tätigkeit hatte ich bis zu meiner Einberufung durch die Wehrmacht im Mai 1942 ausgeführt.«[427] Ob er auch die Funktion einer Ordonnanz versah oder vielleicht auch als Leibwächter eingesetzt war, lässt sich nicht mehr feststellen. Sollte er jedoch nach seiner Einberufung zur Wehrmacht nicht mehr ersetzt worden sein, so könnte man die Darstellung der Frau Elsbeth Weihenmaier, ihr Mann habe keine Wache bei sich gehabt, zumindest nicht widerlegen.[428]

Im Dezember 1940 warnte Kreishauptmann Weihenmaier den Distriktgouverneur von Lublin davor, dass es durch Deportationen zu Störungen der Wirtschaft kommen könne, weil hierdurch Seuchengefahr und Schleichhandel zunehmen würden. Für die meisten der in die Ghettos Deportierten stelle der Schwarzhandel die einzige Möglichkeit zum Überleben dar.[429] Der (Schwarz-)Handel in Zamosc blühte, und das Verbot für Juden, mit Polen zu handeln, bestand bloß auf dem Papier. Die Juden bestritten ihren Lebensunterhalt oft mit dem Ausverkauf persönlicher Gegenstände und Hausgeräte – sofern sie noch irgendetwas besaßen.[430]

Im April 1941 führte Kreishauptmann Weihenmaier die »Umsiedlung« der jüdischen Bevölkerung von Zamosc durch. Alle Juden, etwa 8.000 Personen, mussten aus der Stadt in die Vorstadt Nowa Osada ziehen. Ein paar Tage später veranlasste er den Weiterzug einiger Hundert neu Umgesiedelten nach Krasnobrod.[431] Es stellt sich hier die Frage: War diese Aktion vom Kreishauptmann aus seiner eigenen Initiative ergriffen worden, oder folgte er einem Befehl höherer Instanzen?

Zur gleichen Zeit, wohl im April/Mai 1941, organisierten Stadthauptmann Wendler aus Tschenstochau und der Beauftragte für die Stadt Warschau eigenmächtig ›illegale‹ Aussiedlungen nach Zamosc.[432] Am 20. Juli 1941 befahl Himmler Odilo Globocnik in Lublin den Bau eines großen Lagers, den Ausbau des Zwangsarbeitslagers in der Lipowastraße in Lublin und die Ansiedlung Deutscher im Raum Zamosc. Hierzu fand eigens eine Besprechung in Lublin statt.[433]

Im September 1941 verbot Kreishauptmann Weihenmaier jeglichen Verkehr mit der jüdischen Bevölkerung und erließ besondere Aufenthaltsverbote. Begründet wurde dies mit dem Ziel der Fleckfieberbekämpfung.[434] Am 11. September 1941 enthält ein Besprechungsblatt Heinrich Himmlers die Stichworte »Landwirte – Reserveführer der Verwaltung« und »Lublin – Zamosch«. Himmler wollte der SS-Verwalter großer Güter in der besetzten Sowjetunion als »Landwirtschaftsführer« in die Zivil- oder Militärverwaltung einbauen.[435]

Kreishauptmann Helmut Weihenmaier benutzte das (ursprüngliche: Zwangs-)Lager Belzec dazu, »seine straffälligen« Juden und Polen dorthin einzuweisen. Das Lager unterstand dem SS- und Polizeiführer von Lublin, Odilo Globocnik. Als das Lager Belzec durch Globocnik im Oktober 1941 in ein Vernichtungslager umgebaut wurde, richtete der Kreishauptmann ab dem 19. November 1941 in Zarudzie ein eigenes Straflager ein.[436]

Am 13. Oktober 1941 kamen in Berlin Heinrich Himmler und Globocnik zu einer Besprechung zusammen, in deren Verlauf wohl Globocnik den Auftrag erhielt, das Vernichtungslager Belzec einzurichten. Zugleich sollte er die geplante Besiedlung des Distrikts Lublin mit Volksdeutschen vorantreiben.[437] Tatsächlich berichtete kurz darauf Globocnik über die Ansiedlung von zunächst 100 volksdeutschen Familien in Zamosc.

Beim Arbeitseinsatz der »Reichsjuden« zur Zwangsarbeit akzeptierte Kreishauptmann Weihenmaier die Zuständigkeit des SS-Stabes und beantragte, 200 »Reichsjuden« »zur Arbeit heranziehen zu dürfen«. Unter normalen Umständen hätte der Antrag an das zuständige Arbeitsamt gerichtet werden müssen.[438]

Fest steht, dass die Zivilverwaltung Lebensmittel für ein Sonderkommando in das Lager Belzec lieferte, was Kreishauptmann Helmut Weihenmaier bei einer Vernehmung 1961 einräumte.[439] Vertreter des Stabes des »Höheren SS- und Polizeiführers« Globocnik begaben sich im März 1942 u. a. persönlich zu den Kreishauptleuten in Krasnystaw und Zamosc, um diese »über die zum Teil schon laufende und kommende Judenaktion vertraulich« zu unterrichten.[440]

Dabei handelte es sich um die »Aktion Reinhardt«. Kreishauptmann Weihenmaier war wohl bereits unterrichtet, obwohl er »über den Endablauf der Aussiedlung noch nichts (hatte) erfahren können.« Man wird wohl die Ansicht Bogdan Musials teilen müssen, dass mit »Endablauf« die Tötung der betroffenen Juden gemeint war, was die Angehörigen der Zivilverwaltung wohl auch wissen mussten.

Am 18. Juli 1942 ordnete Himmler an, die Zahl der Reichsdeutschen in Lublin von 4.000 auf 10.000 bis Sommer 1943 zu erhöhen. Es sei ein deutsches Stadtviertel anzulegen, die Juden hätten endgültig zu verschwinden. Himmler wollte 50.000–60.000 volksdeutsche Familien in den Kreisen Lublin und Zamosc ansiedeln.[441]

Ob Kreishauptmann Weihenmaier am 19. Juli 1942 mit dem Reichsführer SS Heinrich Himmler zusammentraf, als dieser im Kreis Zamosc »eindeutschungsfähige und eingedeutschte Höfe« besichtigte, lässt sich nicht genau feststellen. Fest steht aber, dass Himmler am 21. August 1942 wieder nach Zamosc geflogen war, wo er eine Besprechung über die »Eindeutschung der Stadt und des Landkreises« mit Brigadeführer Globocnik und dem Kreishauptmann (also Weihenmaier) abhielt. Himmler gab dabei das Ziel bekannt, bis zum Sommer 1943 aus Zamosc eine deutsche Stadt mit 12.000–15.000 Einwohnern zu machen.[442]

In Zamosc zogen die deutschen Besatzer täglich 500 bis 600 Juden zur Zwangsarbeit heran. Mieczysław Garfinkel, der Vorsitzende des Judenrats von Zamosc, berichtete später:

> »Jede deutsche Einheit, jede deutsche Dienststelle und sogar einzelne Deutsche betrachteten es als ihre Pflicht, Juden für allerlei Arbeiten oder Dienste einzusetzen. Die Juden waren gezwungen zum Schuhe putzen, Autowaschen,

5 Kreishauptmann Helmut Weihenmaier

Holzhacken, zur Entladung von Güterwaggons, Reinigung von Büros und Behörden bis hin zur Durchführung von größeren Erd-, Bau- und Metallarbeiten.«[443]

Die erste »Aussiedlung« im Kreis Zamosc fand am 11. April 1942 statt, durchgeführt von einem Kommando der SS. Der Kreishauptmann Weihenmaier und seine Mitarbeiter wurden rechtzeitig informiert. Ein Mitarbeiter der Kreishauptmannschaft sagte 1962 aus:

> Mir wurde bei einer Dienstbesprechung bei Herrn Weihenmaier und zwei höheren SS-Führern [...] nach entsprechender Belehrung dienstlich eröffnet, dass nunmehr als geheime Reichssache die Endlösung der Judenfrage, d. h. deren Vernichtung beginnen werde.«[444]

Damit verbunden war der Auftrag des Kreishauptmannes, beim versammelten Judenrat in Zamosc zu erscheinen:

> »Dort wurde mir von einem anwesenden SS-Führer, dem örtlichen Stapo-Leiter, ein Schriftstück zur Verkündung an den Judenrat übergeben. Danach sollten am kommenden Montag eine bestimmte Anzahl Juden auf dem Marktplatz erscheinen zwecks Abtransports, es wurde gesagt zur Umsiedlung. Mir selbst war nicht wohl, denn ich wusste aus der Eröffnung, was die Juden zu erwarten haben würden.«[445]

Kurz vor der Räumung des Kreises sollen Kreishauptmann Weihenmaier und Kreislandwirt K***r in trauter Zweisamkeit Kraftfahrzeuge verschoben haben, wie glaubwürdige Zeugen berichteten.[446] Hierbei könnte es sich aber vielleicht auch um »offizielle Räumungsmaßnahmen« gehandelt haben, mit dem Ziel der NS-Gewalthaber, sich auch der letzten Ressourcen für die Führung des bereits aussichtslos gewordenen Krieges zu bemächtigen.

Es bleibt also auch hier die Frage offen: Befehl oder eigene Initiative, offizielle Requisition oder persönliche Wegnahme.

Helmut Weihenmaier am Kriegsende

Bis Juli 1944 wirkte Helmut Weihenmaier als Kreishauptmann in Zamosc.[447] Er war also wirklich und wahrhaftig vom ersten bis zum letzten Tage der Herrschaft des deutschen Generalgouvernements im deutsch besetzten Polen. Das Jahr 1944/45 sah ihn dann zuerst als Vertreter des Landrates in Saarlouis (damals Saarlautern), wohin er ab dem 22.9.1944 abgeordnet war.[448] Danach nahm er im März–April 1945 (wieder, wie im Jahre 1938) eine Tätigkeit beim Landratsamt in Reutlingen auf. Ob die NS-Machthaber eine besondere Absicht verfolgten, indem sie die Verwaltungsangehörigen des Generalgouvernements gerne in den Westen versetzten? Weg von ihren ursprünglichen Einsatzorten und den vordringenden Sowjets? Nachweisen lässt sich dies bisher nicht.

> »Mit Schreiben vom 25.8.1944 stellt uns die Regierung des Generalgouvernements – Hauptabteilung Innere Verwaltung – den Kreishauptmann Helmut Weihenmaier (zuletzt in Zamosc) widerruflich zur Verfügung. Seine Heimatanschrift lautet: Reutlingen/Württ., Adolf-Hitler-Straße 26. Weihenmaier ist, wie mir Herr Präsident von Craushaar[449] telefonisch mitgeteilt hat, sehr tüchtig und beweglich. Bei unserer heutigen Besprechung haben wir Weihenmaier für das Landratsamt Saarlautern als Kriegsvertreter vorgesehen. Ich bitte, mich von dem Einsatz Weihenmaiers zu verständigen.«[450]

Am 6. September 1944 erging ein Fernschreiben an den Reichsstatthalter in der Westmark und Chef der Zivilverwaltung in Lothringen mit folgender Information: »Kreishauptmann Helmut Weihenmaier ist sofort zum Reichsstatthalter in der Westmark an das Landratsamt Saarlautern abzuordnen.«[451]

Den Kreishauptmann Helmut Weihenmaier wies das Reichsministerium des Inneren am 13. September 1944 mittels Schnellbrief an:

> »Im Einvernehmen mit der Regierung des Generalgouvernements ordne ich Sie mit sofortiger Wirkung an das Landratsamt in Saarlautern (Saarpfalz) ab und beauftrage Sie mit der vertretungsweisen Wahrnehmung der Dienstgeschäfte des Landrates daselbst. Sie werden angewiesen, umgehend den Dienst

in Saarlautern anzutreten, sich jedoch zuvor bei dem Herrn Reichsstatthalter in der Westmark und Chef der Zivilverwaltung in Lothringen zur Entgegennahme weiterer Weisungen zu melden.«[452]

Der Reichstatthalter in der Westmark und Chef der Zivilverwaltung in Lothringen bestätigte dem »Herrn Reichsminister des Inneren« mit Schreiben vom 27. September 1944, dass Kreishauptmann Weihenmaier seinen Dienst am 22.9.1944 angetreten habe.[453] Damit endet die Personalakte Helmut Weihenmaiers im Bundesarchiv. Wir wissen nicht, welche besonderen Weisungen er noch entgegenzunehmen hatte. Die Nazis begannen, vorsichtige Zurückhaltung bei der Dokumentation ihrer Aktivitäten zu üben. Es können aber auch nur ganz allgemeine Verwaltungsweisungen gewesen sein, welche Helmut Weihenmaier erhalten hat. Wann seine Tätigkeit in Saarlautern genau endete, kann der Akte nicht entnommen werden.

Auskünfte über das Ende der NS-Laufbahn gibt dagegen der Bericht des Oberbürgermeisters von Reutlingen aus dem Jahr 1946 an die politische Säuberungsbehörde. Hiernach war Helmut Weihenmaier von September 1944 bis März 1945 stellvertretender Landrat in Saarlautern.

Als sich dort die alliierten Truppen näherten, wurde auch er zum Volkssturm, dem letzten Aufgebot des »Großdeutschen Reiches« eingezogen. Nach dessen Auflösung überwies ihn der Regierungspräsident in Speyer wieder an das Württembergische Innenministerium, das ihn noch kurz als stellvertretenden Landrat in Reutlingen verwendete.[454] Vom Mai 1945 bis 18.7.1945 war Helmut Weihenmaier in französischer Internierung, er wurde im Frühjahr 1946 erneut interniert und nach fünfeinhalb Monaten entlassen. Helmut Weihenmaier schlug sich bis Juni/Juli 1948 als Rechtsanwaltsgehilfe und Gelegenheitsarbeiter durch.

Im Jahr 1948 noch, kaum nach seiner Entnazifizierung und wohl unmittelbar nach Ablauf der über ihn verhängten Strafe der Aberkennung der Wählbarkeit wurde Helmut Weihenmaier Angestellter im Wirtschaftsministerium Württemberg-Hohenzollern, 1949 dann Oberregierungsrat. Es war ihm gelungen, wieder Boden unter die Füße zu bekommen. Die schnelle Wiederverwendung lässt zwar keine konkreten Rückschlüsse zu, sollte jedoch trotzdem Anlass zu Misstrauen sein. Sicherlich herrschte nach dem Krieg großer Personalmangel im Höheren Verwaltungsdienst. Andererseits kann der Anstellungsbehörde die Vorgeschichte des bald ernannten Oberregierungsrates auch nicht entgangen sein.

6 Entnazifizierung: Politische Säuberung

Die Revisionsentscheidung in der Säuberungssache gegen Helmut Weihenmaier erging am 13.7.1948. Helmut Weihenmaier wurde als Mitläufer eingruppiert. Ihm wurde eine Geldbuße von DM 250,- auferlegt, was dem Gegenwert von rund 50 Kilogramm Butter entsprach. Bei der Höhe der Geldbuße wurde auch berücksichtigt, dass er seit Frühjahr 1945 vom Amt suspendiert war. Ferner wurde ihm die Wählbarkeit bis zum 31. August 1948 entzogen – eine sicher eher symbolische Handlung. Die Entscheidungsgründe sollen nachfolgend wörtlich wiedergegeben werden:

»Weihenmaier war Mitglied

- der NSDAP seit 1933 (Standortführer 1940–1944 im Generalgouvernement)
- der SA seit 1933 (Rechtsberater 1933–1939, zuletzt Truppführer 1943)
- der NSV [Nationalsozialistischen Volkswohlfahrt] seit 1934
- des NS-Rechtswahrerbundes[455] seit 1934 (Ortsgruppenobmann 1934–1936)
- des Reichskolonialbundes seit 1935
- des NS-Reichsbundes für Leibesübungen 1936–1939
- des NS-Altherrenbundes
- des DRK seit 1937 (stellv. Kreisvertreter 37/38).

Zu seiner Entlastung trug er vor, er sei wohl Mitglied der Partei gewesen und habe als solches die Funktion eines Standortführers innegehabt. Dies könne jedoch, neben seiner Zugehörigkeit zur SA, wo er Rechtsberater gewesen sei, und nachdem seine Betätigung als solcher bereits beendet gewesen sei, noch im Jahre 1943 zum Truppführer befördert worden sei, nicht so belastend sein, dass die Entscheidung von Reutlingen gerechtfertigt sei.

Dieselbe sei viel zu hart, denn er habe sich politisch in keiner Weise betätigt. Sowohl die Funktion als Rechtsberater in Urach, als auch die des Standortführers seien völlig unbedeutend gewesen. Daneben sei zu berücksichtigen, dass er wegen seines mutigen Auftretens in Urach fortlaufend schwere Differenzen mit dem dortigen Kreisleiter gehabt habe. Auch in Polen habe er hauptsächlich mit der SS dauernd in Fehde gestanden, wegen seines Eintretens für die polnische Bevölkerung. Er habe diese dauernd vor den Zugriffen der SS schützen müssen und sich deshalb die Feindschaft und Verdächtigung, insbesondere der SS, zugezogen, weshalb er auch, allerdings erfolglos, angestrebt habe, seine Kommandierung ins Generalgouvernement zu beenden.

Insbesondere der Umstand, dass W[eihenmaier] Mitglied der NSDAP war, als welches er von 1940–1944 Standortführer im Generalgouvernement war, sowie als Rechtsberater, zuletzt im Range eines Truppführers, der SA angehörte, lässt auf einer erhöhte, aktivistische Einstellung und Betätigung schließen. Da jedoch durch die vorgelegten Zeugnisse hinreichend dargetan ist, dass W[eihenmaier] trotzdem schon während seiner Tätigkeit als stellvertretender Landrat in Urach in den Jahren 1934–38 wegen seines mutigen Auftretens mit dem dortigen Kreisleiter mehrfach Differenzen hatte und sich vor allem als Landrat in Polen, wegen seines Eintretens für die polnische Bevölkerung die Feindschaft und Verdächtigung seitens der Partei und der SS zuzog, ferner sich parteipolitisch nicht hervorgetan hat und zwar auch nicht als Standortführer in Zamosc, zumal diese Funktion an sich schon von untergeordneter Bedeutung war, dem Regime nicht kritiklos gegenüber stand, nicht propagandistisch eingestellt und vor allem bei der polnischen Bevölkerung beliebt war, kann ihm nicht widerlegt werden, dass er die nationalsozialistische Gewaltherrschaft nur unwesentlich unterstützt hat. Er ist sonach Mitläufer [...].«[456]

Diese Entscheidung wurde wiederum am 21.9.1948 dahingehend abgeändert, dass eine Geldstrafe in Höhe von DM 500,- auferlegt wurde, von der jedoch DM 300,- als abgegolten durch lange Suspendierung vom Amt angesehen wurden. Das Recht der Wählbarkeit wurde Helmut Weihenmaier bis zum 31.10.1948 aberkannt, eine Entscheidung, mit welcher der Beschuldigte sicher leben konnte.

Die erste Entscheidung in der »Säuberungssache« Weihenmaier war am 12.4.1947 ergangen. Die Verfahren zogen sich allgemein recht lange hin und drei Jahre nach dem Kriegsende begann ganz weit verbreitet die politische Verfolgungsbereitschaft im Hinblick auf NS-Umtriebe zu erlahmen. Die große Mehrheit des deutschen Volkes fühlte sich eigentlich schon ›entbräunt‹, reduzierte man doch die Schuld des »Dutzendjährigen Reiches« im Allgemeinen auf dessen alleroberste Führungsebene. So, als ob Hitler, Himmler, Goebbels und Göring »das alles ganz allein« angerichtet hätten.

Hochinteressant aber sind die Akten und die darin enthaltenen Zeugenaussagen, welche die Grundlage für die Entscheidung in der Säuberungssache Helmut Weihenmaiers bildeten.[457] Es kann bereits hier gesagt werden: Helmut Weihenmaier konnte durchweg positive Aussagen vorlegen. Bis auf eine Aussage allerdings alle von Personen, die ausschließlich aus dem deutschen Blickwinkel beobachteten. Auffällig insgesamt: Um eine wirkliche Sachverhaltsaufklärung, was im Dienstbereich des Kreishauptmannes von Zamosc tatsächlich geschehen ist, war man offensichtlich nicht besonders bemüht. Hierauf wird lediglich am Rande eingegangen, und auch ansonsten hat man die einzelnen Aussagen aus heutiger Sicht nicht mit der nötigen Intensität hinterfragt. Denn sonst hätten sich doch einige Fragen aufdrängen müssen.

»Mein Mann verließ Polen am 23. Juli 1944, als die Russen anrückten [...]«,[458] erklärte seine Gattin. Wäre der Zusatz »als die Russen anrückten« nicht mit dabei, könnte man glauben, Helmut Weihenmaier wäre zwar vielleicht nicht aus einem Erholungsurlaub, aber von einer ganz normalen Geschäftsreise zurückgekehrt.

Ein guter Leumund?

Es mag uns ebenfalls erstaunen, aber aus der Entnazifizierungsakte entsteht bei oberflächlicher Betrachtung zuerst einmal der Eindruck einer geradezu blütenweißen Weste von Helmut Weihenmaier in der Zeit vor seinem Einsatz in Polen. Seine Zeit in Bad Urach wird von Entnazifizierungszeugen geradezu als vorbildlich geschildert. Er war danach zwar ein Parteigenosse der NSDAP, aber durchaus nicht parteikonform. Was ihm nach dem Krieg alle damals zugelassenen Parteien bestätigt haben.

Ein guter Leumund?

Für die Ortsgruppe Urach der Christlich-Demokratischen Union CDU bestätigte Alfred Haffner (Studienrat am Evangelisch Theologischen Seminar in Urach) der Spruchkammer an Eides statt:

»In den Kreisen der CDU ist Herr Weihenmaier aus den Jahren seiner Tätigkeit am Landratsamt Urach (1934–1938) wohl bekannt als sachlicher und korrekter Beamter, der sich in seiner Amtsführung nicht durch Parteirücksichten leiten ließ, sondern gegen jedermann – ohne Rücksicht auf seine politische Einstellung – gerecht und hilfsbereit war. In der Bevölkerung beurteilte man ihn als ›Auch-PG‹ und anerkannte voll, dass er sich wie kaum einer im Rahmen des damals für einen Verwaltungsbeamten überhaupt noch Möglichen tatkräftig und unbeirrbar gegen Anmaßungen der Parteidienststellen und Benachteiligungen Missliebiger einsetzte.

Allgemein bekannt waren seine schweren Auseinandersetzungen mit dem damaligen Uracher Kreisleiter. Auch die Hetze gegen die Kirche hat Herr Weihenmaier nie mitgemacht, sondern er hat im Gegenteil sich auch hier anständig und in keiner Weise ablehnend verhalten. Der Unterzeichnete kam persönlich durch gemeinsame Bekannte öfter mit Herrn Weihenmaier zusammen, wobei dieser in offenen Gesprächen sehr freimütig Kritik an der NSDAP übte und das allgemeine Urteil über ihn sich durchaus bestätigte.«[459]

Der Vorsitzende der Sozialdemokratischen Partei (später SPD) in Urach, Hermann Muckenfuß, stellte Helmut Weihenmaier folgendes Zeugnis aus:

»Herr Helmut Weihenmaier war in der Zeit von 1934–1938 zweiter Beamter bzw. stellvertretender Landrat des Oberamtes Urachv. Er war während dieser Zeit als entgegenkommender und stets hilfsbereiter Beamter bei allen Schichten der Bevölkerung – ohne Rücksicht auf deren politische Einstellung – beliebt. Er ist während seiner Verwendung beim Oberamt Urach nie als Nationalsozialist, geschweige denn als Aktivist in Erscheinung getreten.

Die SP Urach bedauert deshalb, dass gegen Herrn Weihenmaier so harsche Maßnahmen getroffen worden sind; sie würde es begrüßen, wenn Herrn Weihenmaier die Möglichkeit gegeben werden würde, eine seinen beruflichen Kenntnissen und Fähigkeiten entsprechende Tätigkeit auszuüben. Im Auftrag des Ausschusses der Sozialdemokratischen Partei, Der Vorsitzende: Hermann Muckenfuß.«[460]

Die Erklärung vom 3. Dezember 1947 schloss mit der Unterschriftsbeglaubigung durch das Bürgermeisteramt mit Siegel »Stadt Urach/Schwäbische Alb«.

Der 1. Beigeordnete der Stadt Urach und Politischer Leiter der kommunistischen Partei (später KPD) in Urach, Gustav Thumm, bestätigte Helmut Weihenmaier am 27. November 1947:

> »Herr Weihenmaier war während seiner Tätigkeit am Oberamt Urach ein guter, tüchtiger und gewissenhafter Beamter. Sein Verhalten war jederzeit loyal und seine Handlungsweise gegenüber allen Kreisen und Schichten der Bevölkerung ohne Rücksicht auf Parteizugehörigkeit (Unterstreichung im Original, der Verf.) gerecht. Er hat auch den einfachen Mann nie den ›Höhergestellten‹ spüren lassen.
>
> Aktiv ist er in parteipolitischer Hinsicht nicht hervorgetreten. Bei dem Streit der Kreisleitung mit dem Oberamt, der in der Öffentlichkeit mit Interesse verfolgt wurde, und in dem Weihenmaier als damals noch junger Beamter die Rechte der Verwaltung aufrecht und männlich verfocht, waren die Sympathien ganz auf seiner Seite.
>
> Herr Weihenmaier ist in Urach auch heute noch sehr geachtet und geschätzt. Seine Art ist ausgleichend und versöhnlich zu wirken, und dies ist ihm auch bei den oft großen Spannungen politischer Art vielfach gelungen.
>
> Ich kann nur befürworten, dass diese tüchtige Fachkraft, der auch menschlich so viele gute Eigenschaften anhaften, bald wieder zur Mitarbeit herangezogen wird. Die Richtigkeit der obigen Erklärung versichere ich an Eidesstatt zur Vorlage an die Spruchkammer.«[461]

Der Ephorus des Evangelisch Theologischen Seminars in Bad Urach, Hermann Storz, bestätigte Helmut Weihenmaier:

> »Herrn Helmut Weihenmaier kenne ich seit dem Jahr 1936. In diesem Jahr kam ich an das Evangelisch-Theologische Seminar nach Urach. Weihenmaier war damals Regierungsrat beim Landratsamt Urach, dessen Abwicklung er noch bis zum Jahr 1938 zu leiten hatte.
>
> Ich kam in diesen Jahren öfters mit ihm zusammen. Meine antinationalsozialistische Einstellung war Weihenmaier bekannt. Wir haben oft über politische und kirchliche Fragen gesprochen, wobei ich die feste Überzeugung gewann, dass Weihenmaier alles andere als ein fanatischer Parteigenosse war.
>
> Weihenmaier kritisierte von sich aus sehr stark den nationalsozialistischen Staat und seine Methoden, und zwar aus ehrlicher Überzeugung heraus.

Ich musste auch von seiner Seite nie wegen Denunziation besorgt sein, da ich ihn als einen durchaus anständigen Charakter kennen gelernt habe.«[462]

Der Landrat selbst 1961 zu seiner Zeit als Kreishauptmann

»Ende Oktober 1939 bin ich durch den damaligen Präsidenten des Distrikts Lublin nach Zamosc geschickt worden, um dort eine deutsche Zivilverwaltung einzurichten, etwa nach dem Muster eines deutschen Landratsamtes. Zunächst war ich dort ohne jegliche Mitarbeiter.«

Durch den ehemaligen polnischen Landrat Suchanski habe er sich über die Situation im Kreis eingehend informiert, zeitweise kam dieser täglich zu gemeinsamen Besprechungen, »bis er dann nach einigen Wochen von der Gestapo verhaftet wurde. Später wurde er wieder entlassen und begab sich auf meine Empfehlung nach Krakau, wo er sich in der Wirtschaft betätigte.«[463]

In der Stadt Zamosc habe sich ein großes (polnisches) Flüchtlingslager befunden, welches der Wehrmacht unterstanden habe.

»Mit Unterstützung der Wehrmacht habe ich die lebensmittelmäßige Versorgung der Flüchtlinge durchgeführt und ihnen dazu verholfen, sie in ihre Heimatsgebiete, insbesondere nach Westen, zurückzuführen. [...] In den folgenden Tagen erhielt ich einige wenige deutsche Mitarbeiter, mit denen ich die Verwaltung einzurichten begonnen. Die vorhandenen polnischen Gemeindebeamten wurden in ihren Ämtern bestätigt und der deutschen Zivilverwaltung unterstellt. Auch in den Städten blieben die polnischen Bürgermeister, so in der Kreisstadt der Bürgermeister Wassowski, in ihren Ämtern, ebenfalls auch die städtischen Beamten und Angestellten. Zur kommunalen Verwaltung des Kreises wurde der polnische Gemeindeverband wieder in Tätigkeit gesetzt unter seinem bisherigen Leiter. Mit diesen Kräften haben wir also eine Zivilverwaltung eingerichtet, die ihrer Struktur und ihren Aufgaben nach der früheren polnischen Kreisverwaltung entsprach. Ich möchte noch bemerken, dass anfangs der Kreis Tomaszów-Lubelski noch als eigener Kreis bestand, aber im Laufe des Jahres 1940 wurde er im Wesentlichen dem Kreis Zamosc eingegliedert.«[464]

Nach dem Tagebuchvermerk des Arztes Dr. Klukowski vom 15. September 1941 wurden der polnische Bürgermeister von Zamosc und sein 15-jähriger Sohn erschossen.[465] Doch Helmut Weihenmaier berichtet weiter:

»Bei vielen Polen war die Zeit des 1. Weltkrieges in guter Erinnerung, z. B. war, soweit ich mich erinnere, der erwähnte Starost Suchanski im 1. Weltkrieg Offizier der österreichischen Armee gewesen, und unter den älteren Leuten gab es viele die deutsch sprechen konnten. [...] Die polnische Bevölkerung kam uns also zunächst vertrauensvoll entgegen und half uns bei der Erfüllung unserer Aufgaben. Sabotageakte kamen nicht vor. Ich konnte beispielsweise in Begleitung nur eines Zivilbeamten oder auch ganz allein, was sehr oft vorkam, in ein mir unbekanntes polnisches Dorf fahren und besprach mit dem dortigen Vogt mit Hilfe eines der übergesiedelten, polnischen Dolmetscher Probleme der betreffenden Gemeinden. Ich wurde überall nicht nur loyal und wohlwollend, sondern auch überaus gastfreundlich behandelt.«[466]

»In der 1. Hälfte des Jahres 1940 kam es zu der ersten, ernsthafteren Trübung des Verhältnisses zwischen Deutschen und Polen. Die Gestapo erhielt zur Aufgabe, mit Unterstützung von Polizeikräften eine Fahndung nach polnischen Widerstandskämpfern durchzuführen. Es kam zu Aktionen, in deren Verlauf eine Reihe von Polen verhaftet worden sind, vor allem Angehörige der Intelligenz. Im Sommer 1940 wirkte sich eine solche Aktion besonders schwer für die Kreisverwaltung aus, weil hierbei mehrere polnische Führungskräfte in der Verwaltung verhaftet worden sind. Auch wurden leitende Persönlichkeiten aus der Wirtschaft und hiermit verbundenen Organisationen verhaftet. Es gelang mir, einige der wichtigsten dieser polnischen Persönlichkeiten wieder frei zu bekommen, die dann sofort ihre berufliche Tätigkeit wieder ausüben konnten. Seit dieser Zeit war die polnische Bevölkerung den deutschen Besatzungsbehörden gegenüber misstrauisch. Sie konnte ja zunächst nicht unterscheiden, wer für die Maßnahmen verantwortlich war, und welche Aufgaben den einzelnen Institutionen, wie Wehrmacht, Gestapo und Verwaltung oblagen. Später erkannte die Bevölkerung, von welcher Seite ihr Gefahr drohte und welche Kräfte eine geordnete Wirtschaft unterstützten.«

»Die deutsche Gendarmerie wurde zu den Polizeikräften des SS-Polizeiführers gerechnet, sie unterstand ihm befehlsgemäß und erhielt von ihm ihre

Einsatzbefehle. Gleichzeitig hatte die deutsche Gendarmerie – nicht zu verwechseln mit den Polizeieinheiten zum Beispiel Polizeibataillonen Zamosc oder mit der SS und Gestapo – Aufträge der Kreishauptmannschaft, z. B. zur Bekämpfung krimineller Verbrechen und allgemeiner Ordnungsaufgaben entgegenzunehmen. Auch die polnische Polizei in blauen Uniformen unterstand dem Einsatzbefehl des SS- und Polizeiführers. Sie hat sich bei ihren eigentlichen Aufgaben, z. B. Bekämpfung von Verbrechen tadellos bewährt. Es sind bei der Bekämpfung von Banditen auch polnische Polizeikräfte gefallen. Es sind unter Banditen nicht politische Partisanen zu verstehen, sondern es gab schon vor dem Kriege in den Wäldern der Kreise Zamosc und Biłgoraj [...] Räuberbanden, die von der Polizei bekämpft, aber nie ganz ausgerottet worden waren.«[467]

»Ich faste nun mit dem Architekten Gutbier den Plan, die alten, schönen Renaissancegebäude am Marktplatz wieder in eine normale Betreuung zu nehmen und den Platz wieder herzurichten. [...] In einem der Häuser am Marktplatz mit besonders schönen Stuckarbeiten haben wir ein polnisches Heimatmuseum eingerichtet. [...] Die Stücke wurden dort in ansprechender Form ausgestellt. Das Heimatmuseum war in städtischem Besitz und wurde von der Stadtverwaltung betreut.«[468]

»Ende November 1939 hielt der Generalgouverneur im Distriktsgebäude in Lublin eine Besprechung sämtlicher maßgebender Verwaltungsbeamten zusammen mit SS-Führern ab. Hierbei erklärte Frank, woran ich mich noch sehr deutlich erinnere, dass er auf keinen Fall weitere Judenpogrome dulden werde. Er betonte mit erhobener Stimme in Anwesenheit des SS- und Polizeiführers Globocnik, dass er jede illegale Exekution eines Juden als Mord verfolgen werde. Er hinterließ keinen Zweifel, dass er derartige Maßnahmen mit allen ihm zur Verfügung stehenden Mitteln unterdrücken werde.«[469]

»Das Lager Belzec lag am Südrande des Kreises [...]. Bald nach Beendigung des Feldzuges 1939 hatte der SS- und Polizeiführer hier durch Juden und Zigeuner einen großen Graben bauen lassen, der als eine Art Grenzwall gegen Russland gedacht sein mochte. Später ging dann dort etwas anderes vor. Hiervon erfuhr die Verwaltung zunächst von keiner Seite. Eines Tages erklärte mir ein Angehöriger des Judenrates, er wisse nun, was mit den Juden geschehen. Er berichtete mir, dass die Juden zuverlässige Nachrichten darüber hätten, dass sie durch Vergasung vernichtet werden sollen. Ich habe ihm dieses auszureden versucht, da ich selbst einen so ungeheuerlichen Gedanken für absurd hielt. Damals war vielmehr von dem Madagaskarplan die Rede. Der Mann ließ sich aber nicht beruhigen. Eines Tages verlangte ein SS-Feldwebel von uns Lebensmittelkarten für ein Sonderkommando. Wir wiesen ihn ab, da er nicht bereit [war], uns zu sagen, mit welchen Aufgaben er im Kreis betraut war, worauf zunächst der Distrikt mittelbar die Aushändigung der Lebensmittelkarten übernahm. Von meinen Außenstellenleiter in Zamosc [richtig wäre hier wohl: Tomaszów] erfuhr ich dann, dass einer der SS-Männer in einer Wirtschaft unter Alkoholeinfluss erzählt hat, was in Belzec tatsächlich vorgehe. Es wurde dort die bekannten Vergasungsanlage eingerichtet. Ich habe meine Amtsangehörigen darauf angewiesen, sich von der Gegend um Belzec fernzuhalten, damit nicht der Eindruck entstehe, dass die Verwaltung in irgendeiner Weise etwas mit diesen Dingen zu tun hätte.«[470]

So die Niederschrift einer Tonbandaufnahme eines Interviews, welches Dr. Hopf vom Bundesarchiv am 19. Juli 1961 mit Helmut Weihenmaier sowie dem ehemaligen Kreislandwirt und dem ehemaligen Leiter des Kommunalverbandes Zamosc im Landratsamt Freudenstadt durchgeführt hat. Ein Exemplar wurde auch dem ehemaligen Kreishauptmann zur Durchsicht und Korrektur zugeleitet – das Korrekturexemplar wurde jedoch trotz Mahnung nicht zurückgesandt, was Dr. Hopf vom Bundesarchiv in einem Aktenvermerk vom 7. Januar 1966 festhielt.

Weihenmaier contra NSDAP?

Es stellt sich nunmehr ernsthaft die Frage, ob sich Helmut Weihenmaier als junger Beamter den Machtneurosen der NSDAP und ihrer Vertreter tatsächlich entgegengestellt hat. Auch da bringen die Zeugenaussagen einhellig doch recht Unerwartetes: Eine von allen Zeugen zumindest glaubhaft, wenn nicht gar glaubwürdig dargelegte, geradezu achtenswerte Standfestigkeit, wie sie für damalige Zeiten ganz bestimmt gar nicht selbstverständlich war. Die später nachfolgenden Aussagen sprechen eigentlich ebenfalls ausnahmslos für Helmut Weihenmaier. Ob sie allerdings der Wahrheit entsprechen, hätten damalige Instanzen intensiver prüfen müssen. Heute ist dies wohl nicht mehr möglich.

In Urach, seinem Dienstort vor dem Zweiten Weltkrieg, müsste nach den Entnazifizierungsakten ein heftiger politischer Kampf getobt haben – zwischen der Kreisverwaltung als Fachbehörde und den NSDAP-Vertretern als Ideologiebehörde. Man war ja, spätestens seit dem *Gesetz zum Schutz der Einheit von Partei und Staat*,[471] schon etwas ganz Besonderes. Kreisleiter Kurt Mayer soll dabei federführend für die Partei gewesen sein.

Der Vorstand des damaligen Vermessungsamtes Urach, Vermessungsrat Müller (Metzingen) berichtete dazu:

»[...] wurde der damalige Landrat Kreeb in Urach auf Veranlassung des Kreisleiters Mayer wegen politischer Unzuverlässigkeit längere Zeit vom Dienst suspendiert. [...]

W[eihenmaier] übernahm als Stellvertreter die Geschäfte des Landrats Kreeb. Schon kurze Zeit später wurde bekannt, dass auch Weihenmaier mit dem Kreisleiter, der als einer der schwierigsten und rabiatesten im Lande galt, sich überworfen hatte und dass daher von der gesetzlich (damalige Kreisordnung) vorgesehenen Zusammenarbeit gar keine Rede war. [...]

In einer in diesen Jahren stattgefundenen Amtsversammlung, [...] richtete der Kreisleiter als Beauftragter der NSDAP [im Sinne der damaligen Kreisordnung] schwere Vorwürfe gegen das Landratsamt als leitendes Organ des Kreisverbandes. Den Anlass hierfür bot ihm zunächst in der Haushaltsberatung die Person der Kreisfürsorgerin Hildegard Heege. [...]

Er beanstandete aufs Schärfste, dass die Kreisverwaltung es dulde, dass die Fürsorgerin Heege unter Benutzung ihres vom Kreis bezuschussten Kraftwagens im ganzen Bezirk eine hetzerische Propaganda für die Bekenntniskirche betreibe. Weitere, gehässige Angriffe richtete der Kreisleiter gegen den suspendierten Landrat Kreeb und sodann weiter gegen die Führung des Kreisverbands direkt. [...]

Die Versammlung war sichtlich darauf gespannt, wie der damals noch junge Verwaltungsbeamte, Regierungsassessor Weihenmaier, als Vorsitzender reagieren würde. [...]

W[eihenmaier] trat den herausfordernden Vorwürfen mit Ruhe und Sachlichkeit, aber dabei mit unzweideutiger Bestimmtheit entgegen. Er nahm die durch die Ausführungen des Kreisleiters schwer gefährdete Fürsorgerin Heege mit aller Entschiedenheit in Schutz und unterstrich gleichzeitig nochmals die vom Jugendamt bestätigte, einwandfreie Führung der Kreisfürsorgerin im Dienst und deren besondere fachliche Kenntnisse.

6 Entnazifizierung: Politische Säuberung

Bei der damaligen Situation gehörte ein seltenes Maß an Zivilcourage und konsequenter Haltung dazu, gegen einen Kreisleiter öffentlich aufzutreten. Die Debatte zwischen der Partei, die von Gauschulungsamtsleiter Klett[472] – ebenfalls Mitglied der Amtsversammlung – unterstützt wurde, auf der einen Seite, wurde immer erregter und nahm bedenkliche Formen an. Es war im ganzen Kreis noch nie erlebt worden, dass dem als besonders gewalttätig bekannten Kreisleiter durch einen Verwaltungsfachmann vor einem derartigen Gremium in so entschiedener und unnachgiebiger Weise entgegengetreten wurde.

Das beispielgebende Verhalten Weihenmaiers veranlasste im Laufe der Debatte nun auch andere Mitglieder der Amtsversammlung Stellung für das Landratsamt und die Kreisfürsorgerin Heege gegen den Kreisleiter zu beziehen.

So trat der zu Beginn der Verhandlung nicht erwartete Erfolg ein, dass die Anklage des Kreisleiters gegen die Fürsorgerin Heege, gegen Landrat Kreeb und gegen Weihenmaiers eigene Amtsführung keinen Erfolg hatte. Kreisfürsorgerin Heege blieb im Amt und die ihr von Seiten der Partei zugedachten Nachteile wurden abgewendet. Auch die vom Kreisleiter vorgeschlagenen Weiterungen gegen Landrat Kreeb kamen nicht zustande.

Es bedarf keiner weiteren Ausführung, dass diese Vorkommnisse das bereits schon schwer gespannte Verhältnis zwischen dem Kreisleiter und Weihenmaier weiter verschlechterten und W[eihenmaier] die Amtsführung erschwerten.«[473]

Anne W***n, die von 1940–1944 Sekretarin bei Weihenmaier in Zamosc gewesen war, äußerte sich in Weihenmaiers Entnazifizierungsprozess ganz ähnlich:

»Als ich zum Oberamt kam, bestanden schon Spannungen zur Kreisleitung, welche zunächst [Landrat] Kreeb und dann Weihenmaier auszukosten hatten. Der Kreisleiter Mayer war in Urach nicht beliebt.

Es handelte sich zunächst um Kompetenzstreitigkeiten. Der Konflikt zwischen Kreisleitung und Amt kam offen zutage in einer Kreistagssitzung, von der nachher die Teilnehmer erzählten. Es hieß, dass die Parteien Kreisleiter und Weihenmaier gegeneinandergeprallt wären und dass die Sympathien auf Seiten Weihenmaiers gewesen wären.[474]

Vermessungsrat Müller sprach sich im Jahr 1947 ebenso für Weihenmaier aus:

»Bei einem Kreistag im Jahre 1934 oder 1935, den Weihenmaier als Stellvertreter des vom Dienst suspendierten Landrates Kreeb leitete [...] wurde ich Zeuge von der Unerschrockenheit des Weihenmaier. [...]
Der Kreisleiter machte dem Landratsamt hierwegen die schwersten Vorwürfe und behauptete, dass bei größerer Umsicht die Unterschlagungen viel früher hätten entdeckt werden müssen. Weihenmaier entgegnete (ich glaube mich noch ziemlich genau an den Wortlaut zu erinnern) ›Kreisleiter, ich spreche Ihnen die Fähigkeit ab, hier zu urteilen‹, und erläuterte dann den Fall etwas eingehender.
Der Kreisleiter antwortete etwa: ›Ich bin der Kreisleiter und muss mir die Bemerkung verbitten, dass ich nicht fähig sei, ein Urteil in dieser Sache abzugeben.‹ Weihenmaier: ›Auch wenn Sie Kreisleiter sind, behaupte ich noch einmal, Sie sind nicht fähig, in dieser Sache zu urteilen.‹
Es gehörte damals viel Mut dazu, in der Öffentlichkeit gegen einen Kreisleiter in dieser Weise aufzutreten – aber gerade durch diese Unerschrockenheit hat sich Weihenmaier viel Sympathien bei den Teilnehmern an diesem Kreistag, insbesondere bei den Bürgermeistern des damaligen Kreises Urach erworben.«[475]

Gottlieb Harzer, früherer Bürgermeister von Sondelfingen (1910–1939, ab 1939 Leiter der Verwaltungsaußenstelle Sondelfingen der Stadt Reutlingen) und Stadtamtmann i. R., setzte sich am 22. November 1947 in einer Eidesstattlichen Versicherung für Helmut Weihenmaier ein und berichtete über das Verhalten Helmut Weihenmaiers im Rahmen eines Dienststrafverfahrens (mit dem Ziel der Dienstentlassung), das die NSDSP-Ortsgruppe gegen Bürgermeister Harzer angezettelt hatte, weil die Freiwillige Feuerwehr Sondelfingen noch eine Fahne des aufgelösten Lesevereins im Besitz hatte (was als Dienstpflichtvergehen betrachtet wurde):

»Bei den damaligen Vernehmungen und Verhandlungen auf dem Oberamt Urach und dem Rathaus Sondelfingen, bei denen der Kreisleiter und der Ortsgruppenleiter zugegen waren, hat der damalige Regierungsrat und Amtsverweser des Oberamtes Urach, Herr Helmut Weihenmaier, den Vorsitz geführt und die Sache geleitet. Herrn Weihenmaier hatte ich schon vorher als tüchtigen und korrekten Beamten und Vorgesetzten geschätzt und geachtet.

Bei dem Verfahren hat er mich und meine Sache der Partei und den übergeordneten Dienststellen gegenüber mutig und unerschrocken vertreten und mich in Schutz genommen.
Ich blieb im Amt. Überhaupt hatte Weihenmaier mit der Kreisleitung ständig Differenzen. Ich erinnere mich noch, dass er bei einer Kreistagssitzung (Kreisversammlung) in Urach im Jahre 1933 oder 1934, bei der er den Vorsitz führte, mit dem Kreisleiter eine scharfe Auseinandersetzung hatte, in der er die Verwaltung und die Bürgermeister des Kreises gegen die Angriffe des Kreisleiters in Schutz nahm. Wenn einer in der Verwaltung Schwierigkeiten mit der Partei hatte, konnte er auf die tatkräftige Hilfe Weihenmaiers rechnen.«[476]

Rechtsanwalt Walter Jetter in Urach (der nach eigenen Angaben nie Mitglied der NSDAP oder einer ihrer Gliederungen und von den Säuberungsgesetzen nicht betroffen war) gab als Zeuge an:

»Während seiner Amtstätigkeit in Urach hatte Herr Landrat Weihenmaier große Schwierigkeiten mit dem damaligen Kreisleiter Kurt Mayer von Urach.
Zwischen ihm und diesem bestand ein überaus gespanntes Verhältnis, das sich zu einem jahrelangen, heftigen Streit auswuchs, der bis zur Versetzung des Kreisleiters nie aufgehört hat und in der ganzen Bevölkerung von Urach und darüber hinaus bekannt war. Landrat Weihenmaier war in seiner Amtsführung ständig und mit Erfolg bemüht, Anordnungen der Partei – soweit seine Einflußsphäre ihm dies ermöglichte – in der Durchführung abzumildern und auf ein erträgliches Maß zurückzuschrauben. […] Schon in den ersten Wochen seines Hierseins lernte ich ihn als zuverlässigen Charakter kennen und trug keine Bedenken, ihm gegenüber meiner ablehnenden Haltung zur NSDAP zu betonen, da ich mich unbedingt darauf verlassen konnte, dass er mir aus dieser keine Schwierigkeiten bereiten werde.«[477]

Auch der Uracher Bürgermeister Johannes Röcker erstellte am 27. November 1947 eine positive Bescheinigung für Helmut Weihenmaier:

»Auch nach der Machtübernahme durch die NSDAP hat er immer jeden, der bei ihm um Rat und Hilfe suchte, <u>ohne Ansehung der Parteizugehörigkeit</u> [Unterstreichung im Original, der Verf.] – was hiermit ausdrücklich betont sein soll –, unterstützt und ihm nach besten Kräften beigestanden. Eine ausgesprochen soziale Einstellung trat bei ihm im Umgang mit der Bevölkerung hervor.

Insbesondere dürfte der Streit zwischen der Kreisleitung und dem Oberamt, der weit in die Öffentlichkeit drang, von Interesse sein. Der Kreisleiter hat in seiner Anmaßung in die Zuständigkeit des Landrats eingegriffen, was von Seiten des damaligen Regierungsrates Weihenmaier soweit man unter der Bürgerschaft erfuhr, energisch zurückgewiesen wurde.

Die heftigen und üblen Streitigkeiten, die sich über Jahre entwickelten, waren bekannt. Der Kreisleiter wird auch mehrfach versucht haben, Weihenmaier bei seiner vorgesetzten Behörde bezw. bei der Gauleitung in Stuttgart anzuklagen. Weihenmaier hat aber immer männlich und aufrecht seinen Standpunkt vertreten und dies hat nach der Meinung der Öffentlichkeit zur Versetzung des Kreisleiters beigetragen.«[478]

Was Helmut Weihenmaier als jungen Beamten sicherlich nicht beliebter in Kreisen der NSDAP gemacht hätte, wenn dies alles tatsächlich so gewesen ist.

Der sozialdemokratische Oberbürgermeister von Reutlingen, Oskar Kalbfell, der selbst sechs Monate im KZ Heuberg zugebracht hatte, und während des Zweiten Weltkrieges einer Widerstandsgruppe in Reutlingen angehörte, berichtete am 24. Juni 1946 über Helmut Weihenmaier wie folgt:

»Weihenmaier war Parteigenosse seit 1. Mai 1933 bis zum Schluss. In der SA war er vom 1. November 1933 bis Schluss und hatte in dieser Gliederung bis 1939 die Funktion eines Rechtsberaters inne. Im Jahr 1936 wurde er dem Rang nach Scharführer, ohne je eine SA-Einheit geführt zu haben. Während seiner Abordnung ins Generalgouvernement hat er sich in der SA nicht betätigt.«[479]

War Oberbürgermeister Kalbfell mit im Generalgouvernement und hat wirklich persönlich wahrgenommen, oder ist er hier nur ›Zeuge vom Hörensagen‹? Dann ist er in dieser Frage aber gar kein Zeuge! Und wie soll Helmut Weihenmaier die SA in Zamosc geführt haben, wenn er die braune Uniform in Polen nie getragen haben soll. Kaum anzunehmen, dass der SA-Standortführer in Zivil agiert hat.

Doch Oberbürgermeister Kalbfell weiter:

»Im Jahr 1943 wurde er während seiner Abordnung nach Polen von der SA zum Truppführer ernannt. Weihenmaier will aber seit 1939 überhaupt keine SA-Uniform mehr getragen oder SA-Dienst gemacht haben.«[480]

6 Entnazifizierung: Politische Säuberung

Man merke sich die sauberen Unterschiede in der Wortwahl »will aber«, nicht »hat« schreibt Oberbürgermeister Kalbfell zu einer Tatsache, deren Zeuge er gerade nicht höchstpersönlich war. Hier war der Reutlinger Oberbürgermeister dann wieder vorbildlich klar und eindeutig.

> »Immerhin dürfte es zutreffen, dass er aus der grundsätzlichen Art zu denken und im Sinne des Rechtsstaates als höherer Verwaltungsbeamter die Übergriffe des Kreisleiter-Funktionärs zu mildern suchte. Andere als moralische Siege hat er dabei sicherlich nicht davongetragen. [...] Dass er in seiner Funktion als Beamter des Landrates gegen den Kreisleiter Stellung nahm, beweist dass er eine gewisse Charakterstärke als Beamter gewahrt hat und den Mut zum Widerspruch aufbrachte.
>
> Im Übrigen war Weihenmaier der Bevölkerung und seinen Beamten gegenüber loyal und tolerant ohne Ansehen der Person und fragte nicht nach Parteizugehörigkeit. Dem Regime stand er nicht kritiklos gegenüber und hat sich deshalb die Achtung sowohl seiner Beamten als auch der Bevölkerung in Urach bewahrt.«[481]

Aus all diesen Aussagen könnte man voreilig schließen, Helmut Weihenmaier habe nicht nur keine innere Nähe zum System, sondern gar keine Nähe zum System gehabt. Auch wenn der Autor keine der Zeugenaussagen widerlegen kann, und auch kein Anlass besteht, einen der Zeugen möglicherwies zu Unrecht der Unwahrheit zu bezichtigen, so bleibt doch der bittere Nachgeschmack: Nicht jeder, der überzeugt ist, keine Lüge zu präsentieren, sagt die Wahrheit, weil objektive und subjektive Wahrheit bekanntlich auseinanderklaffen können. Was nach bisherigem Eindruck objektiv bleibt: Helmut Weihenmaier war in jener Zeit wohl weder ein schweigender Diener noch ein aktiver Gestalter des örtlichen Systems. Er erscheint als pflichtbewusster, württembergischer Beamter – der wohl anscheinend, zumindest aber vor allem, seine Amtspflichten gerecht wahrnehmen wollte, dabei aber offensichtlich anstandslos Befehlen gehorchte.

Hilfe für KZ-Häftlinge in der Heimat

Zumindest in der Heimat soll Helmut Weihenmaier in einigen Fällen Häftlingen geholfen haben, aus dem Konzentrationslager wieder frei zu kommen. Zumindest ein Fall – der eines kommunistischen Schul- und Jugendfreundes – ist konkret dokumentarisch verbürgt.

»Soweit es in seinen Möglichkeiten lag, half er auch KZ-Häftlingen wieder ihre Freiheit zu erlangen. Die Parteimaßnahmen hat er in vielen Fällen zu verhindern gesucht und Härten gemildert.«[482] Dies räumte der Reutlinger Oberbürgermeister Kalbfell ein.

Und Ernst Planck, ein Schul- und Jugendfreund Helmut Weihenmaiers, der als Kommunist verfolgt war, gibt glaubwürdig an:

> »Für mich selber hat sich W[eihenmaier] während meiner bis in den November 1933 dauernden Schutzhaft (auf Heuberg und in Ulm) wiederholt um Entlassung bemüht. Ich habe mich später mit ihm beraten, als ich – selbstverständlich ohne Wissen der deutschen Behörden – meine nach Paris emigrierten Freunde und die dort gewonnenen, französischen Freunde allvierteljährlich besuchte!«[483]

Nun, hier bleibt anzumerken, dass Helmut Weihenmaier in jener Zeit (1933) noch Rechtsanwalt war – also noch gar nicht Regierungsbeamter, und hier vielleicht anwaltlich tätig war, was nichts über sein späteres Verhalten im Amt aussagen würde.

Anne W***n, Weihenmaiers Sekretärin, bekräftige jedoch diese Aussage:

> »W[eihenmaier] ist heute in Urach noch sehr geschätzt und beliebt. Er war KZ-Häftlingen sehr behilflich, ihre Freiheit wieder zu gewinnen. Einzelne Fälle sind mir bekannt. Im Übrigen war er sehr loyal und hat den ihn aufsuchenden Bürgern ohne Ansehen der Person und der Parteizugehörigkeit Rat und Hilfe gewährt.«[484]

Eine weder widerlegbare, noch belegbare Aussage der Frau, welche schon während Weihenmaiers Amtszeit im Generalgouvernement als Vorzimmerdame für ihn tätig war.

Und hinsichtlich der angeblichen Hilfen eine sehr allgemeine Aussage, welche man eigentlich einer näheren Nachprüfung hätte unterziehen müssen. Warum dies nicht geschehen ist – auch in Interesse des Beschuldigten Helmut Weihenmaier! – muss dahingestellt bleiben.

Jedenfalls bieten die entlastend gemeinten Aussagen der Zeugen keinen ganz sicher verifizierbaren Inhalt. Man kann ihren Inhalt nur zu Gunsten Helmut Weihenmaiers als wahr unterstellen.

Abgeordnet in den Osten

Es stellt sich die Frage, wie Helmut Weihenmaier zu seiner Amtstätigkeit im Generalgouvernement kam. Sicherlich gab es neben den ideologischen NS-Gesinnungstätern und den allbekannten ›Ostabenteurern‹, welche auf diesem Weg einen schnellen Aufstieg erhofften und sich freiwillig für den Einsatz im Generalgouvernement gemeldet haben, auch eine weitere Gruppe: Die gegen ihren Willen abkommandierten.

Für Helmut Weihenmaier – und wohl auch sonst zumindest einen Teil der nach Polen abgeordneten Beamten – müssen wir (in dubio pro reo – im Zweifel für den Angeklagten) bisher einfach unbewiesen davon ausgehen, dass er nicht zu den Ostabenteurern gezählt hat und wohl auch nicht zu den ideologischen Gesinnungstätern.

> »Nach der Besetzung Polens hat das Reichsinnenministerium bei den Länderministerien für die Zivilverwaltung der besetzten Gebiete Verwaltungsfachleute angefordert. Das Württembergische Innenministerium hat daraufhin dem Reichsinnenministerium vor allem die zweiten höheren Beamten der Württembergischen Landratsämter namhaft gemacht.«[485]

Diese allgemeine Bestätigung aus dem Innenministerium wirkt glaubhaft und nachvollziehbar.

Landrat Max Knöpfle war als Landrat von Reutlingen seit 1. Oktober 1938 der Vorgesetzte Helmut Weihenmaiers.

Er äußerte sich über die Abordnung Helmut Weihenmaiers wie folgt:

»Da Herr Helmut Weihenmaier nach einer mir schon im Frühjahr 1939 vom Wehrmeldeamt Reutlingen zugegangenen geheimen Mitteilung im Kriegsfall für die ersten drei Monate vom Militärdienst zurückgestellt war, war ich außerordentlich überrascht, als ich am Abend des 9. Oktobers 1939 nach Dienstschluss vom Reichsinnenministerium ein Telegramm erhielt, dass ich am 11. Oktober Herrn Weihenmaier mit den vorgeschriebenen Papieren und einem Reisekostenvorschuss von RM 600,- versehen zu dem Reg.Präs. von Breslau zwecks einer Verwendung in Polen in Marsch zu setzen habe.

Als ich am selben Abend Herrn Weihenmaier vom Inhalt dieses Telegrammes Kenntnis gab, war er äußerst bestürzt und konnte sich nicht erklären, wieso er zu dieser Abkommandierung kam. Am anderen Vormittag rief ich den damaligen Personalreferenten des Innenministeriums Herrn Oberregierungsrat Wilderer fernmündlich an und erhob Einspruch gegen die Abberufung des Herrn Weihenmaier, da ich ihn jetzt zu Kriegsbeginn auf meinem Amt unmöglich entbehren könne.

Herr Wilderer erklärte mir darauf, dass das Württembergische Innenministerium schon vor einiger Zeit dem Reichsinnenminister anerkannt tüchtige Beamte zur Verwendung im Reichsdienst habe melden müssen, dabei sei unter anderem auch Herr Weihenmaier, der dem Innenministerium als fachlich geeignete Verwaltungskraft und Organisator schon längst bekannt sei gemeldet worden, das Innenministerium könne jetzt selbstverständlich, nachdem es Herrn Weihenmaier dem Reichsminister gemeldet habe, wegen der Kriegsverhältnisse gegen seine Abkommandierung nicht mehr remonstrieren; ich müsse mich mit der Tatsache des Verlusts des Beamten abfinden, es werde von ihm aus dafür gesorgt werden, dass ich Ersatz bekomme [...].«[486]

Der frühere Oberregierungsrat Otto Wilderer, der in der Kanzleidirektion des Württembergischen Innenministeriums für Personalsachen mit zuständig war, bestätigte weiter:

»[...], dass Herr Weihenmaier im Oktober 1939 [...] vom Reichsinnenministerium ohne sein Dazutun abgeordnet worden ist [...], dass es bei diesen Abordnungen nicht auf politische Bewährung oder Parteizugehörigkeit ankam, sondern für die Benennung des Regierungsrates Weihenmaier die Erwägung bestimmend war, dass er sich fachlich eignete und beim Landrat in Reutlingen, dem damals noch zwei höhere Beamte zugeordnet waren, freigemacht werden konnte.«[487]

Warum unter den beiden in Reutlingen zur Auswahl stehenden Beamten ausgerechnet Helmut Weihenmaier betroffen war, lässt sich bisher nicht klären. Oder hat da doch die Partei im Hintergrund über Berlin versucht, auf dem sogenannten ›kleinen Dienstweg‹ einen unliebsamen Beamten los zu werden? – Es sei an den Satz des Uracher Bürgermeisters Johannes Röcker erinnert: »Der Kreisleiter wird auch mehrfach versucht haben, Weihenmaier bei seiner vorgesetzten Behörde bzw. bei der Gauleitung in Stuttgart anzuklagen.«[488] Der neue Kreisleiter? Kreisleiter Kurt Maier, mit dem sich Helmut Weihenmaier angelegt haben soll, war 1939 bereits entmachtet.

Der württembergische Regierungsrat Helmut Weihenmaier ging also höchstwahrscheinlich nicht freiwillig ins Generalgouvernement. Und er wollte dort angeblich auch nicht bleiben, was sich zumindest aus mehreren Zeugenaussagen ergibt.

Darunter auch der spätere Rektor der Technischen Hochschule Stuttgart, Rolf Gutbier, der schriftlich erklärte:

»Es ist mir fernerhin bekannt, dass Herr Weihenmaier zu wiederholten Malen seinen Posten als Leiter des Kreises Zamosc zur Verfügung gestellt hat und sich zur Wehrmacht meldete, in der Erkenntnis, dass er in seinem Kampf gegen die destruktive SS-Politik nicht die ausreichende Unterstützung durch die übergeordneten Verwaltungsstellen fand.«[489]

Und Ephorus Hermann Storz, Leiter des Evangelischen Seminars Bad Urach, bestätigte Helmut Weihenmaier:

»Er [Weihenmaier] versuchte deshalb auch wiederholt beim Wehrkreiskommando Tübingen, dessen Adjutant ich von 1943–1945 war, seine Einberufung zur Wehrmacht zu erreichen, allein es war dem Wehrbezirkskommando Tübingen nicht möglich, die Aufhebung seiner U. K. Stellung durchzusetzen.«[490]

Sinngemäß bekräftigte dies auch Landrat a. D. Max Knöpfle:

»In unseren Gesprächen bei seinen wiederholten Besuchen in Reutlingen verurteilte Herr Weihenmaier scharf die bekannten rechtswidrigen Vorgänge in Polen und hat nach seinen Schilderungen wiederholt schon in den Jahren 1940 und 1941 Versuche unternommen um zur Wehrmacht eingezogen zu werden, um vom Osten loszukommen. Auch hier in Reutlingen hat er während seiner Urlaubsaufenthalte mit meiner Unterstützung beim Wehrmeldeamt Reutlingen und dem Wehrbezirkskommando Tübingen versucht, eine Einberufung zur Wehrmacht zu erreichen, die Versuche scheiterten jedoch immer an der Weigerung des Reichsinnenministeriums ihn freizugeben.«[491]

Die Sekretärin Anne W***n untermauerte die These:

»In Polen hat mir W[eihenmaier] erklärt, dass er weg wolle und er hat auch mehrfach Versuche in dieser Richtung unternommen. Er konnte aber nicht freikommen, er erhielt nie vom Gouverneur die Genehmigung hierzu, nicht einmal durch General Unruh, bei dem er einen Gestellungsbefehl für sich erwirkte. Der Gestellungsbefehl wurde durch den Gouverneur wieder rückgängig gemacht.«[492]

Oberbürgermeister Kalbfell ging sogar noch weiter, indem er Weihenmaier zusätzlich »rücksichtsvolles« Handeln in seiner Funktion als Kreishauptmann attestierte:

»Es ist [...] auch glaubhaft, dass ihm dieser Posten verleidet war und dass er Versuche unternommen hat, davon freizukommen, indem er seine Einberufung zu erwirken versuchte. Dass es ihm nicht gelang, frei zu werden, belastet ihn nicht, nachdem durch Zeugenaussagen festgestellt ist, dass er in seinen Machtbefugnissen und in der Durchführung der Maßnahmen so gut wie möglich mildernd gehandelt hat.
Die rücksichtsvolle Ausübung seiner Amtsgewalt hat ihm nach den seitherigen Ermittlungen sogar die Sympathie der polnischen Partisanenbewegung verschafft. Er war seiner Person und seines Amtes vor Angriffen der polnischen Patrioten sicher und konnte im kritischen Stadium des Heranrückens der russischen Armee ungehindert abziehen.«[493]

Woher hatte der Reutlinger Oberbürgermeister Oskar Kalbfell diese Informationen? Die Antwort darauf blieb er schuldig. Er wurde auch nicht danach gefragt.

Frau Weihenmaier schilderte die Bemühungen ihres Mannes so:

»Während seiner Tätigkeit in Polen hat er, soviel ich weiß, fünf Mal den Versuch zur Erlangung eines Stellungsbefehls zum Einrücken beim Militär gemacht. Der damalige, stellvertretende Gauleiter von Württemberg,

6 Entnazifizierung: Politische Säuberung

> Schmidt, war während des Krieges Gouverneur des Distrikts Lublin [siehe den Abschnitt: Distriktchef Friedrich Schmidt, er war allerdings nur von Oktober 1939 bis Januar 1940 Distriktchef von Lublin]. Gelegentlich eines Besuches in Zamosc warf dieser meinem Mann vor, er sei zu polenfreundlich, er müsse schärfer gegen die Bevölkerung vorgehen.
> Auf diesen Vorwurf äußerte mein Mann, dass er dann nicht auf dem richtigen Posten sei und um Enthebung bitte. Gleichwohl wurde er nicht seines Amtes enthoben und musste vier Jahre lang in Polen sein. Schmidt mutete meinem Mann auch zu, entsprechend pompöser aufzutreten und insbesondere im besten Haus von Zamosc zu wohnen.«[494]

Es gibt übrigens noch eine nicht unwichtige Tatsache, die nicht vergessen werden darf: Die große Mehrheit der wirklichen Ostabenteurer, die im Generalgouvernement eine zu plündernde Goldgrube sahen, holten alsbald möglich ihre Familien nach, um diese an der vermeintlichen Pracht und dem grenzenlosen, verschwenderischen Überfluss einer deutschen Kolonialverwaltung teilhaben zu lassen. Helmut Weihenmaier aber, dessen vier Kinder zwischen 1938 und 1942 geboren worden sind, ließ Frau und Kinder in der Heimat. Ein Signal, das man durchaus zu seinen Gunsten werten kann: sich nicht im Osten festsetzen, sondern wieder nach Hause zu wollen.

Man könnte natürlich auch umgekehrt argumentieren: Er hielt seinen Dienstbezirk für so gefährlich, dass er Frau und Kinder nicht nachkommen lassen wollte. Oder: Er wollte vor Frau und Kindern so gut wie möglich verbergen, was in seinem Amtsbezirk geschah.

Dagegen sprechen aber wiederum objektiv mehrere Besuche seiner Frau in Zamosc. Was aber, so stellt sich uns heute die Frage, hat Helmut Weihenmaier seiner Frau bei deren Besuchen präsentiert? Sicher den wunderschönen Marktplatz, ganz sicher nicht die Rotunde (da hätte die SS auch den Kreishauptmann selbst allein wohl kaum hineingelassen) und vermutlich auch nicht das jüdische Ghetto.

Tätigkeit im Generalgouvernement

Schwierig war es damals wie heute, Licht in die Amtstätigkeit eines Kreishauptmannes im Generalgouvernement zu bringen. Leider sind polnische Originalquellen noch nicht immer greifbar, trotz großzügiger und wohlwollender Zusammenarbeit.

Der Verteidiger Helmut Weihenmaiers trug im Rahmen des Entnazifizierungsverfahrens bei der Spruchkammer vor:

»Der Betroffene hat als Landrat in Zamosc (Polen),[495] wohin er während des Krieges versetzt worden war, dort fortlaufend in einer großen Anzahl von Fällen Maßnahmen der SS gegen polnische Bevölkerungsteile verhindert oder stark abgemildert und sich hierbei stets persönlich so entschieden eingesetzt, dass es zwischen ihm und der örtlichen SS-Führung zum offenen Bruch kam. Ähnlich hat sich der Betroffene in der Judenfrage verhalten.«[496]

Elsbeth Weihenmaier berichtete weiterhin:

»[...] wurde dann nach Polen als Kreishauptmann nach Zamosc, Distrikt Lublin, abgeordnet. Diesen Posten in Zamosc versah er vier Jahre lang. Während seiner Amtszeit hat er nie Schwierigkeiten mit der polnischen Bevölkerung gehabt und war auch nie Bedrohungen ausgesetzt. Ich selbst war drei Mal besuchsweise in Zamosc und konnte beobachten, dass mein Mann nie Waffen trug und auch keine Wache bei sich hatte.

Ein Anhänger der polnischen Widerstandsbewegung hat ihm selbst erklärt, er brauche keine Angst haben, es passiere ihm nichts. Von dieser Äußerung erzählte mir mein Mann in einem Urlaub. Ich selbst habe diesen Mann gelegentlich eines Besuches in Zamosc auch kennengelernt.

Ich weiß auch bestimmt, dass mein Mann verschiedene von der Gestapo verhaftete Polen wieder aus deren Klauen befreite. Einzelne Namen sind: Stanislawik, Bäcker in Zamosc, und ein anderer, dessen Name ich vergessen habe. Beide waren aber aus Zamosc.«[497]

Ein Schulfreund aus der Ferne, der sich mit Helmut Weihenmaier anlässlich seiner Heimaturlaube traf, bekräftigte, dass Weihenmaier moralisch gehandelt habe:

»W[eihenmaier] war nichts weniger als ein ›Scharfmacher‹ oder ›Aktivist‹ in der nationalsozialistischen Bewegung. Hingegen habe ich ihn als unbedingt verlässlichen Freund kennen gelernt. Wenn er auch keineswegs gesonnen war, sich als Gegner des Nationalsozialismus zu exponieren, so hatte seine Bereitwilligkeit doch ein unbedingtes Ende dort, wo es sich um Gewissens- und Anstandsfragen handelte, so bei der Behandlung der polnischen Zivilbevölkerung, der er – wie ich bei jedem seiner Kriegsbesuche feststellen konnte – mit Sympathie und ohne die nationalsozialistische Großmannssucht entgegenkam.«[498]

Wie war das noch einmal, was Helmut Weihenmaier da gesagt hatte?

»Wer kennt nicht die Stimmungen, die uns hier packen, wenn uns etwas quer gegangen ist, wenn uns die Polen mit ihrer Trägheit, Faulheit und Dummheit das Leben sauer gemacht haben und wenn wir schon nah dran sind, den Karren umzuschmeißen.«[499]

Seine Sekretärin berichtete klar so:

»Ich kann bestimmt aussagen, dass W[eihenmaier] solange er Kreishauptmann in Zamosc war, die Bevölkerung in keiner Weise misshandelt oder gequält hat. Ich entsinne mich nicht, dass er je einen Haftbefehl ausfertigte. Im Übrigen wurden die gegebenen Anweisungen loyal und in abgeschwächter Form von W[eihenmaier] durchgeführt. An Razzien gegen die Bevölkerung war W[eihenmaier] nicht beteiligt, das machte immer die Gestapo.«[500]

Allerdings muss man hier auch berücksichtigen: Mit einer anderen Aussage hätte sich die Dame eventuell selbst belasten können, möglicherweise wegen Beihilfe zu den Straftaten ihre Chefs.

Über Helmut Weihenmaiers Zeit in Zamosc bestätigte ihm am 1. März 1947 der Architekt Dipl. Ing. Rolf Gutbier aus Stuttgart, folgendes:

»Im Oktober 1940 wurde ich durch die Wehrmacht als Architekt nach Polen kommandiert und dort beim Straßenbauamt Zamosc (Distrikt Lublin) eingesetzt. Nach meinem Ausscheiden aus dieser Dienststelle im März 1942 ließ ich mich in Zamosc als Privatarchitekt nieder.

Im März 1943 wurde ich erneut zur Wehrmacht einberufen, ich kam jedoch wegen laufender Verpflichtungen bis zum Frühjahr 1944 noch verschiedentlich auf Urlaub in diese Stadt, so dass ich während dieser ganzen Zeit über die Geschehnisse dort unterrichtet blieb.

Schon während meiner Tätigkeit beim Straßenbauamt lernte ich den in Baudingen sehr unterrichteten ehemaligen Leiter der Zivilverwaltung, Herrn

Landrat a. D. Helmut Weihenmaier, kennen. Nach kurzer Zeit schon gewann ich den Eindruck, dass Herr Weihenmaier entgegen den Anschauungen insbesondere denen der SS-Dienststellen einen klaren Blick für die Nöte des polnischen Volkes hatte.«[501]

Das Verhältnis zu Helmut Weihenmaier habe sich im Laufe der Zeit umso enger gestaltet, als Rolf Gutbier erkannt hatte,

> »[...] dass er als musischer Mensch mit durchaus weltbürgerlicher Einstellung kein innerer Anhänger der NSDAP war. [...] Ich nehme an, dass ich einer der wenigen Menschen aus dieser Zeit bin, welchen gegenüber sich Herr Weihenmaier rückhaltlos offen geben konnte, und ich würde besonderen Wert darauf legen, gerade über seine wirkliche, innere Einstellung zur Nazi-Ideologie in einer Spruchkammer-Verhandlung gehört zu werden. [...]
> Seiner ganzen Natur und Erziehung nach ist Herr Weihenmaier ein konstruktiver und verantwortungsbewusster Mensch. Es war ihm, wie ich bei näherem Einblick in seinen Dienstbetrieb feststellen konnte, innere Verpflichtung, mit dem ihm unterstellten, polnischen Beamtenkörper loyal zusammenzuarbeiten und dadurch auf gesundem Boden aufbauend dem polnischen Volk sein teilweise sehr schweres Los zu erleichtern und diesem ein menschenwürdiges Dasein zu ermöglichen. So hat er sowohl Deutsche, als auch Polen, die mit der Partei, der SS und der Gestapo in Schwierigkeiten geraten waren oftmals in Schutz genommen; zu wiederholten Malen gelang es ihm derartig Verfolgte aus dem Machtbereich der Gestapo zu entfernen und in Sicherheit zu bringen.«[502]

Die Zeugin Hilde Eva L***r war von April 1941 bis Herbst 1942 Sekretärin auf einem Baubüro in Zamosc. Nach eigener Aussage wurde sie von der Gestapo vorgeladen und mehrfach verhört, weil sie u. a. trotz strengem Verbots Pakete an jüdische Arbeiter weitergeleitet und Juden verbotswidrig zu Büroarbeiten herangezogen hatte.

Durch die erfolgte Denunziation waren die Tatsachen nicht zu leugnen. In diesem Zusammenhang bestätigte sie:

> »In diesem für mich kritischen Zeitpunkt griff Herr Weihenmaier, der von einem gemeinschaftlichen Bekannten darum gebeten worden war, ein. Er besprach die Geschichte eingehend mit mir und versprach mir, bei der Gestapo alles zu versuchen, die drohenden, schwerwiegenden Weiterungen [Weitermeldung, Verfahren vor dem Sondergericht usw.] abzubiegen.

Dies ist ihm auch gelungen unter der einen Voraussetzung, dass ich Polen schnellstens verlassen sollte. Diese Bedingung, die in meinen Besprechungen mit Herrn Weihenmaier einbezogen war, kam meinen Wünschen entgegen, denn ich hatte auf das Vorgefallene hin und überhaupt wegen der SS-Methoden in Polen nicht die geringste Lust mehr, hier weiter zu arbeiten und zu leben.

So war ich Herrn Weihenmaier außerordentlich dankbar, dass er mir aus der gefährlichen Situation herausgeholfen hatte, obwohl ihm meine konsequent gegnerische Haltung gegen die Partei wohl bekannt war.«[503]

Human, parteifern, ein Gegner der SS?

Weihenmaiers Tätigkeit in Zamosc wurde von vielen ehemaligen Weggefährten als durchweg positiv bewertet. Hilde Eva L***r sagte dazu 1947 aus: »Der Bezirk Zamosc galt in polnischen Kreisen als einer der humanst geleiteten, ein Verdienst, welches ausschließlich Herrn Weihenmaier zukam.«[504]

Auch Hans Rondorf, der von Februar 1940 bis Juli 1944 Personalreferent bei Weihenmaier in Zamosc war, äußerte sich ähnlich:

> »Herr W[eihenmaier] hat die dem polnischen Volk einschließlich dem jüdischen Bevölkerungsanteil angetanen Leiden aufs entschiedenste verabscheut. Oftmals hat er mir gegenüber bedauert, nicht mehr Hilfe leisten zu können.«[505]

Dass Weihenmaier keine Bestrebungen gehabt hätte, seine Position in Polen auszunutzen, behauptete auch Hermann Storz:

> »Während seiner Verwendung in der Zivilverwaltung in Polen habe ich Weihenmaier einige Male während seines Urlaubs getroffen. Ich hatte den Eindruck, dass er unter den dortigen Verhältnissen litt und froh gewesen wäre, wenn er eine andere Verwendung gefunden hätte, denn was in Polen geschah, widersprach seinem auf rechtlichem Denken aufgebauten Wesen.«[506]

Und Hans Rondorf berichtete:

»All dies blieb der polnischen Bevölkerung nicht verborgen. Mit vielen Polen, mit denen Herr W[eihenmaier] zu tun hatte, bildete sich ein regelrechtes Vertrauensverhältnis. Obwohl in der letzten Zeit der deutschen Besatzung zahlreiche Deutsche, insbesondere auch Amtsleiter, von der polnischen Widerstandsbewegung verfolgt und erschossen wurden, ist W[eihenmaier] niemals auch nur das Geringste passiert.

In der polnischen Bevölkerung war er weithin geachtet und wegen seiner loyalen und humanen Art gerne gelitten. Mir ist dies deshalb bekannt, weil ich mit der polnischen Bevölkerung auch außerdienstlich mancherlei Beziehungen hatte.«[507]

Diese gute Beziehung zu den ortsansässigen Polen, vermeinte auch die Sekretärin Anne W***n bemerkt zu haben:

»Solange ich bei W[eihenmaier] war [20.6.1940–20.6.1944], war ich dessen Schreibgehilfin und saß in seinem Vorzimmer. [...] Solange W[eihenmaier] in Polen arbeitete, hat er Zwang oder Druck gegen die Bevölkerung nicht angewandt. Er galt als Polenfreund und wurde von der Gestapo überwacht. Als die Lage im polnischen Gebiet schon kritisch wurde, wurde ihm einmal von einem ›Angehörigen der polnischen Widerstandbewegung namens Klokocki erklärt, dass ihm als Landrat nichts passieren würde‹.«[508]

Sollte es sich dabei vielleicht sogar um Dr. Klukowski gehandelt haben? Sicher eine reine Spekulation, aber allein schon der vermeintliche Bezug auf seine Person hätte vielleicht entlastend sein können.

»W[eihenmaier] hat auch nie Drohbriefe, wie andere, die im Generalgouvernement tätig waren, erhalten und brauchte für sich keine Bewachungsmannschaften. Soviel ich mich entsinne, ging W[eihenmaier] auch immer ohne Waffe.«[509]

Rolf Gutbier erklärte sich dies damit, dass Weihenmaier seinem Amt keine übermäßige Bedeutung zugemessen hätte:

»In seiner Eigenschaft als kommissarischer Standortführer der deutschen Gemeinschaft trat Herr Weihenmaier weder den Siedlungsdeutschen noch den Polen gegenüber auf [...]. Es erhellt dies sich schon daraus, dass er mit mir selbst ständigen Umgang pflog, obgleich er wusste, dass ich den Dingen um die NSDAP ausgesprochen feindlich gegenüberstand, und dass ich mich geweigert hatte, in die Partei einzutreten. Es handelte sich bei dieser Standortführung nur um ein formales Anhängsel an sein ziviles Amt.«[510]

Dieser Einschätzung schloss sich auch Hans Rondorf an:
Gegenüber seiner Tätigkeit als ziviler Kreishauptmann

> »trat die Tätigkeit des Herrn W[eihenmaier] als kommissarischer Standortführer der NSDAP (der Deutschen Gemeinschaft) völlig in den Hintergrund. Er hat dieses Nebenamt, das in Polen in den Kreisen in aller Regel den Leitern der Zivilverwaltung vorläufig übertragen wurde, Ende 1940 angenommen, um seine Position gegen die SS, gegen die er ständig offene und stille Kämpfe ausfocht, zu stärken. [...] Mit dem alles beherrschenden Wirken der NSDAP im Reich ist dieses Provisorium einer Parteivertretung im Ausland gar nicht zu vergleichen.«[511]

Die Strategie, das Amt Weihenmaiers als unbedeutender darzustellen, als es tatsächlich war, verfolgte auch seine Frau in ihrer Aussage von 1947:

> »In Sachen der Partei vertrat mein Mann, solange er in Zamosc war, die Stelle eines Standortführers, und zwar nur kommissarisch. Er hatte keinen Rang und wurde nicht als politischer Leiter anerkannt. Man stellte ihm dauernd in Aussicht, dass nach Zamosc ein hauptamtlicher Kreisleiter käme. Dieser kam aber nie, so dass er die kleine Kolonie von deutschen Nationalsozialisten während der Dauer seines Amtes zu betreuen hatte.«[512]

Diese Aussage der Frau Elsbeth Weihenmaier erscheint hier realistischer, trifft jedoch auch keine Feststellung darüber, was eigentlich die Aufgaben und die Tätigkeit des Standortführers der NSDAP umfasste.

> »So hat er unter Einsatz seiner ganzen Person Anordnungen höchster SS-Dienststellen, die ihm durch vorgesetzte Verwaltungsbehörden verbindlich gemacht wurden, nicht ausgeführt und auf geschickte, jedoch sehr gefahrvolle Weise sabotiert. [...] Es handelte sich dabei vor allem um die Neutralisierung der weitreichenden Umbaumaßnahmen von Städten und Aussiedlung von Polen im Zuge der monströsen Umsiedlungsplanungen der SS [...].In seinem mit Zähigkeit geführten Kampf gegen die SS hat Herr Weihenmaier aktiven Widerstand geleistet, so dass es zwischen ihm und dem örtlichen SS-Dienststellenleiter zum offenen Bruch kam, der nie wieder bereinigt wurde.«[513]

Human, parteifern, ein Gegner der SS?

So äußerte sich Rolf Gutbier 1947 zum Verhalten Weihenmaiers gegenüber der SS. Von einem konfliktbehafteten Verhältnis wusste auch Hans Rondorf zu berichten:

> »Wegen schwerer, grundsätzlicher Streitigkeiten in der Frage der Behandlung der polnischen Bevölkerung kam es zwischen Herrn W[eihenmaier] und dem [...] SS-Beauftragten zu einem so schweren Konflikt, dass Herr W[eihenmaier] dem SS-Beauftragten das Betreten des Dienstgebäudes des Landratsamtes (Kreishauptmannschaft) verbot und sämtliche Beziehungen zu ihm abbrach. Dieser Streit konnte trotz überörtlicher Bemühungen wegen der konsequenten Haltung [des] Herrn W[eihenmaier] nicht beigelegt werden und blieb dabei in unverminderter Schärfe bis zu dem ca. ein halbes Jahr später erfolgten Abgang des SS-Beauftragten bestehen.«[514]

Rondorf spitzte seine Aussage sogar zu:

> »Herr W[eihenmaier] befand sich bald in einem schroffen Gegensatz zum Treiben der SS – vor allem zu dem in Zamosc eingesetzten Sonderbeauftragten für die Umsiedlung des Reichsführers SS Himmler. Dieser Gegensatz führte damals dazu, dass gegen Herrn W[eihenmaier] immer wieder direkt oder in versteckter Form der Vorwurf erhoben wurde, er sei zu ›weich‹ oder er sei ›polenfreundlich‹. Er hat sich jedoch von seinem eingeschlagenen Weg nicht abbringen lassen.«[515]

Elsbeth Weihenmaier bestätigte dies:

> »In Polen unterstand meinem Mann die Polizei nicht. Er hatte also mit der Partisanenbekämpfung nichts zu tun. Diese üble Funktion hatte die SS und das Militär.«[516]

Diese Aussage Frau Weihenmaiers ist wahr und falsch zugleich. Weihenmaier hätte die Polizei für einzelne, eigene Einsätze anfordern können. Ob er es getan hat, ist ungeklärt. Für die konkrete Regelung des Verlaufs einzelner, sonstiger Einsätze oder Aktionen hatte er jedoch keine Befehlskompetenz.

Und richtig ist natürlich: Gegenüber der SS hatte ein Zivilverwaltungsbeamter nichts zu melden. Da hatte bekanntlich selbst Generalgouverneur Hans Frank so seine Probleme.

Couragiert, kirchennah und hilfsbereit?

Rondorf betonte in seiner Aussage die Courage Weihenmaiers: Mit seiner Gegnerschaft zur SS habe

> »Herr W[eihenmaier] viel persönlichen Mut bewiesen, denn man darf nie vergessen dass es auch für einen Deutschen – und gerade in der Position des Herrn W[eihenmaier] – außerordentlich gefährlich war, sich in derartiger Weise als Gegner der SS zu exponieren.«[517]

Und Gutbier ging sogar so weit, Weihenmaier quasi als Widerstandskämpfer zu glorifizieren:

> »Er brachte sich dadurch in unmittelbare, persönliche Gefahr. Ich habe ihn in dieser Zeit mehr als einmal gewarnt, weil ich in ernster Sorge um ihn war, und habe ihn zur Vorsicht gemahnt – in der manchmal offen zwischen uns besprochenen Erwägung – dass die SS ihn eines Tages beseitigen und die polnische Widerstandsbewegung als Mörder bezeichnen könnte. Diese Art von Erledigung war bekanntlich in SS-Kreisen nicht ganz unbekannt. Weihenmaier hat sich aber ohne Rücksicht auf seine eigenen Dinge nie davon abbringen lassen, sich bei jeder Gelegenheit der Nazi- und SS-Ideologie zu widersetzen.«[518]

Helmut Weihenmaier wird mit dieser Aussage fast in Kreise des Widerstandes gerückt, wofür sich bisher keine wirklichen Beweise finden lassen. Er kann bisher kaum als Mann des 20. Juli 1944 oder des Kreisauer Kreises angesehen werden.

Hans Rondorf konnte dennoch ein Beispiel liefern, wie Weihenmaier sich für die polnische Bevölkerung eingesetzt hatte:

> »Für eine Reihe von Polen erwirkte er die Freilassung, nachdem Sie bereits von der SS verhaftet oder bereits in Lager eingeliefert oder schon längere Zeit in Lagern waren. Nur ein bezeichnendes Beispiel, das auch allgemein in der Bevölkerung bekannt wurde: Ein polnischer Gastwirt wurde von der SS in ein Lager eingeliefert. Herr W[eihenmaier] setzte sich mit Nachdruck für dessen Freilassung ein und erreichte sie auch. Sofort nach der Freilassung stellte er diesen Gastwirt als Küchenchef im deutschen Kasino ein, einmal um ihm auf diese Weise Schutz zu gewähren, zum anderen um so offenkundig von den SS-Methoden abzurücken.«[519]

Couragiert, kirchennah und hilfsbereit?

Eine sicher ehrlich gemeinte ›Ferndiagnose‹ des Verhaltens Helmut Weihenmaiers in Polen stellte auch der Uracher Bürgermeister Johannes Röcker 1947 an: »Über seinen Wirkungskreis in Polen ist mir nichts Näheres bekannt. Doch möchte ich nach seinem Charakter ohne weiteres annehmen, dass er sich auch dort loyal und menschlich verhalten hat.«[520]

Ein sich Auflehnen gegen Anordnungen der SS war sicherlich, auch bei einem höheren Verwaltungsbeamten, mit einem besonderen Risiko behaftet, was von niemanden, auch nicht im Fall Helmut Weihenmaier, bestritten werden könnte – wenn es wirklich abschließend zu beweisen wäre.

Helmut Weihenmaier ist nicht, wie dies damals allgemeiner Kultursport war, aus der Kirche ausgetreten. Er hat sich nie als einer der ›gottgläubigen‹ Neuheiden bezeichnet, deren Denkweise damals vor allem in der SS, aber auch bei vielen überzeugten Nationalsozialisten verbreitet war. Woraus sich allerdings noch keine Aussage dahingehend ergibt, ob er einfach nur Mitglied der evangelisch-lutherischen Landeskirche von Württemberg blieb – oder sich sogar, in welcher Form auch immer, der Bekenntniskirche zuwandte. Mitglied der Kirche zu bleiben, war eigentlich in seiner Position zwar kein Protest, aber doch auch eine gewisse, deutliche Abgrenzung.

Das Zeugnis des Ephorus Storz fällt hier klar und positiv aus:

> »Auch der Kirche stand Weihenmaier in keiner Weise ablehnend gegenüber. Der beste Beweis dafür ist, dass seine vier Kinder, geboren 1938–1942, alle getauft wurden und sein ältestes Kind den christlich-kirchlichen Religionsunterricht und nicht den nationalsozialistisch-weltanschaulichen Unterricht besucht hat.«[521]

Es gab ihn übrigens tatsächlich in Urach, den WAU – den »Weltanschaulichen Unterricht« in der Nazi-Ideologie. Wäre Helmut Weihenmaier ein ›echter Konjunkturritter‹ gewesen, so hätte er sich entsprechend dem Zeitgeist von der Kirche abgewandt, und seine Kinder in den von den Nazis so hochgeschätzten »WAU« geschickt. Das hat er nachweislich nicht getan, was man als durchaus positiv nicht unterschlagen darf.

Albert Schmauder, der Bürgermeister von Glems,[522] dem Ort, in dem der frühere Kreishauptmann mit seiner Familie nach der Beschlagnahme der Familienwohnung durch die Franzosen Unterkunft gefunden hatte, bestätigte Helmut Weihenmaier 1948:

> »Nach seinen Entlassungen aus der Internierung (im Sommer 1945 und im Herbst 1946) hat Herr Weihenmaier jede hier auf dem Lande vorkommende Art von Arbeit verrichtet. Er hat insbesondere landwirtschaftliche Hilfsarbeit aller Art geleistet, beim Abbruch und beim Neubau von Gebäuden als Bautagelöhner mitgearbeitet und sonst, wo es fehlte, mitgeholfen. Er hat sich auch an Gemeindefronarbeiten (Wegebau) beteiligt. Im Übrigen hat er bei auftauchenden Rechtsfragen der Gemeindeverwaltung, der Glemser Darlehensgenossenschaft, der Milchverwertungs-Genossenschaft in Glems sowie auch auf Wunsch jedem Bürger in zahlreichen Fällen unentgeltlich Rechtsauskunft erteilt, Schriftsätze abgefasst und mit Rat und Tat geholfen. Er führt mit seiner Familie (mit vier Kindern) ein einfaches, zurückgezogenes Leben, ist in der Bevölkerung beliebt und genießt allseits ein gutes Ansehen.«[523]

Bürgermeister Albert Schmauder war bereits 1946 in Sachen Weihenmaier vernommen worden, konnte damals aber nichts Wesentliches aussagen.[524]

Weihenmaier contra NSDAP – Kritisch betrachtet

Helmut Weihenmaier war seit 1. Januar 1934 Regierungsassessor, seit 1936 Regierungsrat. Der NSDAP gehörte er seit 1. Mai 1933 an. In die SA eingetreten war Weihenmaier mit Wirkung vom 1. November 1933[525] und war zuletzt beim Sturm 11 der Standarte 180 in Reutlingen am 9. November 1936 zum Scharführer befördert worden.[526]

Zu seiner SA-Zugehörigkeit gibt Helmut Weihenmaier in der Anlage zu seinem Fragebogen zur Entnazifizierung an:

> »Meine Tätigkeit als Rechtsberater (1933–1939) war durch meine berufliche Verhinderung (dienstliche Versetzungen, Abordnungen zu anderen Land-

ratsämtern usw.) oft längere Zeiträume unterbrochen. Insgesamt betragen die Unterbrechungen zusammen etwa 1 bis 2 Jahre.

Im Jahr 1936 erhielt ich den Rang eines Scharführers. Im Juli 1939 zog ich mich von jeglicher Tätigkeit und Mitwirkung in der SA zurück. Im Generalgouvernement, wohin ich als Beamter abgeordnet war, wurde die SA offiziell aufgezogen, ich habe mich daran aber nicht beteiligt. Von Reutlingen wurde ich, während ich im Generalgouvernement war, im Jahr 1943 zum Truppführer ernannt.

Ich habe jedoch seit dem Jahr 1939 nie mehr eine SA-Uniform getragen, und nie mehr in irgendeiner Form SA-Dienst gemacht. [...] Eine Schar oder sonst eine SA-Einheit habe ich nie geführt.«[527]

Wie war das mit der SA im Generalgouvernement? Man erinnere sich an das Schreiben von Sturmbannführer Jobst aus dem Jahr 1943:

»Der Kreishauptmann und Standortführer der NSDAP in Zamosc, SA-Scharführer Weihemayer [sic!], hat sich bereiterklärt, die Führung der dortigen SA zu übernehmen und den Aufbau der SA im Gebiet von Zamosc persönlich vorwärtszutreiben.«[528]

Also das Ganze ohne jede Beteiligung, ohne Uniform, ohne SA-Dienst? Weshalb dann aber »hat sich bereit erklärt, die Führung der dortigen SA zu übernehmen«?

Und war das nicht eine Einheit der SA, die zu führen er sich bereit erklärt hatte? Zumindest an dieser Stelle muss davon ausgegangen werden, dass Helmut Weihenmaier falsche Angaben gemacht hat. Es sei denn, sein Wunsch wäre nicht erhört worden, und auch seine Beförderung zum SA-Truppführer 1943 hätte damit nichts zu tun gehabt. Hier hat Helmut Weihenmaier wohl objektiv nicht die Wahrheit gesagt.

Und man wird ihm auch beim besten Willen keine Vergesslichkeit oder Fahrlässigkeit unterstellen können. Mit einer so schweren, zumindest selektiven und temporären Amnesie wäre der Mann doch im Verwaltungsdienst gar nicht mehr einsatzfähig gewesen.

Und zu seinen Reden hatte Helmut Weihenmaier angegeben:

»1939-1944 einige kurze Ansprachen als Landrat und k. Standortführer in Zamosc (GenGouv) aus festlichen Anlässen an meine Gefolgschaft und die in Zamosc lebenden Deutschen. Inhalt unpolitisch«.[529]

6 Entnazifizierung: Politische Säuberung

Wie war das mit der Rede vom 28. Juli 1940, zu der sich Hans Frank in seinem Tagebuch äußerte? »Wer kennt nicht die Stimmungen, die uns hier packen, wenn uns etwas quer gegangen ist, wenn uns die Polen mit ihrer Trägheit, Faulheit und Dummheit das Leben sauer gemacht haben und wenn wir schon nah dran sind, den Karren umzuschmeißen? Das waren Tiefpunkte in unserer Stimmung.«[530] Und diese Rede, oben im Abschnitt »Der Kreishauptmann spricht« umfassend dargestellt, war unpolitisch?

Und der Tatsache, dass Helmut Weihenmaier stets von einer Abordnung ins Generalgouvernement sprach, steht gegenüber: »Der in Frage stehende Beamte ist mit seiner Versetzung einverstanden.«[531] Oder sollte dieser Vermerk im Antrag auf offizielle Ernennung zum Kreishauptmann etwa falsch sein, aufgenommen gegen seinen Willen? Womöglich sogar von den Nazis bewusst gefälscht, um einen politischen Gegner der Verfolgung durch die Siegermächte auszusetzen? Zugegeben, eine ironische und boshafte Spekulation.

Man wird wohlwollend zu seinen Gunsten unterstellen dürfen, dass sich Helmut Weihenmaier mit dem Kreisleiter Kurt Mayer in Urach massiv angelegt hat. Berechtigt ist dabei die Frage, ob der Kreisleiter Kurt Mayer damals der strahlende Stern am Uracher Nazi-Himmel oder schon ein verglühender Komet war. Wäre er Letzteres gewesen, so müsste man in einer konträren Haltung kein besonderes Verdienst, sondern vielleicht sogar ein geschicktes und vorausschauendes Taktieren sehen. Auf einen politisch schon Angeschlagenen einzutreten, ist und war bekanntlich zu keiner Zeit ein besonders mutiges Unterfangen.

Um die Position und Macht eines Kreisleiters der NSDAP erahnen zu können, sollte man sich die entsprechenden, rechtlichen Regelungen, welche über die Parteihierarchie in die Kommunalverwaltung hineinragten, genauer ansehen.

Nach § 12 I des Gleichschaltungsgesetzes vom 31. März 1933[532] waren die kommunalen Selbstverwaltungskörperschaften aufgelöst und gem. § 12 II nach dem Ergebnis der Reichstagswahl vom 5. März 1933 neu zu bilden, wobei die auf kommunistische Listen entfallenden Stimmen nicht zu berücksichtigen waren. Kreistage und Gemeinderäte waren damit gleichgeschaltet, selbstverständlich ganz im Sinne der NSDAP.

Missliebige Personen, welche nicht Mitglied der NSDAP waren, und vielleicht doch noch immer den Selbstverwaltungskörperschaften angehörten, wurden im Laufe des Jahres 1933 in ganz Deutschland meist völlig rücksichtslos dazu gezwungen, auf ihre Mandate zu verzichten. Die *Deutsche Gemeindeordnung* vom 30. Januar 1935 brachte endgültig in den Gemeinden das »Führerprinzip« zum Durchbruch: Die Regierungen ernannten die Bürgermeister, die Bürgermeister beriefen, gemeinsam mit den örtlichen NSDAP-Vertretern, die Gemeinderäte.[533]

Die Württembergische Kreisordnung vom 27. Januar 1934,[534] vom Staatsministerium auf Grund des Ermächtigungsgesetzes vom 20. Juni 1933[535] erlassen, bestimmte, dass Kreistag und Kreisrat im Allgemeinen nicht abstimmen. Der Kreisleiter der NSDAP war kraft Amtes Mitglied im Kreistag (Art. 19 II) und im Kreisrat (Art. 20 II), wobei die übrigen Kreisräte durch Landrat und Kreisleiter einvernehmlich zu berufen waren (Art. 30, III und IV). Die Mitglieder des Kreistages waren die Bürgermeister kraft Amtes (Art. 19 I), standen einer Gemeinde mehrere Vertreter zu, berief sie der Bürgermeister nach Anhörung des Gemeinderates aus dessen Reihen.

Die Kreisleiter waren demnach alles andere als machtlos. Württembergische Nachkriegspolitiker haben immer nicht ohne Stolz betont, bis zum Kriegsende sei in ihrem Land kein NSDAP-Vertreter Landrat geworden. Man kann dies als wahr unterstellen, denn es kam darauf nicht an: Den Landräten überließ man generös die Arbeit, den Kreisleitern generell die Kontrolle. Dies war auch deshalb unproblematisch, weil durch die nationalsozialistische Verwaltungsreform 1938[536] die 61 Oberämter zu 34 Kreisen zusammengefasst wurden. Man hat dann sicher nicht gerade die ›Selbstdenker‹ unter den Landräten behalten, sondern vor allem ›des Führers treue Diener‹.

Grundsätzlich also war ein Kreisleiter eine nicht zu unterschätzende und zu respektierende Persönlichkeit. Welche Machtposition aber hatte Kreisleiter Kurt Mayer in Urach? Das vom Arbeitskreis Stadtgeschichte in Urach herausgegebene Buch *Urach in der Zeit des*

Nationalsozialismus erwähnt die heldenhafte Auflehnung des stellvertretenden Landrats Weihenmaier gegen den allmächtigen Kreisleiter Mayer nicht, es sei denn, der Autor dieser Zeilen hätte diesen wichtigen Teil überblättert. Oder der Arbeitskreis Stadtgeschichte hätte diesen Aspekt völlig übersehen oder zumindest vergessen, in seine Darstellung aufzunehmen. Jedoch wird Kreisleiter Kurt Mayer in seinem Wirken für Partei und Staat recht umfassend dargestellt. Der 1899 geborene Gewerbelehrer trat am 1. Januar 1932 in die NSDAP ein, und wurde am 1. Dezember des gleichen Jahres ehrenamtlicher Kreisleiter mit Amtsort Urach. Der vermeintlich allmächtige Kreisleiter war jedoch nur bis zum 30. März 1936 im Amt. Somit haben sich objektiv die Amtszeiten der Herren Weihenmaier und Herrn Mayer um zweieinhalb Jahre überschnitten.

Allerdings erklärte Kreisleiter Mayer später, er sei bereits 1935 zum Rücktritt aufgefordert und 1936 seines Amtes enthoben worden. Wahr ist, dass Mayer 1936 nach Nürtingen versetzt worden war, und zwar als Gewerbeschulrat. Er wurde zwei Gehaltsstufen unter seinem Vorgänger eingestuft – und nahm nie wieder ein NSDAP-Amt aktiv wahr.[537] Der vermeintlich alles bedrohende Kreisleiter war entmachtet, aus welchen Gründen auch immer. Allerding auch bemerkenswert: Kurt Mayer konnte nach dem Krieg zahlreiche Entlastungszeugen vorweisen, die bestätigten, nur mit seiner Hilfe aus verschiedenen Konzentrationslagern frei gekommen zu sein. Er wird bei der politischen Säuberung als »Minderbelasteter« eingestuft, wobei die »positiven Aussagen zahlreicher Uracher« berücksichtigt worden seien. Kurt Mayer hätte »die Haltung Andersdenkender geachtet und relativ frühzeitig seinen politischen Irrtum eingesehen.«[538]

All dies lässt Bewertungen in einem sehr weiten Spektrum zu. Der angeblich heldenhafte Widerstand Helmut Weihenmaiers verblasst in diesem Licht doch sehr deutlich.

Auf Seite 63 des Buches *Urach in der Zeit des Nationalsozialismus* aber wird die NS-Zeitung *Flammenzeichen* (Nr. 28 vom Juli 1937) im Reprint wieder gegeben, was uns Anlass zu einigen vielleicht etwas spekulativen Überlegungen geben kann. Sturmbannführer Bratz vom SA-Sturm II/125 teilt der Redaktion mit:

> »Unter den Frauen, deren Betitelung in dem Artikel ›Altmodische Liebenswürdigkeiten‹ angeprangert wurde, befindet sich die Frau eines SA-Scharführers, der im Zivilberuf Regierungsrat ist. [Gab es damals so viele SA-Scharführer mit dem Zivilberuf Regierungsrat in Urach, oder könnte damit Helmut Weihenmaier gemeint sein?] Die von mir vorgenommene Untersuchung hat ergeben, dass die Frau dieses SA-Kameraden ungefragt und daher ohne Wissen und gegen ihren und ihres Mannes Willen in das Rundschreiben des Evang. Gemeindedienstes aufgenommen worden ist. Der Scharführer und seine Frau haben daher auch jede Beteiligung abgelehnt.«[539]

Also ein (zugegebenermaßen) unbekannter Scharführer, im Zivilberuf Regierungsrat, der keine so treue und innere Haltung zur Kirche hatte, wie sie für Helmut Weihenmaier später bezeugt wurde.

Helmut Weihenmaier betonte stets, nicht freiwillig in Generalgouvernement gegangen zu sein und sich stets darum bemüht zu haben, von dort wieder weg zu kommen. In seiner erwähnten, damaligen Personalakte war ein Versetzungsgesuch – weg aus Polen – nicht zu finden. Auch wenn alle Zeugen dies behaupten: Beweise dafür gibt es keine. Doch interessante Überlegungen lassen sich zu den vermeintlichen Zeugen anstellen.

Betrachten wir einmal kurz die Situation um General von Unruh als potentiellen Entlastungszeugen einer Meldung zur Wehrmacht zwecks Frontverwendung. Interessant ist, dass es zwei Generäle mit dem Namen Walter von Unruh gab. Offensichtlich hat man keinen von diesen beiden Generälen von Unruh befragt.

Walter Rudolf Moritz von Unruh (geboren am 30. Dezember 1877 auf Gut Klein Tillendorf, Landkreis Fraustadt, verstorben 16. September 1956 in Bad Berneck im Fichtelgebirge) war im Zweiten Weltkrieg zuletzt General der Infanterie. Er wurde von Hitler am 4. Mai 1942 zum Kommandeur eines eigens eingerichteten Stabes z. b. V. (zur besonderen Verwendung) ernannt, mit dem Ziel, alle Wehrmachts- und Zivildienststellen nach freizumachendem Personal – sogenannten »Drückebergern« – zu durchkämmen und trug den Spitznamen »Heldenklau« in Anlehnung an die bekannte Propagandafigur des »Kohlenklaus«. Nach dem Krieg stellte sich von Unruh als von der Bevölkerung geliebter Wohltäter im besetzten Brest dar, dessen Ortskommandant er vom 30. Juli 1941 bis zum Übergang der Stadt in den Zuständigkeitsbereich der Zivilverwaltung am 2. September 1941 war.

Walter von Unruh, geboren am 3. Mai 1875 in Klein-Münche (heute zum polnischen Międzychód, dem früheren Birnbaum) gehörig, war der Sohn des Rittergutsbesitzer Eugen von Unruh und dessen Ehefrau Emma, geborene Freytag. Am Zweiten Weltkrieg nahm Unruh seit dem 23. September 1939 zunächst als Quartiermeister der Ober-Feld-Kommandantur 581 teil. Am 6. Februar 1940 wurde er Erster Generalstabsoffizier der Kommandantur Warschau, kurz darauf, am 1. März 1940, Kommandeur der Ober-Feld-Kommandantur Warschau und Stadtkommandant von Warschau. Diesen Posten hatte er bis zu seiner Versetzung in die Führerreserve am 25. April 1942 inne. Zuvor war er am 1. Juli 1941 zum Generalmajor befördert worden. Unruh schied am 30. Juni 1942 aus der Wehrmacht aus und starb kurz nach Kriegsende am 4. August 1945 in Berlin-Zehlendorf.

Warum hat man sich nicht die Mühe gemacht, hier nachzuforschen? Vielleicht aus der Erkenntnis heraus, dass Walter Rudolf Moritz von Unruh sicher alles getan hätte, einem ehemaligen Kreishauptmann zu helfen, sofern er sich und anderen nicht schadete. Dies war damals weit verbreitet. Und Walter von Unruh war ja verstorben, so dass man ihn nicht mehr Fragen konnte. Eine für die Entlastung des Belasteten Helmut Weihenmaier glückliche Situation, wie man sie in den Entnazifizierungsverfahren nicht selten antraf.

Es sei ein Vergleich zu einem anderen Fall mit Bezug zu Bad Urach gestattet. Amtsgerichtsrat Dr. Walter Eisele, am 13. Februar 1904 in Bad Urach geboren, war als Vorsitzender der I. Strafkammer des Sondergerichts Prag ein wahrhaft zynischer Mordrichter, der in mindestens 32, vermutlich aber rund 50 Fällen an Todesurteilen beteiligt war. Um Missverständnisse zu vermeiden: Von einer Beteiligung an Todesurteilen oder solchem bösen Zynismus wissen wir bei Helmut Weihenmaier bisher nichts, weshalb auch für ihn die ganz normale und legale, rechtsstaatliche Unschuldsvermutung gelten muss.

Interessant ist allerdings in diesen beiden Fällen eine Parallele mit den beiden Personalchefs. Der Personalchef des Oberlandesgerichts Stuttgart zur Zeit der NS-Gewaltherrschaft, Dr. Schlecht, bestätigte dem Mordrichter Eisele 1946, er habe bei seiner Abordnung nicht gewusst, welche Aufgaben auf ihn warteten, und habe während seiner Tätigkeit wiederholt um Versetzung gebeten.[540] Wie war das mit Herrn Oberregierungsrat Otto Wilderer[541] und Herrn Ephorus Hermann Storz[542]?

Persilscheine: »Wäsche waschen, Wohlergehen«

Betrachtet man die Aussagen der einzelnen Zeugen im Entnazifizierungsverfahren Helmut Weihenmaiers, so fällt eigentlich schnell auf, dass diese meist nicht nur dem Inhalt nach, sondern auch dem Sprach- und Wortgebrauch nach doch sehr deutliche und nicht zu übersehende Ähnlichkeiten aufweisen. Bei der Korrektur studentischer Arbeiten würde sich die Frage aufdrängen: Wer hat hier von wem abgeschrieben?

Besonders bemerkenswert erscheinen die auffällig gleichen, zumindest sehr ähnlichen Unterstreichungen in der Aussage des sozialdemokratischen Bürgermeisters Johannes Röcker (Urach, vom 27. November 1947)[543] und seines kommunistischen Stellvertreters (vom 27. November 1947)[544]. Sind die beiden Herren vielleicht kurz nacheinander mit dem gleichen Anliegen befasst worden, vorgetragen mit den gleichen Formulierungen?

Und am Tage darauf, dem 28. November 1947, beglaubigte Bürgermeister Johannes Röcker die Unterschrift des hochwürdigen Herrn Ephorus Storz[545] in gleicher Sache? Johannes Röcker war übrigens der letzte SPD-Stadtrat in Urach vor dem absoluten NS-Regime gewesen, hätte also eigentlich keinerlei Anlass gehabt, einen Diener des Systems zu verteidigen.

Auch die Tatsache, dass Bürgermeister Albert Schmauder von Glems (vom 3. Mai 1948)[546] die Wendung »Schriftsätze abgefasst« verwendet, erregt Aufmerksamkeit. Dass ausgerechnet dieser Terminus, der unter Juristen zur Alltagssprache gehört, aber eben eigentlich nur unter Juristen, dem Dorfbürgermeister der Nachkriegszeit geläufig war, ist merkwürdig. Oder hat da Helmut Weihenmaier beim Abfassen der Erklärung selbst gestaltend mitgeholfen, und sich zu sehr im juridischen *terminus technicus* verstiegen? Wir werden es nie erfahren. Ob es uns verwundern würde, sei einmal dahingestellt.

Insgesamt muss leider festgehalten werden: Über die wahre Geisteshaltung Helmut Weihenmaiers während seiner Dienstzeit in Urach im Dritten Reich lässt sich aus dem Entnazifizierungsverfahren nur sehr wenig ableiten, und schon gar nichts ist wirklich konkret beweisbar. Wohl war er auf den ersten Blick in Urach ganz sicher kein Scharfmacher, aber die echte und überzeugende Ablehnung ist genauso wenig glaubwürdig wie der verdeckte Widerstand. Was Hilfe im Einzelfall nicht ausschließen würde, bei der jedoch der konkrete Nachweis noch immer fehlt. Konkrete Beweise aber hätten in der NS-Zeit auch für Helmut Weihenmaier als Verwaltungsbeamten durchaus lebensbedrohliche Folgen haben können. Über seine Handlungen und seine Verantwortlichkeit in Polen ist zwar die eine oder andere allgemeine Aussage gemacht worden. Jedoch so allgemein, dass nichts Beweisbares daraus abgeleitet werden kann. Und fast nur von Zeugen vom Hörensagen.

Aber es ist wohl allgemein so, dass vor keiner deutschen Ermittlungsbehörde jemals so die ›subjektive Wahrheit‹ von Zeugen ins Rampenlicht getreten ist wie vor den Säuberungskommissionen nach dem Zweiten Weltkrieg. Es soll damit nicht behauptet werden, dass immer bewusst gelogen wurde. Aber der Ablauf der Zeit, der Wandel der politischen Anschauungen, und nicht zuletzt der Wille, mit ›den alten Sachen endlich Schluss zu machen‹ und nach vorne zu streben, hat hier sicher in nicht wenigen Fällen zu einem ›selektiven Ge-

Persilscheine: »Wäsche waschen, Wohlergehen«

dächtnis‹ geführt. Das Buch *Persilscheine und falsche Pässe* über die Zusammenarbeit der Kirche mit den Nazis ist kein Märchenbuch, sondern eine mehr als erschütternde Dokumentation, die nachdenklich machen sollte.[547]

Eine falsch verstandene Vergebungspolitik, auch der beiden großen Kirchen, die mehr das Leiden der straffälligen Täter als der zuvor verfolgten, unschuldigen Opfer – für diese war das Leiden ja meist schon endgültig vorbei – sah, hat eine weiter unselige Rolle gespielt. Das Zitat des Prälaten von Schwäbisch Hall, Wilfried Lempp, aus einem Schreiben vom 21. Juni 1948 an die amerikanische Militärregierung in Stuttgart ist entlarvend genug: »Das ist gewiss eine große Not: Früher mussten die Juden, jetzt müssen die Nazis an allem schuld sein«.[548] Opfer und Täter gleichgesetzt – dem bleibt nur entgegenzusetzen: »Vater, vergib ihnen, denn sie wissen nicht, was sie tun.«[549] Und bewahre uns vor solchen Dienern deiner Kirche. Man darf nicht vergessen, welche willfährige Knechte ihres Führers beispielsweise der evangelische Reichsbischof Ludwig Müller oder der katholische Abt Albanus Schachleitner waren.

Glücklicherweise gab es auch aufrechtere Diener der Kirche – beispielsweise den evangelischen, württembergischen Landesbischof Dr. Theophil Wurm oder seinen katholischen Amtsbruder, den Freiburger Erzbischof Dr. Conrad Gröber. Auch diese beiden geistlichen Herren sind im Nachhinein heute nicht mehr völlig unumstritten.

1932 uraufgeführt im Berliner UfA-Palast am Zoo wurde der Film *Wäsche – Waschen – Wohlergehen* nach seiner Premiere schnell als »Henkel-Persil-Tonfilm« bekannt. Er bildete sicher auch die Grundlage für den nach dem Zweiten Weltkrieg so lebhaft geprägten Begriff des »Persilscheines«.

Nach dem Krieg waren die sogenannten »Persilscheine« nicht mindestens so wertvoll wie das Waschmittel, dem sie ihren Namen verdanken, sondern weitaus wertvoller: Sie waren die unverzichtbaren Bausteine für neue Existenzen.

Der zeitlich und politisch anpassungsfähige Dr. Bernhard Lösener aus dem Reichsinnenministerium (zu ihm später noch) fand zuerst bei den Alliierten eine für ihn selbst und auch seinen früheren Vorgesetzten Wilhelm Stuckart vorteilhafte Verwendung: Als Zeuge im Wilhelmsstraßen-Prozess 1947/48, in dessen Verlauf er seinen Staatssekretär (und damit natürlich auch sich selbst!) wirkungsvoll entlasten konnte.

Statt den »Größten Führer aller Zeiten« hatte Deutschland nun die »Größte Reinigungsanstalt aller Zeiten« – zumindest moralisch gesehen. Sagte doch selbst Konrad Adenauer in Bezug auf seinen Staatssekretär und Chef des Bundeskanzleramtes: Hans Globke: »Man schüttet kein dreckiges Wasser aus, wenn man kein reines hat.«[550] Hans Globke war gemeinsam mit Wilhelm Stuckart zusammen als juristischer Kommentator tätig: Der Oberregierungsrat Globke und der Staatssekretär Stuckart kommentierten gemeinsam im renommierten, juristischen Verlag C.H. Beck in München die Nürnberger Gesetze, »nebst allen Ausführungsvorschriften und den einschlägigen Gesetzen und Verordnungen«.[551] Dennoch wurde ihm später unter Konrad Adenauer als Bundeskanzler von 1953 bis 1963 das Amt des Chefs des Bundeskanzleramtes übertragen.

Der Weg nach Freudenstadt

Weihenmaiers Wirken wurde in seinem Nachruf folgendermaßen beschrieben:

> »Einem mehrjährigen Kriegseinsatz im Osten und einer freiberuflichen Arbeit schloss sich 1948 eine Tätigkeit im Wirtschaftsministerium Württemberg-Hohenzollern in Tübingen an. Im Jahr 1954 wurde dem damaligen Oberregierungsrat die Leitung der Abteilung Wirtschaft im Regierungspräsidium Nordwürttemberg und zeitweise die Leitung des Referats Industrieansiedlungen beim Wirtschaftsministerium in Stuttgart übertragen. Im Jahr 1955 wurde Helmut Weihenmaier zunächst zum Stadtdirektor in Tübingen gewählt, 1957 wurde er zum Bürgermeister in seiner Heimatstadt Tübingen [...] gewählt.«[552]

Helmut Weihenmaier ist in der Nachkriegszeit stets als kultivierter, hilfsbereiter, ja gütiger Mensch aufgetreten. Kein Zeitzeuge hat ihn je anders beschrieben. Hatte er eine gespaltene Persönlichkeit, hatte er sich grundlegend gewandelt, oder wurde er rückblickend bisher völlig verkannt? Der Freund und Retter der Polen (von den Juden wurde nur vereinzelt und verschämt gesprochen), als der er sich darstellen wollte – Beweise hierfür fehlen bis heute. Beweise für seine Amtszeit als Kreishauptmann in Zamosc aber gibt es, wobei er dies aber auch nie bestritten hat. Konkret aber bleiben nach wie vor viele Fragen offen.

Bei seiner Wahl 1960 berichtete der Schwarzwälder Bote, er sei vor dem Krieg Landrat gewesen, während des Krieges »bei der Zivilverwaltung in Polen« eingesetzt gewesen.[553]

7   Landrat in Freudenstadt

Wahl zum Landrat in Freudenstadt

Am 6. April 1960 kündigte der Schwarzwälder Bote an »Am Dienstag Landratswahl«[554]. Der Einspalter, der auf die Sitzung des Kreistages am 12. April hinwies, wirkte eher bescheiden. Die Sitzung begann vormittags um 9:30 Uhr im Sitzungssaal des Rathauses in Freudenstadt, wobei zuerst Haushaltsangelegenheiten, Stellenplan sowie die Jahresrechnungen 1954 und 1955 auf der Tagesordnung standen, sowie u. a. die Wahl von Beisitzern für die Jagdbehörden. Die Wahl des Landrates war für die Nachmittagssitzung ab 14:00 Uhr vorgesehen.

Der Schwarzwälder Bote berichtete über die Wahl:

> »Die Spannung der letzten Wochen, die der Landratswahl vorausgegangen war, ist gewichen. In der geheimen Abstimmung des Kreistages am Dienstag erhielt Bürgermeister Helmut Weihenmaier aus Tübingen mit 18 Stimmen die absolute Mehrheit. Der 54-jährige Schwabe aus Neresheim wurde von Landrat Hesselbarth und den Kreisverordneten herzlich beglückwünscht.
>
> Landrat Hesselbarth gab seinem Nachfolger den Wunsch mit auf den Weg, dass es ihm gelingen möge, auch das Vertrauen derjenigen Kreisverordneten zu gewinnen, die ihm an diesem Tage noch nicht ihre Stimme gegeben haben. Der freudestrahlende, neue Landrat entgegnete zuversichtlich, es werde sein Bestreben sein, allen Mitgliedern des Kreistages Freudenstadt Freude zu machen.«[555]

Vier Kandidaten, welche man von insgesamt elf Bewerbern in die engere Wahl einbezogen hatte, stellten sich dem Kreistagsplenum vor: Oberregierungsrat Diez (»seit zehn Jahren Stellvertreter des Landrates«) aus Tuttlingen und Regierungsrat Dr. Haake (»von der Dienststelle des Regierungspräsidenten«) in Tübingen präsentierten sich im grauen Anzug, Landrat Schwenk (»seit zehn Jahren Landrat«)

in Münsingen und Bürgermeister Weihenmaier (»Bürgermeister in Tübingen«) trugen dunklen Anzug.

Jeder der Bewerber durfte sich zehn Minuten dem Wahlgremium präsentieren. Bürgermeister Weihenmaier und Landrat Schwenk hatten ihren beiden Mitbewerbern, so der *Schwarzwälder Bote*, etwas voraus: den schwäbischen Dialekt. Und vermutlich haben seine Kenntnisse im Bereich der Gewerbeförderung sowie des Fremdenverkehrs, auf welche Helmut Weihenmaier aus seiner Zeit beim Wirtschaftsministerium verweisen konnte, letztendlich den Ausschlag zur Wahl gegeben.

Helmut Weihenmaier war sicher ein fachlich qualifizierter und gleichermaßen fleißiger Bewerber um das Amt des Landrates, der es wohl auch verstand, durch verbindliches, sicheres und zugleich kultiviertes Auftreten zu überzeugen. Erwähnt wurde auch kurz die Familie des neuen Landrates, dessen Kinder damals um die zwanzig Jahre alt waren.

An sein voriges Leben in einem anderen System dachte damals – zumindest offiziell – niemand. Die einen ahnten nichts, und jene, die vielleicht etwas geahnt haben, schwiegen wohlweislich. Wer nicht ahnungslos war, war in vielen Fällen auch nicht schuldlos.

Wirken als Landrat in Freudenstadt

Landrat Helmut Weihenmaier hat sich im Landkreis Freudenstadt in der Zeit seines Wirkens erfolgreich für die Verkehrsentwicklung, die Entwicklung des Krankenhauswesens und des Bildungswesens eingesetzt.[556]

Auch dem Fremdenverkehr widmete er sich ganz besonders, ebenso dem Umweltschutz – als dies noch nicht alltägliches Handlungsprogramm war. Helmut Weihenmaier war mit einer der Väter der »Schliffkopfaktion«, einer der beispielhaftesten Landschafts-

7 Landrat in Freudenstadt

pflegemaßnahmen im Lande Baden-Württemberg. Bei Bürgern, Kommunalpolitikern und Mitarbeitern genoss er hohes Ansehen.

Neben seiner Tätigkeit als Landrat engagierte sich Helmut Weihenmaier im Verein Oberlinhaus in Freudenstadt. Das Oberlinhaus, gegründet 1946, stellt sich selbst wie folgt dar:

> »Das Haus trägt den Namen von Johann Friedrich Oberlin[557] (1740–1826). Er hat als Pfarrer, Erzieher und Sozialreformer Seelsorge, Bildung, Erziehung und Entwicklungshilfe miteinander verknüpft. Gemeinsam mit anderen Organisationen und der Öffentlichkeit arbeitet das Oberlinhaus an der Gestaltung einer gerechten und solidarischen Gesellschaft mit. [...] Das Oberlinhaus stellte sich immer neuen gesellschaftlichen Herausforderungen und Aufgaben und hat in den mehr als 70 Jahren seines Bestehens viele Veränderungen und Erweiterungen seiner Aufgaben erlebt.«[558]

Die umfassende Bildungseinrichtung kann auf ihr segensreiches Wirken stolz sein.

Helmut Weihenmaier engagierte sich während seiner Zeit in Freudenstadt aber auch im Evangelischen Erholungsheim, das 1899 eröffnet worden war. Es sollte, so seine Bestimmung, Menschen, die sich keine teuren Kuren leisten können, die Möglichkeit verschaffen, geistige, seelische und körperliche Erholung zu finden. Später fungierte das Erholungshaus unter dem Namen »Schwarzwaldpark« als Familien- und Ferienhotel, bevor es 2012 abgebrochen und das Gelände einer neuen Bestimmung zugeführt wurde. Zu den Aktivitäten des Hauses gehörte übrigens auch die regelmäßige Abhaltung von Gottesdiensten in der Palmenwald-Kapelle.

Helmut Weihenmaier war u. a. Mitglied im Aufsichtsrat des Kurhauses Palmenwald in Freudenstadt. Er engagierte sich aber auch in der Sophienpflege Tübingen und im Paul-Lechler-Krankenhaus Tübingen.

Ermittlungen in den 1960er-Jahren – und heute?

In den 1960er-Jahren wurde eine Ermittlung auch gegen Helmut Weihenmaier wegen seiner Tätigkeit als Kreishauptmann durchgeführt, allerdings auch wieder eingestellt. Auf die Akten hieraus wird des Öfteren Bezug genommen.

Wie das Verfahren nach dem gegenwärtigen Stand der Rechtsprechung ausgegangen wäre, lässt sich heute nicht sagen. Bemerkenswert ist jedoch vor allem der Wandel in der Rechtsprechung, der heute eingetreten ist. Verwiesen sei hier nur auf den Fall des ukrainischen SS-Angehörigen John Demjanjuk (Geburtsname Iwan Mykolajowytsch Demjanjuk, geboren am 3. April 1920 in Dubowi Macharynzi), durch den eine deutliche Wende in der Rechtsprechung eingetreten ist.

Tatsache ist, dass Helmut Weihenmaier wohl peinlich berührt war, als ihn die Erinnerungen oder gar Gespenster der Vergangenheit einholten. Über die Vernehmungen und Ermittlungen durfte selbst in seiner engsten Umgebung niemand etwas erfahren, worauf er nach nicht überprüfbaren, aber nachvollziehbaren und glaubwürdigen Aussagen von Zeitzeugen streng geachtet hat. Sehr nachdrücklich soll Landrat Weihenmaier darum gebeten haben, ihn keinesfalls im Landratsamt aufzusuchen.

Um nochmals auf Zeitzeugen zurückzukommen: Helmut Weihenmaier wurde zwar als Mann sehr guter, geradezu vorbildlicher Umgangsformen, auch den Mitarbeitern gegenüber, beschrieben. Jedoch soll er zeit- und teilweise, je nach Anlass oder den dabei herrschenden Umständen, in einen »militärischen Tonfall«, geradezu »schroff und gebieterisch« verfallen sein. So die Aussage eines früheren Mitarbeiters, der nicht genannt werden will.

Verabschiedung aus dem Amt

Am Donnerstag, 4. März 1971 wurde Helmut Weihenmaier durch den Tübinger Regierungspräsidenten Willi Karl Birn in den Ruhestand verabschiedet. Bürgermeister Gerhard Wolf von Freudenstadt (als stellvertretender Vorsitzender des Kreistages) begrüßte die Festversammlung zur außerordentlichen Kreistagssitzung im gut besetzten Kurtheater. Die Presse sah die außerordentlich große Beteiligung der Öffentlichkeit als Beweis für die Beliebtheit des Landrates Weihenmaier an, »dessen Namen im ganzen Kreis und darüber hinaus einen guten Klang hat.«[559] Der Autor des Presseberichts verhehlte nicht, dass er Helmut Weihenmaier recht wohlgesonnen war.

Regierungspräsident Willi Karl Birn hielt die Laudatio. Er erinnerte an die »glanzvollen Wahlen für Helmut Weihenmaier« und führte aus, ihn habe »große Natürlichkeit, Menschlichkeit und Hilfsbereitschaft gegenüber allen ohne Ansehen der Person ausgezeichnet.«[560] Seine Anstrengungen für den Kreis hätten stets den ganzen Mann gefordert, und er habe sich im Kreis Freudenstadt wahre Freunde erworben. Die Zurruhesetzung falle für den Landrat ungefähr zusammen mit seinem 40-jährigen Dienstjubiläum, weshalb ihm der Regierungspräsident die entsprechende Dankurkunde der Regierung überreichte. Wir erinnern uns: Helmut Weihenmaier war 1934 Beamter geworden. Unter Anrechnung des Vorbereitungsdienstes als Referendar kommen die vierzig Dienstjahre in etwa hin – wenn man seine Tätigkeit als Kreishauptmann als ganz normale und reguläre Dienstzeit rechnet, und die Zeit seiner ›Amtsunfähigkeit‹ bis 1948 vergisst. All dies war aber wohl kein ›Bonus Weihenmaier‹, sondern seinerzeit allgemein so üblich.

Der Regierungspräsident bemerkte, dass die bedeutenden Leistungen auf allen Gebieten der öffentlichen Verwaltung, welche Helmut Weihenmaier vollbracht habe, eigentlich eine besondere Auszeichnung gerechtfertigt hätten. Auf ausdrücklichen Wunsch von Helmut Weihenmaier sei jedoch von einer entsprechenden Initiative abgesehen worden. Helmut Weihenmaier habe einen Orden abgewehrt, den er mehr als verdient gehabt hätte. Er gehöre zu jenen Persönlichkeiten, die sich nicht künstlich profilieren müssten. Wer ein Gesicht hat, braucht kein Profil. Das Gesicht Helmut Weihenmaiers sei vor allem freundlich, menschlich und würdig.[561]

Die Kurkapelle umrahmte die Feier mit Werken von Hayden und Mozart, und als Geschenk des Landkreises erhielt der Freund klassischer Musik Helmut Weihenmaier eine Stereo-Anlage überreicht, nicht ohne herzliche und lobende Worte von Bürgermeister Gerhard Wolf.

Der Geehrte danke nicht weniger herzlich, und vergaß dabei auch nicht:

> »Auf manchen Umwegen, über viele württembergische Landratsämter, im Kriegseinsatz im Osten, nachher sieben Jahre Wirtschaftsverwaltung, fünf Jahre städtische Kommunalverwaltung bei der Stadt Tübingen, zog ich vor elf Jahren zum ersehnten und endgültigen Berufsziel als Landrat nach Freudenstadt.«[562]

»Im Kriegseinsatz im Osten«, unter dieser Redewendung verstand die große Mehrheit der Deutschen damals noch den tatsächlichen, militärischen Fronteinsatz unter all den furchtbaren Leiden und Belastungen, denen das ›ganz normale Frontschwein‹ ausgesetzt war. Für die meisten der noch lebenden Frontkämpfer aber wäre Helmut Weihenmaier ein ›Etappenschwein‹ gewesen, wenn nicht gar ein ›Drückeberger‹. So war es deshalb für ihn in jeder Beziehung besser, vom Kriegseinsatz zu reden.

Zumal damals noch in der deutschen Gesellschaft der unbezweifelbare Grundsatz galt, die Wehrmacht habe als kämpfende Truppe stets ehrenvoll gehandelt. Lediglich aus dem Reihen der Einsatzgruppen der SS seien die Verbrechen begangen worden. Es war die Zeit lange vor der Wehrmachtsausstellung (durch das Hamburger Institut für Zeitgeschichte ab 1995), welche von ›alten Soldaten‹ (und nicht nur ›alten Kämpfern der NS-Bewegung‹) als schmachvolle Beschmutzung der vermeintlich sauber gebliebenen Uniform der Wehrmacht empfunden wurde.

Der Gerechtigkeit halber: Es gab saubere Uniformen bei der Wehrmacht, aber nicht alle Uniformen waren sauber. Und auch nicht jeder von uns hat die Größe eines Claus Graf Schenck von Staufenberg oder eines Henning von Tresckow.

Nachrufe und persönliche Eindrücke

In der Presse wurde die Arbeit von Landrat Helmut Weihenmaier für den Landkreis Freudenstadt nach seinem Tode 1995 nochmals umfassend, ausgiebig und wohlwollend gewürdigt. Im Nachruf des Landkreises auf seinen früheren Landrat heißt es wörtlich:

> »Der Verstorbene hat mit Weitblick und unermüdlicher Tatkraft die Entwicklung des Landkreises Freudenstadt entscheidend geprägt. Mit seinem Gestaltungswillen und seiner Gestaltungskraft, seiner selbstlosen Hinwendung zu den ihm anvertrauten Menschen, seiner Toleranz und seiner Fähigkeit zum Ausgleich hat er sich über die Grenzen des Landkreises hinaus große Anerkennung und Zuneigung erworben. Seine Geradlinigkeit, seine aufrechte Gesinnung und seine stetige Hilfsbereitschaft werden in unserer dankbaren Erinnerung bleiben.«[563]

Die Kreissparkasse Freudenstadt, bei der Helmut Weihenmaier in seiner Eigenschaft als Landrat zugleich Vorsitzender des Verwaltungsrates war, würdigte ihn wie folgt:

> »Mit großem Sachverstand, gesundem Urteilsvermögen, Weitblick und unermüdlicher Tatkraft hat er in dieser Zeit sowohl zum wirtschaftlichen und sozialen Aufstieg des Landkreises Freudenstadt als auch zur erfolgreichen Entwicklung der Kreissparkasse Freudenstadt entscheidend beigetragen.«[564]

Die Redaktion des *Schwarzwälder Boten* würdigte Helmut Weihenmaier ebenfalls anerkennend:

> »Im April 1960 war Weihenmaier mit absoluter Mehrheit zum Landrat von Freudenstadt gewählt worden. In seinen rund elf Jahren als Landrat hatte Helmut Weihenmaier es verstanden, zu Bürgermeistern, Kreisräten und

Mitarbeitern im Landratsamt ein unbürokratisches, persönlich vertrauensvolles Verhältnis zu bekommen. Ihn zeichnete Natürlichkeit, Menschlichkeit, Humor, der Blick für das politisch Machbare und Hilfsbereitschaft aus. 1971 wurde Weihenmaier, der sich für den Landkreis hohe Verdienste erworben hat, in den Ruhestand verabschiedet. Dass Weihenmaier zahlreiche Ehrenämter inne hatte, die er auch im Ruhestand noch wahrnahm, versteht sich fast schon von selbst.«[565]

Wer ein Gesicht hat, braucht kein Profil ist der Nachruf für Helmut Weihenmaier im Kreisjahrbuch 1995/96 überschrieben, den ihm sein Nachfolger, der spätere Landrat Gerhard Mauer widmete.[566] Der Artikel ist mit einem Bild versehen, das Helmut Weihenmaier gemeinsam mit Albert Schweitzer zeigt.

Knapp fasste man Helmut Weihenmaiers Lebenslauf in einem Nachruf 1995 zusammen:

»Der in Freudenstadt noch heute (1995) gut bekannte Kommunalpolitiker war am 28. November 1905 in Neresheim im Ostalbkreis geboren worden. Er wuchs in Nürtingen als Sohn eines Oberamtmannes auf, studierte Rechtswissenschaften. Nach kurzer Tätigkeit als Rechtsanwalt trat er 1934 als Regierungsassessor im Oberamt Urach in den höheren Verwaltungsdienst ein. In den folgenden Jahren war Helmut Weihenmaier Stellvertreter des Landrates oder des Amtsverwesers in den Landratsämtern Urach, Reutlingen, Crailsheim und Esslingen. Einem mehrjährigen Kriegseinsatz im Osten [...] folgte dann, mit kurzer Unterbrechung, wieder eine geregelte Laufbahn.«[567]

In zahlreichen und manchmal recht intensiven Gesprächen des Autors mit ungenannt bleibend wollenden Zeitzeugen wurde der frühere Freudenstädter Landrat Helmut Weihenmaier einhellig und ausnahmslos als gütiger, ausgleichender, wohlwollender, ja väterlicher Mensch beschrieben, dem das Wohlergehen seiner Mitmenschen besonders ernsthaft am Herzen lag.

Angedeutet wurde dabei – wenn auch äußerst zurückhaltend – nicht nur von einem der Gesprächspartner, dass es wohl zum Ende seiner Amtszeit ein Ermittlungsverfahren gegen Helmut Weihenmaier »wegen seiner Tätigkeit im Osten während des Krieges« gegeben habe. Diese Angelegenheit habe Helmut Weihenmaier wohl sehr betroffen und belastet. Vernehmungen im Landratsamt habe

Helmut Weihenmaier »streng geheim« gehalten, wobei er nach bisherigen Erkenntnissen stets als Zeuge und nie als Beschuldigter vernommen worden ist. Auf jeden Fall habe er sicherstellen wollen, dass in seinem Amt möglichst niemand hiervon etwas erfahren solle. Helmut Weihenmaier war wohl stets sehr darum bemüht gewesen, von den Schatten der Vergangenheit nicht in der Öffentlichkeit eingeholt zu werden. Deshalb könnte es durchaus auch sein, dass Helmut Weihenmaier, der seine Arbeit im Landkreis Freudenstadt nach einhelliger Schilderung – und es fand sich wirklich niemand, der dies auch nur im Geringsten in Zweifel zog – sicher geliebt hat, sein Amt früher als zwingend notwendig quittiert hat, um sich aus der möglichen ›Schusslinie‹ der breiten Öffentlichkeit zurückzuziehen.

Es darf ihm wohlwollend unterstellt werden, dass er damit vor allem dem Landkreis – welchen er stets als ›seinen Landkreis‹ betrachtet hat – und seiner Familie einen Dienst erweisen wollte, um damit diesen die offensichtliche Begegnung mit den Belastungen der Vergangenheit zu ersparen. Auch die Ablehnung einer Auszeichnung, eines Ordens – sie fielen damals auf höhere Beamtenränge sehr reichlich und regelmäßig, so wie auch heute meist auf bestimmte, gerade ›hippe‹ Gruppen – hängt wohl mit den Erfahrungen und Erlebnissen seines ganzen Lebensweges zusammen.

»Landrat Weihenmaier scheidet auf eigenen Wunsch und mit Rücksicht auf seinen Gesundheitszustand altershalber aus seinem Amt, obwohl ihm angetragen worden war, noch Landrat bis Ende 1972 zu bleiben, bis zu dem Augenblick, wo im Großkreis Freudenstadt ein neuer Landrat gewählt werden kann,« berichtete anlässlich seiner Verabschiedung im Jahre 1971 der *Schwarzwälder Bote*.[568]

Als Parallele für die Zeit Helmut Weihenmaiers in Zamosc sei vielleicht die Frage erlaubt, wie es Kurt Gerstein und seinem Gewissen ergangen ist, jenem SS-Hygieniker, der das Giftgas für die Vernichtungslager lieferte – und zugleich den Vatikan und die Westalliierten über die ungeheuerlichen Morde informiert hat. Ob sich Kurt Gerstein und Helmut Weihenmaier in Zamosc, Tomaszów oder Belzec persönlich begegnet sind? Auch diese Frage werden wir vielleicht nie beantworten können, genauso wenig wie jene Frage, wie wohl der

Inhalt des Gesprächs einer solchen Begegnung ausgesehen haben könnte. Immerhin: Gerstein hat noch während des Krieges gehandelt. Helmut Weihenmaier nicht.

Helmut Weihenmaier muss unmittelbar erlebt haben, wie Menschen aus seinem Amtsbereich kaltblütig der unmenschlichen Gewalt der mörderischen Vernichtungslager ausgeliefert worden sind. Er musste und konnte sehen, hören und riechen, was um ihn herum vorging. Und nicht nur in Belzec. In seinem ganzen Amtsbezirk und direkt vor seiner Haustür in Zamosc. »Frank konnte es nicht nur riechen, er wusste Bescheid«,[569] sagte der NS-Propagandist Hans Fritzsche aus dem Ministerium für Volksaufklärung und Propaganda des Joseph Goebbels nach dem Krieg über Hans Frank. Dieser Satz muss wohl auch uneingeschränkt für den Kreishauptmann von Zamosc gelten, den Vorgesetzten des Landkommissariats in Tomaszów-Lubelski, vor dessen Haustür das Grauen des Vernichtungslagers Belzec alltäglich von vielen tausend Menschen, Männern und Frauen, Kindern und Greisen erlitten worden ist.

8 Weitere Nachkriegskarrieren und Verbindungen nach dem Krieg

In den 1950er-Jahren entstand in der Bundesrepublik ein »Freundeskreis der ehemaligen GG-Beamten«.[570] *Spiritus Rector* war Ludwig Losacker,[571] damals Hauptgeschäftsführer des Arbeitgeberverbandes der chemischen Industrie – der es zuvor vom Kreishauptmann von Jasło bis zum Präsidenten des Hauptamtes Innere Verwaltung der Regierung des Generalgouvernements gebracht hatte. Bei der SS bekleidete Losacker ab 1942 den Rang eines Obersturmbannführers.

Dieser Freundeskreis soll eine freiwillige und lose Vereinigung ohne feste Organisationsstrukturen gewesen sein. Ihm gehörten ehemalige GG-Beamte an, die in den 1950er-Jahren »wieder Karriere machten«. Dabei traf man sich gelegentlich, um zu feiern und sich an gute alte GG-Zeiten zu erinnern. Man feierte sich sogar gegenseitig als Gegner der SS – obwohl gerade der Antisemit Losacker doch dort begeistert mit dabei gewesen sein soll. Losacker stammte aus Mannheim und starb 1994 in Heidelberg. Die Entnazifizierung hatte bald nach dem Krieg, wie auch der Fall Wendler zeigte, ihre Schrecken verloren, ja man kann sie eigentlich als gescheitert betrachten.[572]

Jedenfalls hielten nach dem Kriege die alten NS-Eliten in Deutschland geradezu eisern zusammen. Anne W***n, die Ex-Sekretärin von Ex-Kreishauptmann Weihenmaier, schaffte es 1960 ins Vorzimmer von Hans Karl Filbinger.[573] Hans Karl Filbinger, Ministerpräsident von Baden-Württemberg von 1966 bis 1978, war als Marinerichter während der NS-Zeit an vier Todesurteilen beteiligt.[574]

Ob Helmut Weihenmaier wohl den Ministerialrat Paul Werner im baden-württembergischen Innenministerium gekannt hat? Der ehe-

8 Weitere Nachkriegskarrieren und Verbindungen nach dem Krieg

malige Oberst der Kriminalpolizei und SS-Oberführer war im Innenministerium für Verfassungsfragen zuständig.[575] Er wollte sogar Direktor des BKA werden. Sein Minister, Fritz Ulrich (SPD), empfahl ihn wohlwollendst an seinen Kollegen auf Bundesebene, Gerhard Schröder (CDU): »Politische Bedenken gegen die Verwendung des Regierungsdirektors Werner dürften nicht bestehen. Sein Verhalten in den Jahren 1933–1945 war durchaus einwandfrei.«

Paul Werner war ja nur im Reichskriminalpolizeiamt als Stellvertreter von Artur Nebe beschäftigt gewesen. Dort war er einer der Urheber der Dekrete gegen Sinti und Roma, Verbindungsmann zum »Euthanasieprogramm«, Leiter eines »Vergasungsversuches« – und hat höchstwahrscheinlich die Leiter der Vernichtungslager Belzec, Sobibor und Treblinka in ihre ›Pflichten‹ eingewiesen. Werner, geboren 1900 in Appenweier im Ortenaukreis, starb 1970. Gegen ihn wurde nie Anklage erhoben. In einem Ermittlungsverfahren räumte Werner 1961 ein: »Selbstverständlich habe ich von den Einsatzkommandos im Osten gewusst und z. B. von Auschwitz.«[576]

Und letztendlich sollte auch nicht vergessen werden: Unverbesserliche alte Nazis versuchten Anfang der 1950er-Jahre im Zuge der Naumann-Affäre von Nordrhein-Westfalen aus die FDP bundesweit zu unterwandern, was sogar die britischen Besatzungsbehörden veranlasste, sich auf ihre Vorbehaltsrechte zu berufen und einzugreifen.[577] Innerparteilich scheiterten diese vermeintlichen Liberalen jedoch am *Liberalen Manifest* der Landesverbände Hamburg, Bremen und Baden-Württemberg, das beim Bundesparteitag der FDP im November 1952 in Bad Ems verabschiedet worden war.

Beispielhaft für die unzähligen, meist doch sehr unproblematisch erfolgreichen Nachkriegskarrieren sei hier auf zwei Juristenkollegen eingegangen, die trotz deutlicher Belastung ihre Karrieren nahezu ungebrochen fortsetzen konnten. Helmut Weihenmaiers Lebensweg war also gerade kein Sonderfall, sondern viele eher sogar die Regel. Ein Zustand, vor dem lange die Augen geschlossen worden sind – nicht nur, um zu verdrängen, sondern wohl auch, um nicht anzuecken... Immerhin waren die Netzwerke noch bis in die 1970er-Jahre aktiv.

8 Weitere Nachkriegskarrieren und Verbindungen nach dem Krieg

Dr. Bernhard Lösener

Im Zentrum der Macht im Reichsministerium des Inneren wirkte Dr. Bernhard Lösener (1890–1952),[578] wo er zumindest eine der wichtigsten und bedeutungsvollsten Stützen des nahezu allmächtigen, aber auch geschmeidigen und wendigen Staatssekretärs Dr. Wilhelm Stuckart (1902–1953) war, der zum 11. März 1934 als Leiter der Verfassungsabteilung ins Reichsministerium des Inneren eingetreten war.[579] Über Stuckart sei nur kurz und knapp aus dem gegen ihn ergangenen Urteil im Wilhelmsstraßen-Prozess zitiert:

»Aus dem Beweismaterial geht unzweifelhaft hervor, dass Stuckart ein erbitterter Feind der Juden war und während seiner Amtstätigkeit vor und während des Krieges seine Stellung dazu benutzt hat, seine Gedanken in die Tat umzusetzen.«[580]

Seit April 1933 im Ministerium tätig, 1933 zum Oberregierungsrat befördert, im August 1935 zum Ministerialrat, bekleidete Lösener das Amt des »Rassereferenten«.[581]

Wie wir noch sehen werden, war Lösener massiv an der Rassengesetzgebung des Dritten Reiches beteiligt. Er war auch Mitautor eines Kommentars zu den Nürnberger Rassegesetzen,[582] der es auf insgesamt fünf Auflagen (die letzte 1942) brachte.[583] Bereits im Jahr 1930 war Bernhard Lösener der NSDAP beigetreten.

Dr. Herbert Schneider, Rechtsanwalt in Karlsruhe, von dem später noch die Rede sein wird, später zumindest in wissenschaftlichem Austausch[584] – mit keinem geringeren als dem bereits genannten Staatssekretär Dr. Wilhelm Stuckart: »Honi soit qui mal y pense!«[585]

Lösener sah sich und sein Wirken rückblickend selbst so:

»Bei vielen Vorkommnissen, Sitzungen und Auseinandersetzungen bin ich wohl überhaupt der einzige Teilnehmer gewesen, der mit dem Herzen auf der anderen Seite stand. […] Für jemanden, der nicht in der Partei gewesen ist, ist es nur schwer vorstellbar, welche Qual die durch Täuschung herbeigeführte Mitgliedschaft für anständige Menschen bedeutete. Ablegen konnte man sie als Beamter nicht mehr, ohne sich und seine Familie einer persönlichen Katastrophe auszusetzen, und so habe ich seit Herbst 1933 bis zu meinem Ausschluss aus der Partei unter dem Gefühl einer zusätzlichen Schmach gelitten. [...] Meine persönlichen und politischen Freunde sowie Ratsuchende aus allen Kreisen der Betroffenen haben mir oft und oft, wenn mir der Ekel bis zum Halse steht, zu geredet dort zu bleiben. Seit 1936, als ich mich den Kreisen um Goerdeler, und zwar dem Kreis von Dr. Gisevius, angeschlossen hatte, kamen noch rein politische Motive anderer Art dazu.«[586]

Für Sonntag, den 15. September 1935, den Tag, der den Reichsparteitag abschließen sollte, berief Hitler den Reichstag nach Nürnberg ein. Dort war unter anderem beabsichtigt, das Reichsflaggengesetz zu beschließen.[587] In den Reichsministerien war, wegen der Präsenz vieler Führungskräfte beim Reichsparteitag, ruhigerer Dienstbetrieb eingetreten. Dr. Bernhard Lösener traf sich deshalb am Freitag, dem 13. September 1935 mit Kollegen zu einem Dämmerschuppen, auch um seine vor 14 Tagen erfolgte Ernennung zum Ministerialrat zu feiern. Von dort aus wurde man überstürzt nach Nürnberg befohlen.

Am Samstag in der »Stadt der Reichsparteitage« angekommen, war ihm und seinen Kollegen schon in Berlin eröffnet worden, der Führer habe den Auftrag gegeben »sofort ein Judengesetz zu entwerfen, dass am nächsten Tag zur Auffüllung des Programms vom Reichstag beschlossen werden sollte, da ihm, Hitler, das Flaggengesetz allein zu mager im Verhältnis zu dem großartigen Aufwand eines Nürnberger Reichsparteitags erscheine.« Er berichtete weiter: »Die Herren, die durch fünf Tage des Parteitagstreibens schon etwas erschöpft waren, hatten einige schriftliche Entwürfe gemacht, die ihnen aber nicht zusagten.«

Nachdem – durchaus unter schwierigen, jedoch auch ziemlich lockeren Verhältnissen – mehrere Entwürfe geschaffen worden waren (Lösener betonte stets, sich für die am wenigsten aussagekräftige und praktisch wirkungsloseste Version eingesetzt zu haben) und Hitler seine (vom Reichstag, den »Statisten in Uniform«)[588] später abgenickte Auswahl getroffen hatte, ging Lösener daran, die offizielle Pressenotiz »im Frühschoppenlärm und Getümmel der engen Schankstube des Hotels« fertigzustellen:

»Ich versuchte, Pressenotizen zu entwerfen, schrieb sie auf alte Speisekarten, da – am Sonntag – kein anderes Papier zu beschaffen war, diktierte dem Hotelboten in die Schreibmaschine, da eine andere Schreibkraft nicht aufzutreiben war und die Zeit drängte.«[589]

Lösener behauptete später, sein Bemühen sei gewesen, die Geltung dieses Gesetzes ausschließlich auf Volljuden zu beschränken. Das Dritte Reich in seiner detailverliebten Perfektion der Menschenverachtung unterschied ja bekanntlich zwischen Juden, Halbjuden und Vierteljuden. Er beabsichtigte mit seiner Version der Darstellung geradezu die Quadratur des Kreises: ein Gegner der Judengesetzgebung, der sich gezwungenermaßen als Gesetzesautor zur Verfügung stellen musste, und dabei aus innerem Antrieb noch versuchte zu retten, was irgendwie zu retten war. Bemerkenswert ist, dass diese Gesetze bereits am nächsten Tag, dem 16. September 1935 in der Nr. 100 des Reichsgesetzblattes, I. Teil 1935 bekannt gemacht wurden. Ein Indiz, welches zumindest den Verdacht nahelegt: Das war also alles von längerer Hand geplant.

Tatsächlich hatte Stuckart mit seinen Mitarbeitern und Vertretern der Parteiorganisation der NSDAP bereits kurze Zeit nach seinem Wechsel (März 1934) ins Reichsministerium des Inneren verschiedene Entwürfe für die Nürnberger Gesetze, welche bekanntlich Kern und Grundlage der nationalsozialistischen Rassegesetzgebung waren, zu erarbeiten begonnen.[590] Die damalige Literatur wertete und feierte diese Gesetze als »Grundgesetze des nationalsozialistischen Staates«, eine Rechtsauffassung, der selbst das Reichsgericht, Großer Senat in Strafsachen in seinem Beschluss vom 13. Februar 1938, beitrat.[591]

Die Darstellung Löseners, die Erarbeitung der Gesetze sei sehr kurzfristig und erfolgt, erscheint unglaubwürdig. Es ist sicherlich richtig, dass das Trio Stuckart, Lösener und Globke nach dem Krieg engagiert bestrebt war, die Entstehungsgeschichte der Gesetze zu verschleiern oder zu vertuschen und diese als plötzliche Forderung der Partei und Hitlers, aufgetaucht anlässlich des Reichsparteitages in Nürnberg, darzustellen. Dabei muss durchaus auch mit Interesse beobachtet werden, dass der posthume Herausgeber der Erinnerungsschrift Löseners kein geringerer war als der langjährige Staatssekretär im Bundesjustizministerium Walter Strauß. Nun müsste man auf den ersten Blick sicherlich davon ausgehen, dass der getaufte, im Sinne des NS-Unrechts rein jüdische – und tatsächlich auch verfolgte! – Staatssekretär keinerlei Veranlassung gehabt haben wird, die Verursacher jener diskriminierenden Rassegesetze zu verteidigen, welche ihn seiner beruflichen Fortentwicklung beraubten und die Ursache für die Verschleppung seiner Eltern nach Theresienstadt waren, wo sein Vater 1944 verstarb, und an deren Folgen seine Mutter 1945 erlag.[592]

Aber der spätere Chef des Bundeskanzleramtes Globke war wohl der direkte Ansprechpartner von Strauß im Reichsministerium des Inneren, als Strauß in der Auswandererhilfe tätig war. Und Globke könnte derjenige gewesen sein, der Strauß selbst möglichweise vor Verfolgung und Deportation bewahrte und ihm so das Leben rettete.[593]

Später, nach dem Ende des »tausendjährigen Reiches«, das in Wirklichkeit auf genau einen Wirkungszeitraum von einem Dutzend Jahren beschränkt war, zog sich Bernhard Lösener wiederum ideenreich und wortgewandt aus der Affäre. Da war es jetzt auch passend, im November 1944 verhaftet und im Januar 1945 noch aus der Partei ausgestoßen worden zu sein. So, wie er sich unter den Nazis vom Vorwurf der Freimaurerei im wahrsten Sinne des Wortes ›freigesprochen‹ hatte, so schaffte er sich jetzt Distanz zu den Nürnberger Gesetzen: Er habe sich später selbst – in Eigeninitiative – aus dem Reichsministerium des Inneren wegbemüht.

Der zumindest janusköpfige Bernhard Lösener, einer der Männer, die immer zwei Gesichter haben, hat sich stets um einen systemangepassten, guten Ruf – um eine ›weiße Weste‹ bemüht. Die Vita des stets erfolgreichen Saubermannes Lösener aber wies zu alten Zeiten zumindest Schatten auf, welche er zu kaschieren peinlichst bemüht war.

Prof. Dr. Herbert Schneider

In seinem Lebenslauf von 1946 gab der Rechtsanwalt Herbert Schneider an, der am 26. September 1902 in Karlsruhe geborene Sohn des Rechtsanwaltes Dr. Ludwig Schneider und seiner Ehefrau Elly geborene Oncken zu sein.[594] Der Karlsruhe Stadtverordnete Dr. Ludwig Schneider gehörte nicht nur der Nationalliberalen Partei an – sondern war in den Jahren 1903 bis 1908 auch Mitglied des badischen Landtages – als gewählter Abgeordneter der II. Kammer, gewählt für den Wahlkreis Lahr.[595]

Herbert Schneider war übrigens bereits vor der Machtergreifung beim völkischen Tannenberg-Bund aktiv: Er sprach u. a. am 23. Oktober 1932 für den Tannenbergbund in Stuttgart zum Thema »Die Kriegspolitik des Papstes«[596]. Sofern es nicht noch einen anderen Rechtsanwalt Herbert Schneider in Karlsruhe gegeben haben sollte.

Bei Angermund[597] stieß der Autor auf den Hinweis auf einen Karlsruher Rechtsanwalt Herbert Schneider. Angermund verweist auf die juristische Wochenschrift, in der sich ein Aufsatz eines Rechtsanwalts Herbert Schneider aus Karlsruhe befindet. Der Hinweis von Angermund war der Anlass, sich intensiver mit möglichen juristischen Publikationen von Rechtsanwalt Herbert Schneider aus Karlsruhe auseinanderzusetzen.[598] Die Recherchen brachten bemerkenswerte Publikationen ans Tageslicht:

Die Anfechtung der Ehe wegen Irrtums über die Bedeutung der Rasse (1934): Herbert Schneider wollte die 6-monatige Frist, welche das damalige Eherecht bot, um eine Ehe wegen Irrtums anzufechten, ausweiten – oder besser gesagt umgehen. Man konnte hiernach als »Arier« seine Ehe mit dem jüdischen Ehegatten wegen Irrtums über eine wesentliche persönliche Eigenschaft anfechten. Da man die volle Bedeutung der »Rassefrage« erst nach der Machtergreifung der Nationalsozialisten 1933 habe erkennen können, beginne eine angemessene Zeit der Anfechtung erst mit diesem Ereignis.[599]

Eheanfechtung und Neugestaltung des Eherechts (1936) ist schon nicht mehr in der juristischen Wochenschrift, sondern in *Deutsches Recht,* dem *Zentralorgan des nationalsozialistischen Deutschen Rechtswahrerbundes* enthalten.[600]

Die Kriegsmaßnahmenverordnung (1943) ist wiederum der Titel eines Aufsatzes aus der Feder von Rechtsanwalt Herbert Schneider: »Angesichts des Totaleinsatzes im Dienste der Kriegsführung lag auf der Hand, dass auch die Rechtspflege würde weitere Einschränkungen erfahren müssen.«[601]

In *Die nachträgliche Begründung der Berufung* (1944) befasste sich Schneider intensiv mit verfahrensbeschleunigenden Regelungen des Zivilprozesses im Rahmen der »kriegsbedingten Vereinfachungsregelungen«.[602]

In seiner Besprechung zur Ausgabe Archiv der Internationalen Rechtskammer 1942 (1944), würdigt der Rechtsanwalt Herbert Schneider insbesondere die Arbeit von Staatssekretär Dr. Stuckart »über die internationale Zusammenarbeit auf dem Gebiet der Verwaltung« positiv.[603] Herbert Schneider war also im Dritten Reich wissenschaftlich sehr aktiv und auch erfolgreich, während er als Rechtsanwalt von 1928 bis 1945 beim OLG Karlsruhe zugelassen war. Im Adressbuch von Karlsruhe 1951 ist er wieder im Verzeichnis der beim BGH zugelassenen Rechtsanwälte enthalten.[604]

In seinem 1946 verfassten Lebenslauf erwähnt Herbert Schneider seine Tätigkeit als Fakultätsassistent bei Prof. Dr. Freiherr von Schwerin 1925 bis 1930 sowie seine Mitarbeit in der Kanzlei des Freiburger Rechtsanwaltes Dr. Moritz Sinauer – der unter den Nationalsozialisten als Jude galt. Seine Tochter Erika, ebenfalls eine herausragende Juristin, kam im Holocaust um.

Die im Verlag C.H. Beck in München erscheinende *Neue juristische Wochenschrift* erscheint gegenwärtig mit einer Auflage von über 30.0000 Exemplaren. Sie ist – eigentlich bereits seit ihrer Gründung 1947 – das Fachorgan für alle, welche sich mit aktuellen Rechtsproblemen auseinandersetzen. Dem Rechtsanwalt am BGH Prof. Dr. Herbert Schneider widmete sein Kollege, Professor Dr. Rudolf Nirk, ebenfalls Rechtsanwalt am BGH, anlässlich seines Todes im Jahre 1981 in der NJW einen kollegialen Nachruf:

»Am 14.5.1981 verstarb Rechtsanwalt beim BGH, Professor Dr. Herbert Schneider nach kurzer Krankheit im 79. Lebensjahr. Wir Kollegen haben Herbert Schneider stets als Vorbild empfunden und seine tiefe Verbundenheit mit dem Recht hochgeachtet. 15 Jahre war er Vizepräsident unserer Kammer. Seine selbstverständliche Hilfsbereitschaft machte ihn zu unserem Freund.« So die Eröffnung des Nachrufes, der mit den Worten schließt: »Professor Dr. h.c. Herbert Schneider hat still und selbstlos gewirkt und war von tiefer, menschlicher Güte geprägt. Eine starke und liebenswerte Persönlichkeit; ein aufrechter Mann! Das Schicksal unseres Vaterlandes und unserer Heimat war ihm eine ständige und große Sorge. Er bleibt uns unvergessen.«[605]

Zutreffend wird erwähnt, dass Herbert Schneider als Referendar, Assessor und Rechtsanwalt die wechselvolle Rechtsgeschichte eines halben Jahrhunderts miterlebt habe. Erwähnt wird ferner sein Wirken als Fakultätsassistent bei Prof. Dr. Freiherr von Schwerin ab 1925 an der Universität Freiburg, seine Zugehörigkeit zur Prüfungskommission für das Referendarexamen ab 1937 in Karlsruhe und seit 1939 beim Reichsjustizprüfungsamt in Berlin, seine Anwaltstätigkeit von 1928 bis 1945 beim OLG Karlsruhe sowie seine Zulassung als einer der ersten Rechtsanwälte beim BGH.

Die seine durchaus herausragenden juristischen Leistungen nach dem Krieg umfassend anerkennende Würdigung ist, so darf man sicher sagen, von zuneigungsvollem Respekt getragen. Über seine oben genannten juristischen und allgemeinen Veröffentlichungen während der Zeit des Dritten Reiches ist hingegen weder etwas erwähnt, noch etwas angedeutet. Das damalige Schweigen war aber für jene Zeit symptomatisch.

Globke, Gehlen und Co.

Hans Josef Maria Globke (1898–1973, Mitautor der Nürnberger Rassegesetze und später Chef des Bundeskanzleramtes), Reinhard Gehlen (1902–1979, als Generalmajor Leiter der Abteilung »Fremde Heere

Ost« im Oberkommando der Wehrmacht und später erster Chef des Bundesnachrichtendienstes), Richard Wendler (1898–1972, Gouverneur und später Rechtsanwalt) lassen genauso grüßen wie Otto Paland (1877–1951, Präsident des Reichsjustizprüfungsamtes und zeitweise Namensgeber des bekanntesten BGB-Kommentars – heute Grüneberg) und Hans Gmelin (1911–1991, Gesandtschaftsrat in der Slowakei, SA-Mitglied, später OB in Tübingen, zeitweise Helmut Weihenmaiers Vorgesetzter) fanden wiederum ihren Weg in passende Positionen des öffentlichen Dienstes oder der Rechtspflege. Und so wurde bei zahlreichen Karrieren über ›dunkle Flecken‹ in der Vergangenheit gnädig hinweggesehen. Der erfolgreiche Wiederaufbau forderte wohl auch die Hintanstellung ›moralischer Bedenken‹: Fachleute waren in einer – ohnehin vom Mangel geprägten Zeit – eben ganz seltene Mangelware.

Und so wurde Schweigen und Vertuschen als Wohltat für die Allgemeinheit betrachtet. Nicht nur auf der Ebene der Landräte und Oberbürgermeister – sondern auch auf der Alltagsebene des ›kleinen Mannes‹. Fragen, so erinnert sich der Autor auch an die Situation in seiner Heimatstadt oder bezüglich der Nachbarschaft, war in den allermeisten Fällen höchst unerwünscht. Bestenfalls wurde dies als jugendliche Nestbeschmutzung aus Unwissenheit betrachtet.

9 Schlusswort

Manches blieb unbekannt, manches war ungeahnt, manches völlig unerwartet, manches bleibt unentdeckt unausgesprochen. Das Elend und Leiden der Opfer lässt sich nicht zwischen zwei Buchdeckeln vermitteln – höchstens erahnen. Der Beitrag soll nicht mehr und nicht weniger als dazu anstoßen, zu bedenken, zu erwägen und in die Tat umzusetzen, was notwendig ist, um Frieden und Versöhnung zu schaffen, Freundschaft zu festigen, Verständnis zu wecken. Es ist und bleibt dies eine ständige Herausforderung und Aufgabe, die weder leicht noch unkritisch ist. Die Geschichte wird über das Geschehene, auch über diesen Beitrag, dereinst urteilen, wenn die Zeit reif dafür ist. Wo es der Autor für angebracht hielt, zu schweigen (weil zur gewissenhaften und möglichst objektiven Darstellung wesentliche Fakten nicht erreichbar waren), hat er dies getan, jedoch ohne für ihn erreichbare oder vorhandene Tatsachen oder Fakten zu unterschlagen.

Nicht nachvollziehbar für den Autor ist, dass Helmut Weihenmaier, über dessen Handeln und Auftreten in Freudenstadt nur Positives berichtet wird, in die unerklärlichen Abgründe der Unmenschlichkeit im Generalgouvernement verwickelt war. Er war nicht Opfer, er war nicht Zuschauer – er war ein verantwortlich mithandelnder Täter.

Helmut Weihenmaier hat zweifelsohne Judenkontributionen eingetrieben. Dass er sich persönlich bereichert hat, erscheint bisher eher unwahrscheinlich. Er hat, nach bisherigen Erkenntnissen, weder persönlich misshandelt noch persönlich gemordet. Er hat allerdings Menschen in Lager einweisen lassen, in denen andere mit grausamer Konsequenz diese Abscheulichkeiten für das System vollbracht haben: zu quälen, zu morden. Er hat dem Unrechtssystem des Völkermords gedient. Nach bisherigem Kenntnisstand: höchst zuverlässig. Und er hat, wo ihm diese Aufgabe oder die Situation zu unangenehm erschienen ist, ›Entlastungshandlungen‹ zumindest durch Verbote oder Aufgabenabwälzung an andere getroffen. Helmut Weihenmaier wusste, was in Polen geschah.

Für uns alle gilt der Satz der bekannten und allgemein geschätzten Autorin Marion Gräfin Dönhoff: »Es ist Zeit, dass Deutsche und Polen sich den Aufgaben der Zukunft Europas zuwenden.«[606] Und der Autor will dem hinzufügen: dass Polen und Deutsche dies gemeinsam und im Geiste brüderlicher Einheit tun. Die Geschichte zeigt, wie dicht das Schicksal beider Völker miteinander verwoben ist: Suche nach Gemeinsamkeiten und Respekt zwischen den Völkern kann es nie genug geben.

Beratend und ohne Vergütung hat mir mein Freund Maximilian Louis Lichtenberg (Lahr) über viele Jahre als Gesprächs- und Diskussionspartner, auch bei ersten Korrekturen, zur Seite gestanden – so wie es seine Zeit neben Studium und Beruf erlaubt hat. Aufrichtigen und herzlichen Dank dafür! Nicht vergessen will ich meine historisch interessierten Freunde in Stadt und Landkreis Freudenstadt, aber auch in Bayreuth, Birmingham, Canberra, Edinburgh, Frankfurt, London, Munster (Elsass), in der Ortenau, Paris und Wien, die mich immer wieder ermutigt haben, nicht nachzulassen und weiter zu recherchieren.

Ohne die nachhaltige Unterstützung des Landratsamtes Freudenstadt – nicht nur der beiden Landräte Peter Dombrowsky und Dr. Klaus Michael Rückert – hätte diese Arbeit nie entstehen können. Ein aufrichtiges Dankeschön gilt auch dem Lektorat des Kohlhammer Verlags, das den Text mit größter Aufmerksamkeit und Sorgfalt lektoriert und ganz im inhaltlichen Sinne des Verfassers Unebenheiten geglättet hat. Und nicht zuletzt gilt der herzlichste Dank meiner Familie, die in nicht wenigen Fällen meiner ›Schreibsucht‹ wegen auf mich verzichten musste.

Das Manuskript ist in der Zeitspanne von fast zwei Jahrzehnten Arbeit – neben meiner beruflichen Tätigkeit auch als selbständiger Rechtsanwalt – entstanden. Ich bitte also um Nachsicht, wenn nicht alles so ist, wie wir uns dies als Leser und kritische Betrachter wünschen würden. Dieser Text hat mir manche, schlaflose Nacht

9 Schlusswort

bereitet, weil sich Dimensionen eröffnet haben, die einfach unfassbar sind: Schicksale und Leid sind mehr als Daten und Fakten.

Was mir für immer unvergesslich bleiben wird, ist die Überzeugung, dass nur Verständigung, Freundschaft und Frieden das Überleben der Menschheit ermöglichen können.

Anhang: Aus den Erinnerungen des Dr. Klukowski

Der Arzt und Direktor des polnischen Krankenhauses von Szczbrzeszyn im Kreis Zamosc, das unweit von Tomaszów-Lubelski liegt, Dr. Zygmunt Klukowski (1885–1959), ist ein bedeutender Chronist der Regionalgeschichte von Zamosc, ganz besonders unter deutscher Besatzung. Er hat seine Eindrücke, Wahrnehmungen und Erlebnisse dokumentarisch umfangreich und detailliert in seinem Tagebuch festgehalten. Seine Aufzeichnungen konnte er vor den deutschen Besatzern verstecken und damit für die Nachwelt bewahren. Einige prägnante Auszüge aus seinen Erinnerungen seien hier wiedergegeben, um eindringliche Schlaglichter auf das Leben in der Region zu werfen, in der Helmut Weihenmaier tätig war.

Die Auswahl ist durchaus subjektiv, soll jedoch einen allgemeinen Eindruck der im Kreis Zamosc herrschenden Verhältnisse bieten. Besonders bedrückend sind seine zahlreichen Berichte über willkürliche Verhaftungen sowie rechtwidrige Misshandlungen und Erschießungen. Für die polnische Bevölkerung, darunter insbesondere die Juden und die heimatbewussten, vaterlandstreuen Polen, war die Zeit der deutschen Besatzung eine Zeit unermesslichen Leids, das sich kaum in Worte fassen lässt. Nicht nur willkürliche Verhaftungen, Deportationen und Heimatvertreibungen fanden alltäglich statt, es wurden sogar ganze Siedlungen und Dörfer einfach niedergebrannt.

28. August 1939
Schon seit Tagen erfolgen Einberufungen militärdienstpflichtiger Männer, Dr. Klukowski ist hin- und hergerissen zwischen ärztlicher und vaterländischer Pflicht. Trotzdem nahm er an den Feierlichkeiten zum 350. Jahrestag des Majorats Zamosc teil,[607] nicht ohne seinem

Tagebuch auch kritische Eindrücke anzuvertrauen. Der unmittelbar bevorstehende Kriegsausbruch erschien ihm unausweichlich.

13. Oktober 1939

Dr. Klukowski vertraut seinem Tagebuch an, dass durch die deutschen Besatzungsbehörden wieder einmal neue Anordnungen ausgegeben worden sind, die insbesondere die Juden diskriminieren:

> »Männer jüdischen Glaubens im Alter von 15-60 Jahren haben sich am 14. Oktober d. J. um 8:00 Uhr morgens zur Zwangsarbeit beim Magistrat einzufinden. Straßenbesen, Eimer und Schaufeln sind mitzubringen.«
>
> »Den Einwohnern jüdischen Glaubens ist es vom Tag dieser Bekanntgabe an gestattet, sich nur von 6:00 Uhr morgens bis 18:00 Uhr abends auf den Straßen aufzuhalten. Ihre Wohnungen müssen für die Sicherheitskräfte (Gendarmerie und örtliche Behörden) ständig zugänglich sein.«
>
> »Alle Radiogeräte sind beim Ortskommandanten mit einem angehängten Zettel mit dem Namen des Besitzers abzuliefern (Juden mit dem Zusatz ›Jude‹).«[608]

20. Oktober 1939

Durch die Ortskommandanten wurde bekanntgegeben:

> »Mit dem Ende der Kampfhandlungen betrachtet die deutsche Armee – auf Anweisung des Führers Adolf Hitler – die Polen nicht mehr als Feinde, sondern hat im Gegenteil die Aufgabe, mit allen Mitteln zum wirtschaftlichen und gesellschaftlichen Aufbau des Landes beizutragen.«
>
> »Die jüdischen Einwohner werden toleriert und genießen in Abhängigkeit von ihrem Verhalten den Schutz der Armee.«
>
> »Zur Gemeinde [...] gehörende jüdische Steuerzahler sind verpflichtet, bis zum 25. Oktober 1939 ihr gesamtes Vermögen anzugeben. Anzugeben sind sämtliche Besitztümer (Bargeld, Grundbesitz, Immobilien, Hypotheken, Forderungen, Waren usw.). Die Nichtausführung dieser Anordnung sowie unrichtige oder ungenaue Angaben werden mit der unwiderruflichen Beschlagnahmung des Vermögens bestraft.«[609]

9. November 1939

Das Krankenhaus, in dem Dr. Klukowski ärztlich tätig ist, wird von Deutschen mit Rotkreuzarmbinden inspiziert, später taucht ein deutscher Arzt aus Zamosc auf, der seine Tätigkeit auf die Erteilung von Weisungen beschränkt. Es werden immer stärkere Repressionen der Deutschen aus Zamosc gemeldet. Der ehemalige polnische Landrat wurde verhaftet, fünf Christen und drei Juden, darunter der polnische Bürgermeister und ein Priester, wurden als Geiseln genommen.[610]

22. November 1939
Es verbreitete sich die Nachricht, dass in Zamosc die Kreisverwaltung bereits wieder anfängt, mehr oder weniger normal zu arbeiten.[611] Dies entspricht ungefähr dem Zeitpunkt (er selbst wird später Oktober 1939 angeben),[612] in dem Helmut Weihenmaier seine Amtsgeschäfte als Kreishauptmann in Zamosc aufnahm.

1. Dezember 1939
Der deutsche Forstinspektor von Klitzing gibt an alle Gemeindeverwaltungen des Kreises Zamosc bekannt:

> »Alle Nutz-und Brennhölzer, die seit dem 1. September 1939 gestohlen worden sind, sind bis zum 20. Dezember 1939 bei dem rechtmäßigen Besitzer oder der betreffenden Forstdirektion zu bezahlen.«[613]

Bei allem Wohlwollen: Glaubte der pflichtbewusste, deutsche Beamte noch an den Klapperstorch oder daran, dass sich Holzdiebe einfach pflichtgemäß melden würden, um sich, wie wir heute sagen würden ›zu outen‹?

15. Dezember 1939
Jetzt wurde unter anderem auch der Direktor der polnischen Bank in Zamosc verhaftet. Die Familie des ehemaligen polnischen Landrates ist ohne Einkommen und Versorgung.[614] Dass all dies, vor allem auch die Sorge um die verhafteten Angehörigen, die Familien besonders heftig trifft, wird wohl niemand in Frage stellen wollen.

21. Dezember 1939
Der Landrat ordnete durch Aushang an, dass es ohne eine spezielle Genehmigung nicht gestattet sei, Lebensmittel außerhalb des Kreises

Zamosc zu bringen.[615] Kreishauptmann Weihenmaier muss also zumindest gewusst haben, dass die örtliche Versorgung mit Lebensmitteln katastrophal war, und dies in einem Landesbereich, dessen Landwirtschaft stets gute Erzeugungen erarbeitet hatte.

23. Dezember 1939
Zygmunt Klukowski schreibt in sein Tagebuch:

> »Zamosc macht einen sehr bedauerlichen Eindruck. Auf dem Rathaus eine riesige rote Fahne mit schwarzem Hakenkreuz, eine Fahne mit Hakenkreuz auf dem Landratsamt und dem Gebäude der ehemaligen Hetmans-Akademie [...]. Überall viele Deutsche – auf den Straßen, in den Geschäften, Cafés, beinahe genauso viele wie die Zivilbevölkerung. Ich war in der Druckerei des Landtages. Vor mir bestellte ein deutscher Soldat 1.000 Postkarten mit der Ansicht von Zamosc und aufgedruckten Neujahrswünschen. Heute früh nahm die Druckerei eine Bestellung von über 6.000 Postkarten mit der Ansicht des Rathauses von Zamosc entgegen.«[616]

8. Januar 1940
Zygmunt Klukowski vertraut seinem Tagebuch bedrückende Ereignisse aus Zamosc an: »Vor ein paar Tagen erschossen die Deutschen im Garten des Gymnasiums 17 Personen, darunter eine Frau. Die Exekution wurde vom Bürofenster der Kreisabteilung aus beobachtet.«[617] Eine sehr rege Tätigkeit konnte Dr. Klukowski beim (wohl polnischen) Roten Kreuz feststellen, wo Anwälte, Richter, Notare und einige Damen sich aktiv für dessen Zwecke einsetzten. Es war dies wohl der einzige, noch offene Weg für polnische Patrioten, sich für ihre Landsleute einzusetzen.

28. März 1940
Auf Anordnung des Landrats in Zamosc wird durch die Bürgermeister mittels öffentlichen Anschlags eine Anweisung bekannt gegeben, dass freitags Fleisch und Fleischerzeugnisse weder verkauft noch verzehrt werden dürfen.[618]

28. Juli 1940
In Szczbrzeszyn befand sich übrigens die von den Deutschen betrie-

bene, chemische Fabrik Alma, der Generalgouverneur Hans Frank am 28. Juli 1940 einen Besuch abstattete. In diesem Werk wurden nach einem damals neuen Verfahren aus Kiefernstümpfen Kolophonium, Kampfer, Terpentin, Firnis und andere Rohstoffe gewonnen.[619] Der polnische Betriebsingenieur war zum Empfang ans Fabriktor befohlen worden, der Besuch fand unter massivsten Sicherheitsvorkehrungen statt.[620]

11. November 1940
Die Deutschen richten sich, wie Zygmunt Klukowski berichtet, in Zamosc häuslich ein:

> »Das Rathaus wurde erneuert, das Landratsamt dorthin verlegt, der Magistrat ist jetzt im Gebäude des ehemaligen Landratsamtes untergebracht. Sie richten dort, wo der Bürgerclub war, ein Offizierskasino ein, im Kinogebäude, in den Sälen des ehemaligen Beamtenclubs, ein Soldatenheim und ein deutsches Haus im neuen Haus am Markt. Das gesamte große Haus Czerskis (bei der Kollegiatkirche) ist von der Gestapo eingenommen worden. Es werden neue Straßen gebaut, neue Gebäude geplant, gleichzeitig graben sie entlang der Lemberger Straße schon neue Luftschutzgräben. Außerdem gingen die Deutschen durch einige Privathäuser, nicht mehr nur jüdische, sondern auch durch polnische, und nahmen Möbel, Teppiche, Gemälde usw. mit.«[621]

5. Februar 1941
Dr. Klukowski berichtet:

> »Für den heutigen Tag war ich zum Sondergericht in Zamosc [...] vorgeladen worden [...]. Im Verhandlungssaal im zweiten Stock sitzen drei Richter in schwarzen Uniformen hinter einem langen Tisch. Der in der Mitte sitzende Vorsitzende, sehr ruhig, als ob er den Angeklagten wohlgesinnt wäre, zwei andere langweilen sich, selten stellen sie eine Frage. Der Staatsanwalt in heller, grau-grüner Uniform, der Referendar in schwarzer Robe von sehr schönem Schnitt. [...] ... und immerzu erschien es mir, dass alle Deutschen, die hier Dienst tun, sich dessen bewusst sind, hier nur zeitweilige Herren zu sein.«[622]

20. März 1941
Die Angst vor weiteren, willkürlichen Verhaftungen ist groß, zugleich

berichtet Dr. Klukowski: »Die Gefängnisse in Zamosc sind überfüllt.«[623]

7. Juni 1941
Im Gefängnis von Zamosc ist eine Flecktyphusepidemie ausgebrochen. Die Verlausung in den Gefängnissen soll fürchterlich sein.[624]

15. September 1941
Es verbreitet sich die schreckliche Nachricht, dass etwa 20 völlig unschuldige Menschen in Zamosc erschossen worden sein sollen. Die Gestapo bestellte die Frauen einiger der Verhafteten nach Zamosc und erklärte ihnen dort offiziell, dass ihre Männer wegen Tätigkeiten zum Schaden des deutschen Staats und Sabotage erschossen worden.[625] Unter den Erschossenen sind der polnische Bürgermeister von Zamosc, dessen 15-jähriger Sohn, ein Priester, ein Arzt und ein Apotheker.[626]

17. Mai 1942
In diesen Tagen gab es einen Raubüberfall auf den Palast des Majoratsherrn Zamojski. Es wurden Kleidung, Geld und Lebensmittel genommen. Vor ein paar Tagen wurde die Bahnstation in Susiec überfallen. Am Vortag soll das Landratsauto mit einem Maschinengewehr beschossen worden sein.[627]

20. Mai 1942
In Zamosc wurden in den Nachmittagsstunden rund 200 Personen aus Büros, Ämtern u. a. mitgenommen:

> »Ein Teil von ihnen wurde später wieder freigelassen, der Rest angeblich zur Arbeit nach Deutschland gebracht. Auch in den Dörfern erhielten Tausende Personen die Aufforderung sich zur Arbeit in Deutschland bereitzuhalten. Sie sollen sich am 27. Mai beim Arbeitsamt einfinden. Die Jugend wird flüchten.«[628]

17. Juli 1942
In der Bevölkerung wird berichtet, dass die Deutschen vor ein paar

Tagen in Józefów ein fürchterliches Judenpogrom angerichtet hätten. Es sollen dort 1.500 Personen umgekommen sein, hauptsächlich Frauen und Kinder. Die Männer wurden abtransportiert.[629] Der Massenmord wurde durch das berüchtigte Reserve-Polizei-Bataillon 101 (Hamburg) begangen, das am 25. Juni 1942 in Zamosc eingetroffen war, am 13. Juli 1942 das Massaker von Józefów durchführte und dabei mindestens 1.500 Menschen, vor allem Juden, erschossen hat.[630]

13. Oktober 1942
Die Deutschen haben das Kreiskrankenhaus in Zamosc requiriert. Den polnischen Medizinern wurde die Empfehlung gegeben, die Kranken innerhalb von 2 Wochen nach Hause zu schicken oder zu verlegen. Ferner wurde empfohlen keine neuen Kranken aufzunehmen. »Das Krankenhaus soll vorwiegend kranken deutschen Zivilisten vorbehalten bleiben.«[631]

18. Oktober 1942

»Vor ein paar Tagen wurden die Juden in Zamosc endgültig erledigt. Nur einige Dutzend Handwerker sind geblieben. Die Alten wurden an Ort und Stelle erschossen, diejenigen die laufen konnten, nach Izbica getrieben.«[632]

19. Oktober 1942
In Zamosc spielen sich unbeschreibliche Szenen ab. Die ganze Stadt ist von Militär umstellt, jeder wird nach Zamosc hinein, aber niemand mehr herausgelassen. Auf den Straßen fangen sie, wen sie nur können, gehen durch die Häuser und treiben alle Festgenommenen auf dem Marktplatz zusammen. »So kam ich«, berichtet Dr. Klukowski, »nach einigen Stunden wieder nach Hause und erfuhr nichts Konkretes über den wesentlichen Stand der Dinge in Zamosc. Weil abgehört wird, wagen wir nicht zu telefonieren.«[633]

23. Oktober 1942

»Ich fuhr nach Zamosc. Im Krankenhaus waren nur noch sieben Kranke, alles wird geputzt, gereinigt, zur Übergabe in andere Hände vorbereitet. Niemand aber weiß, wie es mit dem Krankenhaus weitergeht. [...] Zamosc macht einen sehr traurigen Eindruck, so kehrte ich in einer merkwürdigen Stimmung nach Hause zurück.«[634]

24. Oktober 1943

»Die Gestapomänner aus Biłgoraj wüten. [...] ziehen sie die Juden aus den unterschiedlichsten Löchern, erschießen sie auf der Stelle [...].«[635]

2. Dezember 1942

Dr. Klukowski vertraut seinem Tagebuch an:

»Alle stehen unter dem traurigen Eindruck der Aussiedlung. Seit dem gestrigen Tag ziehen beinahe pausenlos – sogar in der Nacht – Fuhrwerke von Zamosc Richtung Zwierzyniec. Aus den bedrohten Dörfern [...] flüchten die Menschen, sie überlassen alles dem Schicksal und versuchen lediglich, dem zeitweisen Aufenthalt ›hinter dem Draht‹ in Zamosc und danach der weiteren Verschleppung ins Unbekannte zu entgehen.«[636]

26. Januar 1943

»Gestern kam es etwa um Mitternacht bei Zamosc zu einer starken Explosion. Die Detonation war bei uns gut zu hören. Eisenbahner behaupten, dass eine Bombe aus einem Flugzeug geworfen wurde. Dies ist gut möglich, aber ich habe es noch nicht überprüft. In jedem Fall gibt uns zu denken, dass heute Abend die Straßenlaternen nicht mehr angezündet wurden.«[637]

Die Zeiten wandeln sich, das Blatt scheint sich gegen die grausamen Besatzer zu wenden.

29. Januar 1943

»Wir bekamen die Nachricht, dass es in der vergangenen Nacht einen Überfall im deutschen Viertel in Zamosc gegeben hat. Es kam zu einer Schießerei, Einzelheiten wissen wir nicht.«[638] Widerstand tritt nun immer deutlicher hervor.

25. Februar 1943

»Bei der Registrierung aller Personen mit deutschem Namen schlugen die Deutschen [...] den Majoratsangestellten Milbrandt, der den entsprechenden Fragebogen nicht unterschreiben wollte.«[639] Es gehörte ungeheurer Mut dazu, sich den Forderungen und Weisungen der Besatzungsbehörden zu verweigern.

23. April 1943

»Gestern wurde am Nachmittag bei Susiec ein Güterzug überfallen. Mit Benzin gefüllte Kesselwagen brannten. Der Eisenbahnverkehr war für viele Stunden unterbrochen.«[640] Widerstandshandlungen durch Partisanenkämpfer nehmen wohl mehr und mehr zu.

14. Mai 1943

»Die Deutschen hier trinken maßlos, wobei die Gendarmen und die blauen Polizisten an der Spitze stehen. Offensichtlich fühlen sie sich immer unsicherer. Der Zutritt zu dem Gebäude, in dem sie wohnen, wird immer stärker abgesichert. Bürgermeister Kraus hat mir heute ebenfalls verschiedene Beschläge und Stangen an der Eingangstür zu seiner Wohnung gezeigt. In all dem sehen wir deutlich den Beginn der Auflösung der deutschen Administration, was bedeutet, dass wir in die letzte Phase des Krieges eintreten.«[641]

15. Mai 1943

»In der vergangenen Nacht wurde bei Susiec ein Panzerzug gesprengt, in der vorherigen ein Zug der Schmalspurbahn bei Terespol. [...] Diese Sabotageakte irritieren die Deutschen sehr [...].«[642]

30. Mai 1943

»Wenn ich die gegenwärtige Situation z. B. mit der vor einem Jahr vergleiche, so sehe ich einen enormen Unterschied. Damals lebten wir in ständiger Unsicherheit und Furcht, und heute fürchten wir uns vor den Deutschen, diese sich aber umso mehr vor unserer Rache. Und seelisch sind sie jetzt genauso angeschlagen wie wir. So sind wir Zeugen eines wahrhaften Nervenkrieges. Wir sind zunehmend sicher, dass wir diesen Krieg gewinnen werden und sie nicht.«[643]

21. Juni 1943

»[...] erschienen im Postamt Deutsche und nahmen den gesamten Vorrat an Briefmarken, Geld usw. mit und gaben bekannt, dass das Amt geschlossen wird und nur noch Armee und Gendarmerie das Telefon benutzen dürfen.«[644]

1. September 1943

»Ich fuhr nach Zamosc [...]. Die SS übernahm die Stadt und will sie endgültig und in schnellem Tempo eindeutschen. Bürgermeister Werner sagte mir heute, dass Zamosc, das vor dem Krieg einschließlich der Juden, die es heute nicht mehr gibt, 28.000 Einwohner zählte, derzeitig sind es 21.000, darunter 3.000, die sich als Reichsdeutsche, Volksdeutsche oder Stammdeutsche bezeichnen. Besonders unter diesen neu geschaffenen Deutschen kam jetzt eine große Bestürzung auf, denn in der Stadt ist ein Aufruf verbreitet worden, der alle örtlichen Pseudo-Deutschen dazu auffordert, sich am 4. September zu einer neuen SA-Formation zu melden, um eine Stammtruppe in Zamosc zu bilden. Das heißt mit anderen Worten, dass sie demnächst zum Militär eingezogen werden.«[645]

Bemerkenswert: SA-Sturmbannführer Jobst beantragte mit Datum vom 1. August 1943 die Ernennung des Kreishauptmannes und NSDAP-Standortführers Weihenmaier zum SA-Hauptsturmführer.[646]

28. November 1943

»Angesichts der großen Unruhe greifen die Deutschen zu neuen Methoden, sich vor Überfällen zu schützen. Sie nehmen Geiseln und halten sie im Gefängnis von Zamosc fest, danach geben sie öffentlich die Namen einer bestimmten Anzahl von Personen bekannt, die im Falle eines Überfalls auf Deutsche erschossen werden. Jeden Tag werden neue Listen mit den Namen derjenigen verteilt, die zuletzt erschossen wurden [...].[647]

Von jetzt ab häufen sich willkürliche Erschießungen in der Öffentlichkeit geradezu massenhaft, sei es in Zamosc, sei es in den Kreisgemeinden oder darüber hinaus. Auch der polnische Widerstand beginnt deutlich spürbarer, in die Geschehnisse einzugreifen.

Im März 1944 begann dann der – mehr oder weniger geordnete – Rückzug der deutschen Besatzer aus dem Kreis Zamosc, in dem Kreishauptmann Helmut Weihenmaier bis Juli 1944 seinen Amtsgeschäften nachgekommen sein will. Dr. Klukowski notiert am 21. März 1944:

»Das gesamte ›deutsche‹ Zamosc fährt weg. Die Behörden sind geschlossen, die Bahn ist überfüllt, die Züge sind überladen. Die Chausseen voller Fuhrwerke mit Deutschen. Überall fieberhafte Betriebsamkeit. Wir können den Augenblick nicht erwarten, bis alle Deutschen fortgezogen sind.«[648]

Literatur- und Quellenverzeichnis

Literatur

Alexander, Manfred: Kleine Geschichte Polens, Stuttgart 2003.
Angermund, Ralph: Deutsche Richterschaft 1919–1945. Krisenerfahrung, Illusion, politische Rechtsprechung, Frankfurt a. M. 1990.
Arbeitskreis Stadtgeschichte (Hrsg.): Urach in der Zeit des Nationalsozialismus, Nürtingen/Frickenhausen 2012
Baader, Emil: Nachkommen des Freiherrn Carl Ludwig von Lotzbeck – Verwandtschaftliche Beziehungen zu 36 Adelsfamilien, in: Der Altvater 14/4 (1956), S. 13 f.
Baader, Karl S.: In memoriam Erica Sinauer †, in: Zeitschrift der Savigny-Stiftung für Rechtsgeschichte. Germanistische Abteilung 73 (1956), S. 556–557.
Baedeker, Karl: Baedekers Generalgouvernement, Reisehandbuch im Verlag Karl Baedeker, Leipzig 1943.
Bajohr, Frank: Parvenüs und Profiteure. Korruption in der NS-Zeit. Eine Veröffentlichung der Forschungsstelle für Zeitgeschichte in Hamburg, Frankfurt a. M. 2001.
Bechhaus-Gerst, Marianne: Treu bis in den Tod – Von Deutsch-Ostafrika nach Sachsenhausen. Eine Lebensgeschichte (Schlaglichter der Kolonialgeschichte, Bd. 7), Berlin 2007.
Beck, Jürgen (Hrsg.): Die Schlachten der Wehrmacht in Polen, Bd. 5: Schlachten des II. Weltkrieges, Ostfront, Altenmünster 2019.
Ben-Itto, Hadassa: Die Protokolle der Weisen von Zion – Anatomie einer Fälschung, Berlin 1998.
Berger, Michael: »Weder Deutscher noch Held«. Die Geschichte des jüdischen Frontsoldaten Alwin Lippmannn, in: Piorr 2012, S. 159–166.
Berger, Michael: Für Kaiser, Reich und Vaterland. Jüdische Soldaten. Eine Geschichte vom 19. Jahrhundert bis heute, Zürich 2015.
Biederman, Kh. Y.: Sabbath and Holiday Time in Tomaszow, in: Moskop 2008, S. 362–271.
Bin Gorion, Emanuel/Loeven, Alfred/Neuburger, Otto/Oppenheimer, Johann F. (Hrsg.): Philo-Lexikon: Handbuch des jüdischen Wissens, Berlin 1935.
Bin-Nun, Jechiel: Jiddisch und die deutschen Mundarten, Tübingen 1973.

Bronner, Stephen Eric: Ein Gerücht über die Juden – Die »Protokolle der Weisen von Zion« und der alltägliche Antisemitismus, Berlin 1999.

Browning, Christopher R.: Ganz normale Männer – Das Reserve-Polizeibataillon 101 und die »Endlösung« in Polen, Reinbek bei Hamburg 1993.

Brunner, Claudia/Seltmannn, Uwe von: Schweigen die Täter reden die Enkel, München 2011.

Buchna, Kristian: Nationale Sammlung an Rhein und Ruhr. Friedrich Middelhauve und die nordrhein-westfälische FDP 1945–1953, München 2010.

Cornwell, John: Forschen für den Führer – Deutsche Naturwissenschaftler und der Zweite Weltkrieg, Bergisch Gladbach 2003.

Der Führer 231 (21.10.1931). Hauptorgan der NSDAP Gau Baden, Karlsruhe.

Der Reichsorganisationsleiter der NSDAP (Hrsg.): Organisationsbuch der NSDAP, 7. Aufl., München 1943.

Deutsches Recht. Ausgabe A. Zentralorgan des Nationalsozialistischen Rechtswahrer-Bundes, 1936–1943.

Deutschland-Berichte der Sozialdemokratischen Partei Deutschlands (Sopade) 1934–1940, 7 Bde., hrsg. v. Erich Rinner, ND Salzhausen/Frankfurt a. M. 1980.

Die Wehrmachtberichte 1939–1945, 3 Bde., unv., photomech. ND, Köln 1989.

Doehle, Heinrich: Die Auszeichnungen des Großdeutschen Reiches – Orden, Ehrenzeichen, Abzeichen, Berlin 1943.

Dönhoff, Marion Gräfin: Polen und Deutsche – Die schwierige Versöhnung, München 1993.

Drilman, Shammai: At the Outbreak of the War, in: Moskop 2008, S. 358–363.

Du Prel, Max Freiherr: »Das Generalgouvernement« von Dr. Max Freiherr du Prel, im Auftrag und mit einem Vorwort der Generalgouverneurs Reichsminister Dr. Frank, Würzburg 1942.

Ehrlich, Shmuel: A Model of Salvations, in: Moskop 2008, S. 376.

Encyclopaedia Judaica, 16 Bde., Jerusalem/New York 1971/72.

Essner, Cornelia: Die »Nürnberger Gesetze« oder die Verwaltung des Rassenwahns 1933–1945, Paderborn/München/Wien/Zürich 2001.

Fallada, Hans: Der Eiserne Gustav, Frankfurt a. M./Zürich/Wien 2019.

Frank, Niklas: Der Vater. Eine Abrechnung. Mit einem Vorwort von Ralf Giordano, München 1993.

Frank, Niklas: Meine deutsche Mutter, München 2005.

Friedländer, Saul: Das Dritte Reich und die Juden. 1933–1945, München 2010.

Friedrich, Jörg: Freispruch für die Nazi-Justiz. Die Urteile gegen NS-Richter seit 1948. Eine Dokumentation, Berlin 1998.

Gellately, Robert: Hingeschaut und weggesehen – Hitler und sein Volk, Bonn 2004.

Gilbert, Jean: Polnische Wirtschaft. Posse in drei Akten, Berlin 1929.

Goldensohn, Leon: Die Nürnberger Interviews – Gespräche mit Angeklagten und Zeugen, Düsseldorf/Zürich 2005.

Goldhagen, Daniel: Hitlers willige Vollstrecker – Ganz gewöhnliche Deutsche und der Holocaust, Berlin 1996.

Göring, Bettina/Müller, Melissa: Der gute Onkel. Mein verdammtes deutsches Erbe, München 2024.

Görtemaker, Manfred/Safferling, Manfred: Die Akte Rosenburg. Das Bundesministerium der Justiz und die NS-Zeit, München 2016.

Grammbitter, Julia/Lauterbach, Iris: Das Parteizentrum der NSDAP in München, Berlin/München 2009.

Grittscheder, Otto: Furchtbare Richter. Verbrecherische Todesurteile deutscher Kriegsgerichte, München 1998.

Gutschow, Niels: Ordnungswahn – Architekten planen im »eingedeutschten Osten« 1939–1945, Basel/Boston/Berlin 2001.

Haasis, Hellmut G.: Tod in Prag – Das Attentat auf Reinhard Heydrich, Reinbek bei Hamburg 2003.

Hambrock, Matthias: Die Etablierung der Außenseiter. Der Verband nationaldeutscher Juden 1921–1935, Köln/Weimar/Wien 2003.

Herden, Ralf Bernd: Die Brüder Schneider. Gewesene Freimaurer, furchtbare Propagandisten, wendige Juristen, Opfer ihrer Zeit?, in: Konzepte – Metaphern – Symbole. Quatuor Coronati Jahrbuch für Freimaurerforschung 56, Bayreuth 2019a.

Herden, Ralf Bernd: Ein Freimaurer und die Nürnberger Rassegesetze. Dr. Bernhard Lösener, in: TAU I. Forschungszeitschrift der Quatuor Coronati 46 (2020), S. 55–64.

Herden, Ralf Bernd: Horace Greeley Hjalmar Schacht. Ein Bruder Freimaurer und das III. Reich, in: TAU II. Forschungszeitschrift der Quatuor Coronati (2019b), S. 66 ff.

Herden, Ralf Bernd: Meldungen aus dem Reich – Meldungen aus Baden. Die geheimen Lageberichte, in: Die Ortenau (1990), S. 504–527.

Herden, Ralf Bernd: Rechtsanwalt Dr. jur. Ludwig Frank MdR. Pazifist und Kriegsfreiwilliger, in: Geroldsecker Land – Jahrbuch einer Landschaft 48 (2006), S.153–157.

Heusler, Andres: Das Braune Haus. Wie München zur »Hauptstadt der Bewegung« wurde, München 2008.

Hilberg, Raul: Täter, Opfer, Zuschauer: Die Vernichtung der Juden 1933–1945, Frankfurt a. M. 2011.

Himmler, Heinrich: Der Dienstkalender Heinrich Himmlers 1941/42, hrsg. von Peter Witte/Michael Wildt, Hamburg 1999.

Himmler, Karin: Die Brüder Himmler – Eine deutsche Familiengeschichte, Frankfurt a. M. 2005.

Hitler, Adolf: Mein Kampf. Zwei Bände in einem Band. Ungekürzte Ausgabe, 851.-855. Aufl., München 1943.

Höhne, Heinz: Der Orden unter dem Totenkopf – Die Geschichte der SS, Augsburg 1998.

Hosenfeld, Wilm: Ich versuche, jeden zu retten. Das Leben eines deutschen Offiziers in Briefen und Tagebüchern, München 2004.

Jäckel, Eberhard/Longerich, Peter/Schoeps Julius H.: Enzyklopädie des Holocaust. Die Verfolgung und Ermordung der europäischen Juden, München 1998.

Jasch, Hans-Christian: Zur Rolle der Innenverwaltung im Dritten Reich bei der Vorbereitung und Organisation des Genozids an den Europäischen Juden. Der Fall des Dr. Wilhelm Stuckart (1902–1953), in: Die Verwaltung 43/2 (2001).

Joseph Goebbels Tagebücher, Bd. 4: 1940-1942, hrsg. von Ralf Georg Reuth, München/Zürich 1992.

Juristische Wochenschrift 63/15 (1934).

Kempinsky-Krieger, Sheva: The Destruction and Annihilation of My Shtetl, Tomaszów-Lubelski, in: Moskop 2008, S. 377–381.

Kempner, Robert W.: Das Urteil im Wilhelmstraßenprozess. Der amtliche Wortlaut der Entscheidung im Fall Nummer 11 des Nürnberger Militärtribunals gegen von Weizsäcker und andere, mit abweichender Urteilsbegründung, Berichtigungsbeschlüssen, den grundlegenden Gesetzesbestimmungen, einem Verzeichnis der Gerichtspersonen und Zeugen und Einführungen, Schwäbisch Gmünd 1950.

Klee, Ernst: Das Personenlexikon zum Dritten Reich. Wer war was vor und nach 1945?, Frankfurt a. M. 2003.

Klee, Ernst: Persilscheine und falsche Pässe. Wie die Kirchen den Nazis halfen, Frankfurt a. M. 1991.

Klemp, Stefan: KZ-Arzt Aribert Heim – Die Geschichte einer Fahndung, Münster/Berlin 2010.

Klemperer, Victor: Ich will Zeugnis ablegen bis zum letzten, Tagebücher Bd. II 1942–1945, Frankfurt a. M. 1995.

Klemperer, Victor: LTI. Notizbuch eines Philologen, 16. Aufl., Leipzig 1975.

Klepsch, Alfred: Westjiddisches Wörterbuch, 2 Bde., Tübingen 2004.

Klukowski, Zygmunt: Tagebuch aus den Jahren der Okkupation 1939–1944, hrsg. von Christine Glaunig/Ewelina Wanke, Berlin 2017.

Kopciowski, Adam: Der Judenrat in Zamość, in: Theresienstädter Studien und Dokumente 9 (2002), S. 221–245.

Lang, Jochen von: Das Eichmann-Protokoll. Tonbandaufzeichnungen der israelischen Verhöre, München 2001.

Lehmkuhl, Tobias: Der doppelte Erich – Kästner im Dritten Reich, 2. Aufl., Berlin 2023.

Lehr, Stefan: Ein fast vergessener »Osteinsatz« – Deutsche Archivare im Generalgouvernement und im Reichskommissariat Ukraine, Düsseldorf 2007.

Lilla, Joachim: Statisten in Uniform. Die Mitglieder des Reichstags 1933–1945. Ein biographisches Handbuch. Unter Einbeziehung der völkischen und nationalsozialistischen Reichstagsabgeordneten ab Mai 1924, Düsseldorf 2004.

Longerich, Peter: Davon haben wir nichts gewusst. Die Deutschen und die Judenverfolgung 1933–1945, München 2006.

Longerich, Peter: Die braunen Bataillone – Geschichte der SA, München 1989.

Longerich, Peter: Die Ermordung der europäischen Juden. Eine umfassende Dokumentation des Holocaust 1941–1945, 2. Aufl., München 1990.

Lösener, Bernhard/Knost, Friedrich: Die Nürnberger Gesetze über das Reichsbürgerrecht und den Schutz des deutschen Blutes und der deutschen Ehre nebst den Durchführungsverordnungen sowie sämtlichen einschlägigen Bestimmungen und den Gebührenvorschriften, Berlin 1936.

Lösener, Bernhard/Knost, Friedrich: Die Nürnberger Gesetze über das Reichsbürgerrecht und den Schutz des deutschen Blutes und der deutschen Ehre nebst den Durchführungsverordnungen sowie sämtlichen einschlägigen Bestimmungen und den Gebührenvorschriften, 5. Aufl., Berlin 1942.

Lösener, Bernhard: Dokumentation »Das Reichsministerium des Inneren und die Judengesetzgebung«, in: Vierteljahreshefte für Zeitgeschichte 9/3 (1961), S. 264–313.

Lubrich, Oliver (Hrsg.): Reisen ins Reich 1933–1945. Ausländische Autoren berichten aus Deutschland, Frankfurt a. M. 2004.

Maeger, Herbert: Verlorene Ehre – Verratene Treue. Zeitzeugenbericht eines Soldaten, 4. Aufl., Rosenheim 2004.

Massaquoi, Hans J.: »Neger, Neger, Schornsteinfeger!« Meine Kindheit in Deutschland, Frankfurt a. M. 2008.

Mauer, Gerhard: Wer ein Gesicht hat, braucht kein Profil. Helmut Weihenmaier, Landrat i. R., starb 89jährig, in: Kreisjahrbuch für den Landkreis Freudenstadt 1995/96, Horb a. N., S. 61/62.

Michael, Theodor: Deutsch sein und schwarz dazu. Erinnerungen eines Afro-Deutschen, 4. Aufl., München 2014.

Moskop, Joseph M. (Hrsg.): The Tomaszów-Lubelski Memorial Book. English translation by Jacob Samuel Berger, New Jersey 2008, https://www.jewishgen.org/yizkor/Tomaszów-Lubelski2/Tomaszów-Lubelski2.html [3.5.2024].

Müller, Ingo: Furchtbare Juristen. Die unbewältigte Vergangenheit unserer Justiz, München 1987.

Müller, Rolf Dieter: Hitlers Ostkrieg und die deutsche Siedlungspolitik – Die Zusammenarbeit von Wehrmacht, Wirtschaft und SS, Frankfurt a. M. 1991.

Musial, Bogdan: Deutsche Zivilverwaltung und Judenverfolgung im Generalgouvernement – Eine Fallstudie zum Distrikt Lublin 1939–1944, Wiesbaden 1999.

Nirk, Rudolf: Herbert Schneider †, in: NJW 13 (1981), S. 1769.

Piorr, Ralf (Hrsg.): Ohne Rückkehr. Die Deportation der Juden aus dem Regierungsbezirk Arnsberg nach Zamosc im April 1942, Essen 2012.

Preußen, Friedrich Wilhelm Prinz von: Gott helfe unserem Vaterland – Das Haus Hohenzollern 1918–1945, 2. Aufl., München 2003.

Radbruch, Gustav: Rechtsphilosophie, Stuttgart 1973.

Reichsgesetzblatt I (Reichsgesetzblatt für das Deutsche Reich, Teil I), herausgeben vom Reichsministerium des Inneren (Reichsverlagsamt) in Berlin. Zit. n. Jahrgang und Seite.

Röhr, Werner: Zamosc, in: Junge Welt (27./28.11.2002).

Rosdolsky, Roman: Untertan und Staat in Galizien. Die Reformen unter Maria Theresia und Joseph II., Mainz 1992.

Rössler, Mechthild/Schleiermacher, Sabine (Hrsg.): Der Generalplan Ost – Hauptlinien der nationalsozialistischen Planungs- und Vernichtungspolitik, Berlin 1993.

Roth, Markus: Herrenmenschen – Die deutschen Kreishauptleute im besetzten Polen – Karrierewege, Herrschaftspraxis und Nachgeschichte, 2. Aufl., Göttingen 2009.

Sands, Philippe: Die Rattenlinie. Ein Nazi auf der Flucht. Lügen, Liebe und die Suche nach der Wahrheit, Frankfurt a. M. 2020.

Schacht, Hjalmar: Abrechnung mit Hitler, Berlin/Frankfurt a. M. 1949.

Schäfer, Torsten: »Jedenfalls habe ich auch mitgeschossen«. Das NSG-Verfahren gegen Johann Josef Kuhr und andere ehemalige Angehörige des Polizeibataillons 306, der Polizeireiterabteilung 2 und der SD-Dienststelle von Pinsk beim Landgericht Frankfurt am Main 1962–1973. Eine textanalytische Fallstudie zur Mentalitätsgeschichte, Frankfurt a. M./Münster 2007.

Schindler, Meriel: Café Schindler – Meine jüdische Familie, zwei Kriege und die Suche nach der Wahrheit, Berlin/München 2022.

Schoeller, Wilfried F. (Hrsg.): Diese merkwürdige Zeit. Leben nach der Stunde Null. Texte aus der »Neuen Zeitung«, Frankfurt a. M. 2005.

Schönhaus, Cioma: Der Passfälscher. Die unglaubliche Geschichte eines jungen Grafikers, der im Untergrund gegen die Nazis kämpfte, Frankfurt a. M. 2004.

Schroeder, Christa: Er war mein Chef – Aus dem Nachlass der Sekretärin von Adolf Hitler, hrsg. von Anton Joachimsthaler, 12. Aufl., München 2004.

Schwarzenbach, Alexis: Das Verschmähte Genie – Albert Einstein und die Schweiz, München 2005.

Schwarzwälder Bote, Ausgabe Freudenstadt.

Segev, Tom: Es war einmal ein Palästina – Juden und Araber vor der Staatsgründung Israels, München 2006.

Seybold, Katrin: Paul Werner – Großmeister der Vernichtungslager, in BRD-Zeiten Ministerialrat, in: Hermann G. Abmayr (Hrsg.), Stuttgarter NS-Täter. Vom Mitläufer zum Massenmörder. »Wir haben nur unsere Pflicht getan für Volk und Vaterland«, 2. Aufl., Stuttgart 2009.

Siemens, Daniel: Sturmabteilung – Die Geschichte der SA, München 2019.

Sowade, Tobias: Adel und Wehrmacht. Betrachtung ausgewählter Persönlichkeiten adeliger Herkunft in der Wehrmacht-Elite, Norderstedt 2010.

Staff, Ilse: Justiz im Dritten Reich. Eine Dokumentation, 2. Aufl., Frankfurt a. M. 1979.

Stoll, H. W.: Mythologie der Griechen und Römer. Die Götter des klassischen Altertums, Essen 2004.

Strauß, Walter: Einführung zur Dokumentation »Das Reichsministerium des Inneren und die Judengesetzgebung«, in: Vierteljahreshefte für Zeitgeschichte 9/3 (1961), S. 262–264.

Stuckart, Wilhelm/Globke, Hans: Reichsbürgergesetz/Gesetz zum Schutz des deutschen Blutes und der deutschen Ehre/Gesetz zum Schutze der Erbgesundheit des deutschen Volkes nebst allen Ausführungsvorschriften und den einschlägigen Gesetzen und Verordnungen, München/Berlin 1936.

Süllwold, Fritz: Deutsche Normalbürger 1933–1945 – Erfahrungen, Einstellungen, Reaktionen, München 2001.

Thalmann, Rita/Feinermann, Emanuel: Die Kristallnacht, Frankfurt a. M. 1988.

Tripp, Edward: Lexikon der antiken Mythologie, 5. Aufl., Stuttgart 1991.

Trunk, Isaiah: Judenrat. The Jewish Councils in Eastern Europe Under Nazi Occupation, Lincoln 1972.

Urban, Thomas: Der Verlust – Die Vertreibung der Deutschen und Polen im 20. Jahrhundert, München 2004.

Verordnungsblatt der NSDAP, Arbeitsbereich Generalgouvernement, hrsg. v. NSDAP Arbeitsbereich Generalgouvernement, Warschau/Krakau.

Verordnungsblatt für das Generalgouvernement, hrsg. v. Amt für Gesetzgebung in der Regierung des Generalgouvernements, Warschau/Krakau.
Vollnhals, Clemens (Hrsg:): Entnazifizierung. Politische Säuberung und Rehabilitierung in den vier Besatzungszonen 1945–1949, München 1996.
Weh, Albert: Das Recht des Generalgouvernements, in: Deutsches Recht – vereinigt mit juristische Wochenschrift 10/35 (1940), S. 1393–1400.
Wette, Wolfram: Die Wehrmacht. Feindbilder, Vernichtungskrieg, Legenden, Frankfurt a. M. 2002.
Wiesenthal, Simon: Recht, nicht Rache, Berlin 1991.

Archivquellen

Bundesarchiv Berlin (BArch Berlin)
Bundesarchiv Ludwigsburg (BArch Ludwigsburg)
Staatsarchiv Sigmaringen (StaA Sigmaringen)
Landesarchiv Baden-Württemberg, Staatsarchiv Freiburg (StaA Freiburg)
Institut für Zeitgeschichte, Archiv München (IfZ-Archiv München)

Internet

Egoldberg, Pessach/Dąbrowska, Danuta/Wein Jakubowicz, Abraham/Weiss, Aharon, Encyclopedia of Jewish Communities, Poland, Vol. VII, Jerusalem 1976, www.jewishgen.org/yizkor/pinkas_poland [18.4.2024].
Tomaszów Lubelski Community – The Association for the welfare, preservation and perpetuation of the heritage and legacy of the Jewry of Tomaszów-Lubelski – Poland, www.tomashov.org.il [18.4.2024].
The Organization of Zamosc Jews, and Vicinity – Organisation der früheren, jüdischen Gemeinde von Zamosc und deren Nachkommen, www.zamosc-jews.com [18.4.2024].

Anmerkungen

1 Preußen 2003, S. 212.
2 Nach Prinz Friedrich Wilhelm von Preußen habe Kaiser Wilhelm II. die Urheberschaft an diesem Zitat »unserem eigenen Goethe« zugeschrieben. Die Originalquelle (bei Goethe selbst) konnte jedoch bisher nicht aufgefunden werden, Preußen 2003, S. 81.
3 Richard von Weizsäcker in einer Bundestagsrede am 8. Mai 1985 zum 40. Jahrestag der deutschen Kapitulation.
4 Im Interesse der einheitlichen Schreibweise wird der heute »Zamość« geschriebene Ort hier ohne Akzente geschrieben.
5 So der sicher ganz bewusst gewählte Buchtitel von Simon Wiesenthal, siehe Wiesenthal 1991.
6 https://tomashov.org.il/english/community/history-of-the-community-from-its-beginning [11.02.2024].
7 Du Prel 1942, S. 323.
8 Hierzu Herden 2009, S. 84 f.
9 Die Operette *Polnische Wirtschaft* ist eine Posse in drei Akten des Komponisten Jean Gilbert und der Librettisten Curt Kraatz und Georg Okonkowsky; für die Liedtexte zeichnete Alfred Schönfeld verantwortlich. Ihre Uraufführung fand 1910 in Berlin statt, Jean Gilbert: Polnische Wirtschaft. Posse in drei Akten, Berlin 1929.
10 Brunner/Seltmann.
11 Brunner in ebd., S. 9.
12 Seltmann in ebd., S. 12.
13 Himmler, K. 2005.
14 Frank 1993 und 2005.
15 Göring/Müller 2024, S. 14.
16 Ebd., S. 15.
17 Himmler, K., S. 12/13.
18 Zum Gesamtkomplex vgl. statt anderer Ben-Itto 1998 und Bronner 1999.
19 Zu »Kongresspolen« vgl. Alexander 2003, S. 186 ff.
20 Friedländer 2013, S. 24.
21 Hambrock 2003, S. 1.
22 Zit. n. Schacht 1949, S. 48, 156.
23 Hierzu Friedländer 2013, S. 44.

24 Ebd., S. 86.
25 Ebd., S. 159.
26 Hitler 1943, S. 521.
27 Ebd., S. 772.
28 Herden 2019b.
29 Schacht, S. 27.
30 Friedländer 2013, S. 117.
31 Ebd., S. 211.
32 Ebd., S. 128.
33 Schwarzenbach 2005, insbes. S. 136 ff.
34 Friedländer 2013, S. 206.
35 Ebd., S. 169.
36 Ebd., S. 89 f.
37 Himmler, K. 2005, S. 219.
38 Ebd., S. 221.
39 Musial 1999, S. 31.
40 Ebd., S. 38.
41 Himmler, K. 2005, S. 221.
42 Vgl. hierzu Urban 2004, insbes. S. 69 ff.
43 Gellately 2004, S. 209.
44 Longerich 1989, S. 114.
45 Ebd., S. 125.
46 Hierzu umfassend: Thalmann/Feinermann 1988.
47 Longerich 1989, S. 142.
48 Ebd., S. 143.
49 Goebbels Tagebücher, S. 1709.
50 Ebd., S. 1756.
51 Ebd., S. 1776.
52 Ebd., S. 1781.
53 Deutschland-Berichte SoPaDe 7 (April 1940), S. 265 f.
54 Ermittlungen gegen Achterberg und Weihenmaier, Bd. III, BArch Ludwigsburg B 162/19913, p. 519 f.
55 So Musial 1999, S. 291.
56 Ebd., S. 229.
57 Ebd., S. 227 f.
58 Ebd., S. 230.
59 Ebd., S. 230 f.
60 Ermittlungen gegen Achterberg und Weihenmaier, Bd. III, BArch Ludwigsburg B 162/19913, p. 516.
61 Ebd., p. 322.
62 Friedländer 2013, S. 405.
63 Ermittlungen gegen Achterberg und Weihenmaier, Bd. III, BArch Ludwigsburg B 162/19913, p. 323.

Anmerkungen

64 Lehr 2007, S. 154.
65 Ebd., S. 155.
66 Süllwold 2001, S. 123.
67 Ebd., S. 139.
68 Ebd., S. 154.
69 Klemperer 1995, S. 284.
70 Marie Bredow, tätig bei der Militärverwaltung Warschau, zuvor bei der Adjutantur des Generals Johann Blaskowitz, zit. n. Schönhaus 2004, S. 102.
71 Ebd., S. 118.
72 Ebd., S. 128.
73 Ebd., S. 161.
74 Klemperer 1995, S. 22.
75 Ebd., S. 47.
76 Ebd., S. 51.
77 Ebd., S. 52.
78 Ebd., S. 83.
79 Michael 2013, S. 73.
80 Ebd., S. 78.
81 Massaquoi 2008, S. 72.
82 Hierzu umfassend: Bechhaus-Gerst 2007.
83 Statt der (Un-)»Rechtsvorschrift«: Klemperer 1995, S. 213.
84 Maeger 2004, S. 99.
85 Ebd., S. 106 f.
86 Vgl. Thomas Wolfe in Lubrich 2004, S. 160.
87 Hierzu z. B. René Juvet in ebd., S. 189, sowie Herden 2005, S. 230 ff.
88 Vgl. Karen Blixen in Lubrich 2004, S. 246 ff.
89 Hierzu z. B. Herden 1990, S. 504 ff.
90 Harry Flannery in Lubrich 2004, S. 288.
91 Konrad Warner in ebd., S. 341.
92 Howard Smith in ebd., S. 305.
93 Musial 1999, S. 216.
94 Ebd., S. 216 (Anm. 81).
95 Friedländer 2013, S. 292.
96 Hierzu und im Folgenden: Artikel »Belzec«, in: Jäckel/Longerich/Schoeps 1998, S. 175 ff.
97 Musial 1999, S. 206 (Anm. 43).
98 Ebd., S. 207.
99 Friedländer 2013, S. 342.
100 Musial 1999, S. 331 (Anm. 514).
101 Ebd., S. 331.
102 Friedländer 2013, S. 324.
103 Artikel »Stangl, Franz«, in: Klee 2003, S. 596.
104 Lang 2001, S.101.

105 Schacht 1949, S. 145 f.
106 Musial 1999, S. 18, mit Bezug auf Franks Diensttagebuch.
107 Roth 2009, S. 67.
108 Erlass des Führers und Reichskanzlers über die Verwaltung der besetzten polnischen Gebiete vom 12. Oktober 1939 RGBl. I. 1939, S. 2077–2078. Ausgegeben zu Berlin, den 24. Oktober 1939. Hieraus resultieren die zum Teil unterschiedlichen Angaben in der Literatur, welche sich auf den Tag des Erlasses bzw. der Bekanntmachung beziehen.
109 Erlass des Führers und Reichskanzlers über die Gliederung und Verwaltung der Ostgebiete vom 8. Oktober 1939 (Reichsgesetzblatt 1939 I, S. 2042), in Kraft gesetzt durch Erlass vom 20. Oktober 1939 (Reichsgesetzblatt 1939, I, S. 2057).
110 Beispielhaft sei hier nur der nachfolgende Beitrag genannt: Weh 1940, S. 1393–1400.
111 Lehmkuhl 2023, S. 187.
112 Longerich 1989, S. 148.
113 Zit. n. Musial 1999, S. 67 (Anm. 208 f.).
114 Ebd., S. 32.
115 § 2 der Ersten Verordnung über den Aufbau der Verwaltung der besetzten polnischen Gebiete vom 26. Oktober 1939, VerordnungsBl. GG 1939, S. 3.
116 §§ 4 und 5 in ebd.
117 § 6 in ebd.
118 Roth, S. 68.
119 § 1 Nr. 9 Verordnung über die Berufung der Amtsträger und die Diensteinweisung von Beamten, Angestellten und Arbeitern im Generalgouvernement vom 8. Mai 1940, VerordnungsBl. GG I 1940, S. 187.
120 § 9 der Ersten Verordnung über den Aufbau der Verwaltung der besetzten polnischen Gebiete vom 26. Oktober 1939, VerordnungsBl. GG 1939, S. 3
121 Musial 1999, S. 33.
122 § 3 I der Ersten Verordnung über den Aufbau der Verwaltung der besetzten polnischen Gebiete vom 26. Oktober 1939, VerordnungsBl. GG 1939, S. 3
123 Vgl. du Prel, insbesondere S. 323.
124 Roth 2009, S. 69.
125 Ebd., S. 70.
126 Du Prel 1942, S. 383.
127 Verordnung über die Kennzeichnung von Juden und Jüdinnen im Generalgouvernement vom 23. Oktober 1939, in Kraft getreten zum 01. Dezember 1939, VerordnungsBl. GG 1939, S. 61.
128 Hierzu Hosenfeld 2004, S. 1034 (Anm. 48).
129 Weh 1940, S. 1398.
130 Deutschland-Berichte SoPaDe 7 (Januar 1940), S. 41.
131 Friedländer 2013, S. 160.
132 Deutschland-Berichte SoPaDe 7 (April 1940), S. 264.
133 Hosenfeld, S. 1079 (Anm. 325).
134 Verordnung über die Strafrechtspflege gegen Polen und Juden in den eingegliederten Ostgebieten, RGBl 1941 I 759 ff.

Anmerkungen

135 Musial 1999, S. 46.
136 Musial 1999, S. 202 (Anm. 39).
137 Artikel »Frank, Hans«, in: Klee 2003, S. 160.
138 Musial 1999, S. 57.
139 Ebd., S. 70, 84.
140 Goldensohn 2005, S. 117.
141 Goldensohn 2005, S. 173.
142 Friedländer 2013, S. 181.
143 Ebd., S. 228.
144 Ebd., S. 292.
145 Erlass des Führers und Reichskanzlers über die Verwaltung der besetzten polnischen Gebiete vom 12. Oktober 1939 RGBl. I. 1939, S. 2077–2078.
146 VerordnungsBl. GG 1939, S. 1/2.
147 § 2 der Ersten Verordnung über den Aufbau der Verwaltung der besetzten polnischen Gebiete vom 26. Oktober 1939, VerordnungsBl. GG 1939, S. 3.
148 Im Wortlaut: Erste Verordnung über den Aufbau der Verwaltung der besetzten polnischen Gebiete vom 26. Oktober 1939, ebd.
149 Verordnung über Sicherheit und Ordnung im Generalgouvernement vom 26. Oktober 1939, ebd.
150 Verordnung über die Einführung der Arbeitspflicht für die polnische Bevölkerung des Generalgouvernements vom 26. Oktober 1939, ebd., S. 5.
151 Verordnung über die Einführung des Arbeitszwanges für die jüdische Bevölkerung der Generalgouvernements vom 26. Oktober 1939, ebd., S. 6.
152 Verordnung über die Erstreckung der Arbeitspflicht für die polnische Bevölkerung des Generalgouvernements vom 14. Dezember 1939, ebd., S. 224.
153 § 4 der Ersten Durchführungsvorschrift zur Verordnung vom 26. Oktober 1939 über die Einführung des Arbeitszwanges für die jüdische Bevölkerung des Generalgouvernements vom 11. Dezember 1939, ebd., S. 231/232.
154 Zweite Durchführungsvorschrift zur Verordnung vom 26. Oktober 1939 über die Einführung des Arbeitszwanges für die jüdische Bevölkerung des Generalgouvernements vom 12. Dezember 1939 (Erfassungsvorschrift), ebd., S. 246.
155 Verordnung über das Schächtverbot vom 26. Oktober 1939, ebd., S. 6.
156 Verordnung über die Aufhebung und Steuerbegünstigung bei jüdischen Korporationen vom 23. November 1939, ebd., S. 60.
157 Verordnung über die Kennzeichnung von Juden und Jüdinnen im Generalgouvernement vom 23. November 1939, ebd., S. 61.
158 Zweite Verordnung über die Kennzeichnung von Juden und Jüdinnen im Generalgouvernement vom 19. Februar 1940, VerordnungsBl. GG 1940, S. 79.
159 Verordnung über die Bezeichnung der Geschäfte im Generalgouvernement vom 23. November 1939, VerordnungsBl. GG 1939, S. 61.
160 Verordnung über die Pflicht zur Anmeldung jüdischen Vermögens im Generalgouvernement vom 24. Januar 1940, VerordnungsBl. GG 1940, S. 31.

Anmerkungen

161 Verordnung über die Benutzung der Eisenbahn durch Juden im Generalgouvernement vom 26. Januar 1940, VerordnungsBl. GG 1940, S. 45.
162 Vgl. Friedländer 2013, S. 209.
163 Ebd., S. 328.
164 Verordnung über die Einsetzung der Judenräte vom 28. November 1939, VerordnungsBl. GG 1939, S. 72.
165 Verordnung über die Bestimmung des Begriffs »Jude« im Generalgouvernement vom 24. Juli 1940, VerordnungsBl. GG 1940, S. 231.
166 Vgl. Lösener/Knost 1936; zur Selbstverteidigung Löseners siehe Lösener 1961, zur Zwiespältigkeit der Person Löseners siehe Herden 2020.
167 Reichsbürgergesetz (RGBl. 1935 I S. 1146) und Gesetz zum Schutze des deutschen Blutes und der deutschen Ehre (kurz Blutschutzgesetz, RGBl. 1935 I S. 1146/1147).
168 RGBl. I 1935, S. 1146.
169 Ebd.
170 Ebd., S. 1145.
171 Verordnung über das jüdische Schulwesen im Generalgouvernement vom 31. August 1940, VerordnungsBl. GG 1940, S. 258.
172 Verordnung über Ein- und Ausreisebewilligungen für das Gebiet des Generalgouvernements vom 26. Oktober 1939, VerordnungsBl. GG 1939, S. 7.
173 Verordnung über die Meldepflicht der Ausländer vom 14. Dezember 1939, ebd., S. 223.
174 Verordnung über die Herausgabe von Druckerzeugnissen vom 26. Oktober 1939, ebd., S. 7.
175 Verordnung über die Beschlagnahme und Abgabe von Rundfunkgeräten vom 15. Dezember 1939, ebd., S. 225.
176 Verordnung zur Bekämpfung von Gewalttaten im Generalgouvernement vom 31. Oktober 1939, ebd, S. 10.
177 Verordnung zur Ergänzung der Verordnung zur Bekämpfung von Gewalttaten im Generalgouvernement vom 02. Dezember 1939, ebd., S. 206.
178 Verordnung über die Verwendung deutscher Hoheitsabzeichen und die Anwendung des deutschen Grußes vom 23. November 1939, ebd., S. 62.
179 Verordnung über die Verwaltung der polnischen Gemeinden vom 28. November 1939, ebd., S. 71.
180 Deutsche Gemeindeordnung vom 30. Januar 1935, Reichsgesetzblatt 1935 I S.49, ber. S. 171.
181 Verordnung über die Bildung und Verwaltung von Gemeindeverbänden im Generalgouvernement vom 27. Juni 1940, VerordnungsBl. GG 1940, S. 208.
182 Verordnung über das Tragen von Uniformen im Generalgouvernement vom 28. November 1939, VerordnungsBl. GG 1939, S. 73.
183 Erste Durchführungsverordnung zur Verordnung vom 28. November 1939 über das Tragen von Uniformen im Generalgouvernement vom 29. November 1939, ebd., S. 76.
184 Verordnung über die Verwendung der ehemaligen polnischen Hoheitszeichen im Generalgouvernement vom 08. März 1940, VerordnungsBl. GG 1940, S. 98.

Anmerkungen

185 Verordnung über das Waffentragen der polnischen Forstbeamten im Generalgouvernement vom 14. Dezember 1939, VerordnungsBl. GG 1939, S. 223.
186 Verordnung über das Tragen der Beamtenuniform im Generalgouvernement vom 16. März 1940, VerordnungsBl. GG 1940, S. 101.
187 Verordnung über die Errichtung der »Volksdeutschen Gemeinschaft« im Generalgouvernement vom 19. April 1940, ebd., S. 145.
188 Anordnung über die Errichtung des Arbeitsbereiches Generlgouvernement Polen der NSDAP vom 6. Mai 1940, ebd., S. 183.
189 § 1 Nr. 9 der Verordnung über die Berufung der Amtsträger und die Diensteinweisung von Beamten, Angestellten und Arbeitern im Generalgouvernement vom 08. Mai 1940, ebd., S. 187.
190 § 1 der Verordnung über die Einrichtung eines Sonderdienstes vom 06. Mai 1940, ebd., S. 186
191 Ermittlungen gegen Achterberg und Weihenmaier, Bd. III, BArch Ludwigsburg B 162/19911, p. 211.
192 Tagebuch des Generalgouverneurs Hans Frank, 20.4.1942, IfZ-Archiv München Fb 105/21, p. 5038 f.
193 Ebd., p. 5041 f.
194 Ebd., p. 5044.
195 Verordnung über Aufenthaltsbeschränkungen im Generalgouvernement vom 13. September 1940, VerordnungsBl. GG 1940, S. 288.
196 Verordnung über das Verwaltungsstrafverfahren im Generalgouvernement vom 13. September 1940, ebd., S. 300.
197 Roth 2009, S. 55.
198 Ebd., S. 34.
199 Baedeker 1943, S. V.
200 Ebd., S. IX.
201 Ebd., S. XI.
202 Ebd., S. XIII.
203 Ebd., S. XIV f.
204 Ebd., S. XV f.
205 Ebd., S. 135 f.
206 Ebd., S. 136.
207 Ebd., S. 137.
208 Roth 2009, S. 58.
209 Ebd., S. 57.
210 Ebd., S. 59.
211 Ebd., S. 8.
212 Ebd., S. 9.
213 Ebd., S. 49.
214 Ebd., S. 46 f.
215 Musial 1999, S. 34.
216 Ebd., S. 40 ff.

217 Ebd., S. 233.
218 Ebd., S. 236.
219 Ermittlungen gegen Achterberg und Weihenmaier, Bd. III, BArch Ludwigsburg B 162/19913, p. 478.
220 Ebd., Bd. III, BArch Ludwigsburg B 162/19912, p. 320.
221 Ebd., Bd. III, BArch Ludwigsburg B 162/19911, p. 232.
222 Artikel »Schmidt, Friedrich«, in: Klee 2003, S. 544.
223 Musial 1999, S. 35.
224 Ebd., S. 36. Zu Zörner siehe Artikel »Zörner, Ernst«, in: Klee 2003, S. 697.
225 Artikel »Zörner, Ernst«, in: Klee 2003, S. 697 f.
226 Artikel »Engler, Wilhelm«, in: Ebd., S. 137.
227 Artikel »Frank, Hans«, in: Ebd., S. 160.
228 Artikel »Fischer, Ludwig«, in: Ebd., S. 160.
229 Tagebuch des Generalgouverneurs Hans Frank, 28.5.1943, IfZ-Archiv München Fb 105/29, p. 7223 f.
230 Ebd., p. 7226.
231 Ebd., p. 7223 f.
232 Ebd., p. 7227.
233 Ebd., p. 7223 f.
234 Musial 1999, S. 39.
235 Himmler, H. 1999, S. 379.
236 Himmler, K. 2005, S. 76.
237 Ebd., S. 76.
238 Ebd., S. 218.
239 Ebd., S. 219 sowie Klee 2003, S. 668.
240 Himmler, K. 2005, S. 223.
241 Artikel »Wendler, Richard«, in: Klee 2003, S. 668.
242 Himmler, K. 2005, S. 223.
243 Vgl. Klee 1991, dort insbesondere S. 40 ff: »[...] das gütige Verstehen der katholischen Kirche – Dankschreiben aus Bischof Hudals Archiv«.
244 Sands 2020, S. 277.
245 Musial 1999, S. 44.
246 Roth 2009, S. 64.
247 Ebd., S. 65.
248 Musial 1999, S. 47.
249 Hierzu auch ebd., S. 61.
250 Roth 2009, S. 38 f.
251 Ebd., S. 49.
252 Ebd., S. 50–52.
253 Musial 1999, S. 48.
254 Alle Beispiele: Ebd., S. 49.
255 Schreiben des Oberbefehlshabers Ost an den Generalgouverneur, zit. n. Musial 1999, S. 50 (Anm. 136).

256 Musial 1999, S. 56 ff.
257 Zit. n. ebd., S. 58 (Anm. 173).
258 Westerkamp: Vorschläge zur weiteren Klärung und Vereinfachung der Verwaltungsverhältnisse im Generalgouvernement vom 31. Juli 1941, zit. n. Musial 1999, S. 60 (Anm. 186).
259 Musial 1999, S. 92.
260 Ebd., S. 94 f.
261 Hierzu ebd., S. 66.
262 Roth 2009, S. 42 f.
263 Ebd., S. 44.
264 Ebd., S. 64.
265 Schoeller 2005, S. 19 ff.
266 Kopciowski 2002, S. 221.
267 Friedländer 2013, S. 183.
268 So sicher richtig: ebd., S. 190.
269 Verordnung über die Einsetzung der Judenräte vom 28. November 1939, VerordnungsBl. GG 1939, S. 72
270 Verordnung über die Bestimmung des Begriffs »Jude« im Generalgouvernement vom 24. Juli 1940, VerordnungsBl. GG 1940, S. 231.
271 Gesetz zum Schutze des deutschen Blutes und der deutschen Ehre vom 15. September 1935, ReichsGBl. 1935 I, S. 1146.
272 Reichsbürgergesetz vom 15. September 1935 ReichsGBl. 1935 I, S. 1146.
273 Erste Verordnung zum Blutschutzgesetz vom 14. November 1935, ReichsGBl. 1935 I, S. 1334 f.
274 Musial 1999, S. 280 f.
275 Ebd., S. 324.
276 Hierzu im Falle des Judenratsvorsitzenden von Lodz: Friedländer 2013, S. 191.
277 Ebd., S. 236.
278 Ebd., S. 238.
279 Ebd., S. 185.
280 Kopciowski 2002, S. 223.
281 Ebd.
282 Ebd., S. 224.
283 Trunk 1972, S. 243: »According to one version, the daily ransom fee for Zamosc was 2 Szlotys. According to another version, it was 4 Szloty a day.«
284 Kopciowski 2002, S. 226
285 Ebd., S. 236
286 Ebd., S. 227
287 Hierzu mit weiteren Nachweisen: ebd., S. 235.
288 Ebd., S. 236.
289 Ebd., S. 227.
290 Ebd., S. 228.
291 Ebd., S. 229.

292 Ebd.
293 Ebd., S. 231.
294 Ebd., S. 234.
295 Der gesamte Abschnitt in Anlehnung an ebd., S. 238 f., dort mit weiteren Nachweisen.
296 Hierzu und im Folgenden: ebd., S. 223.
297 Ebd., S. 231.
298 Ebd., S. 232.
299 Ebd.
300 Ebd.
301 Ebd., S. 232 f.
302 Ebd., S. 233.
303 Zu diesem Komplex umfassend: ebd., S. 239.
304 Ebd., S. 227.
305 Ebd., S. 228.
306 Ebd., S. 229.
307 Ebd., S. 230.
308 Ebd., S. 231.
309 Friedländer 2013, S. 412.
310 Siehe: http://www.ghetto-theresienstadt.de/pages/l/loewensteink.htm [19.2.2024].
311 Kopciowski 2002, S. 229.
312 So der Titel des äußerst fundierten Artikels von Michael Berger, Historikeroffizier beim Wehrgeschichtlichen Forschungsamt der Bundeswehr, siehe Berger 2012.
313 Berger 2015, S. 179.
314 Zit. n. Berger 2012, S. 159 ff.
315 So die völlig richtige Wertung in ebd., S. 159.
316 Hambrock 2003, S. 1.
317 Schacht 1949, S. 48, 156.
318 So in Anlehnung an Hilberg 2011.
319 Hierzu: Herden 2006.
320 Hierzu Musial 1999, S. 63.
321 Ermittlungen gegen P***r, BArch Ludwigsburg B 162/5931, p. 291.
322 So Musial 1999, S. 18.
323 Artikel »Ansel, Werner«, in: Klee 2003, S. 17.
324 Lagebericht des Kreishauptmannes von Biłgoraj für den Monat Juni 1940, zit. n. Musial 1999, S. 52 (Anm. 143).
325 Musial 1999, S. 217 (Anm. 85).
326 Ebd., S. 100 (Anm. 332).
327 Ebd., S. 261 (Anm. 256).
328 Ermittlungen gegen P***r, BArch Ludwigsburg B 162/5931, p. 292.
329 Ermittlungen gegen P***r, BArch Ludwigsburg B 162/5931, p. 250.
330 Ebd., p. 261.
331 Ebd., p. 262.
332 Ebd., p. 293.

Anmerkungen

333 Musial 1999, S. 290 (Anm. 290), 315.
334 Ebd., S. 328.
335 Ebd., S. 52.
336 Ebd., S. 190.
337 Drilmann 2008, S. 359.
338 Biedermann 2008, S. 366.
339 Ermittlungen gegen P***r, BArch Ludwigsburg B 162/5931, p. 291.
340 Ehrentitel für besonders angesehene, chassidische Rabbiner: ›Unser Lehrer und Meister‹.
341 Ehrlich 2008, S. 375.
342 Vgl. Artikel »Schawuot«, in: Bin Gorion u. a. 1935, Sp. 655.
343 Kempinsky-Krieger 2008, S. 376 f.
344 Musial 1999, S. 18.
345 Ebd., v. a. S. 92.
346 Der frühere Landrat im bayerischen Mühldorf, Heinz Doering, über seine Ankunft in Krakau, zit. n. Roth 2009, S. 7.
347 Sowade 2010, S. 8.
348 Friedländer 2013, S. 171 f.
349 Bericht des Oberbürgermeisters der Stadt Reutlingen, Oskar Kalbfell, vom 24. Juni 1946, in der Säuberungsakte Weihenmaier Staatsarchiv Sigmaringen, Wü 13 T2 Nr. 1600/270.
350 Roth, S. 509
351 Auf das demokratische Selbstverwaltungselement hatte das System sehr bescheiden verzichtet, Wahlen wurden durch die schlichte Benennung von Parteibeauftragten ersetzt.
352 Württembergisches Oberamt Urach an das Innenministerium in Stuttgart vom 26. Mai 1934, BArch Berlin, ZA VI 175 A 16, S. 2.
353 Württembergisches Oberamt Urach an das Württembergische Innenministerium in Stuttgart vom 15. Dezember 1934, ebd., S. 4.
354 Württembergisches Oberamt Urach an das Innenministerium in Stuttgart vom 27. Dezember 1935, BArch Berlin, ebd., S. 5.
355 Der Reichsstatthalter in Württemberg an den Reichs- und Preußischen Minister des Inneren, unterzeichnet von Staatssekretär Waldmann, 29.5.1936, ebd., S. 1.
356 Der Reichs- und Preußische Minister des inneren an die Reichsstelle für Sippenforschung, 19.6.1936, ebd., S. 11.
357 Reichsstelle für Sippenforschung an den Reichs- und Preußischen Minister des Inneren, 25.8.1936, ebd., S. 17.
358 Abschrift der Ernennungsurkunde für Helmut Weihenmaier, AZ: II D 3818/36, 5.9.1936, ebd., S. 22.
359 Reichsminister des Inneren an I. Ministerium des Inneren Stuttgart II. OKH – GenStdH. – GenQu III. Oberpräsident Breslau, 6.10.1939, ebd., o. p.
360 Der Württembergische Innenminister an den Herrn Reichsminister des Inneren, 21.11.1939, ebd., o. p.

Anmerkungen

361 Hauptabteilung Innere Verwaltung der Regierung des Generalgouvernements an den Herrn Reichsminister des Inneren, Org. 1593/42, 15.5.1942, ebd., o. p.
362 Reichsminister des Inneren an den Herrn Reichsstatthalter in Württemberg, AZ: P 4-2116/42, 13.6.1942, ebd., o. p.
363 Der Reichsstatthalter in Württemberg an den Herrn Reichsminister des Inneren, B 4 b J/20, 24.6.1942, ebd., o. p.
364 Parteikanzlei der NSDAP an den Reichsminister des Inneren.Bundesarchiv, P 4-2401/43, 14.1.1942, ebd., o. p.
365 Fragebogen/Questionnare im Rahmen der politischen Säuberung, 11.1.1946, StA Sigmaringen Wü 13 T2, Nr. 1600/270.
366 Vorschlag zur Ernennung des Regierungsrates Helmut Weihenmaier zum Kreishauptmann, BArch Berlin ZA V 217, S. 111.
367 Vorschlag zur Ernennung des Regierungsrates Helmut Weihenmaier zum Kreishauptmann, ebd., S. 112.
368 Lehr 2007, S. 253.
369 Vorschlag zur Ernennung des Regierungsrates Helmut Weihenmaier zum Kreishauptmann, BArch Berlin ZA V 217, S. 112 R.
370 Meldung über den Personalstand der Kreis- und Stadthauptleute sowie Stadt- und Landkommissare, 5.1.1943, BArch Berlin ZM 595 A. 4, Bl. 5 f.
371 Fragebogen/Questionnare, 11.1.1946, StA Sigmaringen Wü 13 T2, Nr. 1600/270.
372 Verordnungsblatt der NSDAP, Arbeitsbereich Generalgouvernement, 3. Jahrgang, Folge 9 vom September 1943, dort OZ 6, S. 5.
373 Weihenmaier selbst gibt an, seit 1. Mai 1933 Mitglied der NSDAP gewesen zu sein, also eine völlig unerhebliche Abweichung, Fragebogen/Questionnare, 11.1.1946, StA Sigmaringen Wü 13 T2, Nr. 1600/270.
374 Organisationsbuch der NSDAP, S. 6d, 2. Verpflichtung.
375 Ebd., S. 6e, 2. Verpflichtung.
376 Tagebuch des Generalgouverneurs Hans Frank, 23.1.1941, IfZ-Archiv München Fb 105/11, p. 2562.
377 Meldung über den Personalstand der Kreis- und Stadthauptleute sowie Stadt- und Landkommissare, 5.1.1943, BArch Berlin ZM 595 A. 4, Bl. 5 f.
378 Tagebuch des Generalgouverneurs Hans Frank, 23.1.1941, IfZ-Archiv München Fb 105/7, p. 2562-2566.
379 Organisationsbuch der NSDAP, Tafel auf S. 27a bis 27c.
380 Ebd., Tafel 18, ferner S. 27a.
381 Ebd., Tafel 20.
382 Ebd., Tafel 22.
383 Ebd., Tafel 24.
384 Ebd., S. 27, II. Dienstrang- und Dienststellungsabzeichen des Politischen Leiters der NSDAP. A., Allgemeines über Dienstrang -und Dienststellungabzeichen.
385 Ebd.
386 Ebd., S. 18/19, Berufungen und Ernennungen/Berufung von Politischen Leitern.
387 Ebd., S. 15, Der Typ des Politischen Leiters.

Anmerkungen

388 Ebd., S. 16, Vereidigung des politischen Leiters.
389 Anordnung über die Errichtung des Arbeitsbereiches Generalgouvernement Polen der NSDAP vom 6. Mai 1940, VerordnungsBl. GG 1940, S. 183.
390 Du Prel 1942, S. 388.
391 Bericht des Oberbürgermeisters der Stadt Reutlingen, Oskar Kalbfell, 24.6.1946, StA Sigmaringen Wü 13 T2, Nr. 1600/270.
392 Du Prel 1942, S. 389.
393 § 26 I Wehrgesetz vom 21. Mai 1935, Reichsgesetzblatt 1935 I, S. 609–614.
394 Ziff. 1. der Anordnung vom 06. Mai 1940, Verordnungsblatt GG 1940, S. 183.
395 Organisationsbuch der NSDAP, S. 99, Der Block der NSDAP.
396 Schreiben der Rechtsanwälte Weihenmaiers vom 20. März 1948 an den Staatskommissar für die Politische Säuberung, StA Sigmaringen Wü 13 T2, Nr. 1600/270.
397 Umfassend zum Gesamtkomplex: Longerich 2006.
398 Siemens 2019, S. 22.
399 Ebd., S. 28.
400 Ebd., S. 134.
401 Ebd., S. 312.
402 Ebd., S. 314.
403 Ebd., S. 316.
404 Ebd., S. 321.
405 Ebd., S. 326.
406 Ebd., S. 351 f.
407 Tagebuch des Generalgouverneurs Hans Frank, 20.4.1942, IfZ-Archiv München Fb 105/21, p. 5050–5053.
408 Vorschlag zur Ernennung des Regierungsrates Helmut Weihenmaier zum Kreishauptmann, BArch Berlin ZA V 217, S. 112 R.
409 Ebd.
410 Personalakte Helmut Weihenmaier im Bundesarchiv, Personalbogen, BArch Berlin ZA VI 175 A 16, S. 2.
411 Was er im Zuge der politischen Säuberung auch wahrheitsgemäß angegeben hat, siehe Fragebogen/Questionnaire, 11.1.1946, StA Sigmaringen Wü 13 T2, Nr. 1600/270.
412 BArch Berlin ZWM 1463, Aufnahme 6, SA-Karteiblatt.
413 Ebd., Aufnahme 7.
414 Ebd., Aufnahme 3.
415 Bericht des Oberbürgermeisters der Stadt Reutlingen, Oskar Kalbfell, 24.6.1946, StA Sigmaringen Wü 13 T2, Nr. 1600/270.
416 Doehle 1943, S. 71.
417 Ebd., S. 71–73.
418 Ebd., S. 78.
419 Ebd., S. 79.
420 Siehe »Märzgefallene«, https://www.ids-mannheim.de/lexik/sprachliche-sozialgeschichte-1933-bis-1945/belege-des-monats/maerz-2020 [23.6.2024].

421 Tagebuch des Generalgouverneurs Hans Frank, 28.7.1940, IfZ-Archiv München Fb 105/7, p. 1739 f.
422 Ebd., p. 1740 f.
423 Ebd., p. 1742 f.
424 Ebd., p. 1744.
425 Musial 1999, S. 128.
426 BArch Berlin ZWM 1463, Aufnahme 6, SA, Karteiblatt.
427 Ermittlungen gegen Achterberg und Weihenmaier, Bd. III, BArch Ludwigsburg B 162/19911, p. 211.
428 So die Aussage der Frau Elsbeth Weihenmaier vor dem Politischen Referat der Stadt Reutlingen, Rechtsanwalt Leibssle, 26.4.1946, in Weihenmaiers Entnazifizierungsprozess vor der Spruchkammer Reutlingen, StA Sigmaringen Wü 13 T2, Nr. 1600/270.
429 Musial 1999, S. 159.
430 Ebd., S. 175.
431 Ebd., S. 136.
432 Ebd., S. 158.
433 Himmler, H. 1999, S. 186.
434 Musial 1999, S. 140.
435 Himmler, H. 1999, S. 207.
436 Musial 1999, S. 54.
437 Himmler, H. 1999, S. 233.
438 Musial 1999, S. 232.
439 Ebd., S. 216 (Anm. 81).
440 Musial 1999, S. 236.
441 Himmler, H. 1999, S. 495.
442 Ebd., S. 523.
443 Zit. n. Musial 1999, S. 116 (Anm. 53).
444 Ebd., S. 260 (Anm. 252).
445 Ebd., S. 260 (Anm. 252).
446 Staatsanwaltschaftliche Ermittlungsakte im BArch Ludwigsburg, zit. n. Musial 1999, S. 93 (Anm. 312).
447 Zu diesem und den nachfolgenden Fakten: Roth 2009, S. 509.
448 Verzeichnis der Landräte im Ausland und Militärverwaltungsdienst, BArch Berlin ZA I 11927 A 5, S. 26.
449 Harry Georg von Craushaar (1891–1970), 1943 SS-Brigadeführer, seit 1943 Chef der Hauptabteilung Innerer Verwaltung im Generalgouvernement, 1944 Reichsverteidigungskommissar in Krakau, vgl. Artikel »Craushaar, Harry Georg von«, in: Klee 2003, S. 96.
450 Referat III 1 des Reichsministeriums des Inneren (ohne AZ) an Referat III 4 des Reichsministeriums des Inneren, 1.9.1944, BArch Berlin ZA VI 175 A 16, o. p.
451 Reichsministerium des Inneren via Fernschreiben an den Reichsstatthalter in der Westmark und Chef der Zivilverwaltung in Lothringen, 6.9.1944, ebd., o. p.

Anmerkungen

452 Der Reichsminister des Inneren Referat III 4 an den Kreishauptmann Helmut Weihenmaier in Reutlingen, AZ III-4-3256/44, 13.9.1944, ebd., o. p.
453 Der Reichsstatthalter in der Westmark und Chef der Zivilverwaltung in Lothringen an den Herrn Reichsminister des Inneren, AZ Z.-Pers.: 24 000/44-62 W 1, 27.9.1944, ebd., o. p.
454 Bericht des Oberbürgermeisters der Stadt Reutlingen, Oskar Kalbfell, 24.6.1946, StA Sigmaringen Wü 13 T2, Nr. 1600/270.
455 Deutscher Anwaltverein und Deutscher Richterbund waren gleichgeschaltet, der NS-Rechtswahrerbund war die Reichseinheitsorganisation für alle juristischen Berufe.
456 Staatskommissariat für die politische Säuberung, Tübingen-Lustnau, Spruchkammer II, gegen Helmut Weihenmaier, verh. Landrat, 1C/RB/225, 13.7.1948, StA Sigmaringen Wü 13 T 2, Nr. 2685/148.
457 Die gesamte Säuberungsakte Weihenmaier befindet sich ebd., Nr. 1600/270.
458 Aussage der Frau Elsbeth Weihenmaier vor dem Politischen Referat der Stadt Reutlingen, Rechtsanwalt Leibssle, 26.4.1946, ebd.
459 Eidesstattliche Erklärung des Studienrates am Evangelisch Theologischen Seminar Urach, Alfred Haffner, 1.12.1947, ebd.
460 Erklärung des Vorsitzenden des Ausschusses der Sozialdemokratischen Partei der Stadt Urach, Hermann Muckenfuß, 03.12.1947, ebd.
461 Bestätigung des 1. Beigeordneten der Stadt Urach und Politischen Leiters der Kommunistischen Partei, Gustav Thumm, 27.11.1947, ebd.
462 Ephorus (Theologischer Leiter) Hermann Storz, Evangelisches theologisches Seminar Urach, als Hauptmann der Reserve auch (nach eigenen Angaben) Adjutant des Wehrkreiskommandos Tübingen von 1943–1945, in seiner eidesstattlichen Versicherung an die Spruchkammer vom 28.11.1947, ebd.
463 BArch Bayreuth, Ost-Dok 13/322, S. 2.
464 Ebd., S. 3.
465 Klukowski 2017, S. 30.
466 BArch Bayreuth, Ost-Dok 13/322, S. 4.
467 Ebd., S. 5.
468 Ebd., S. 7 f.
469 Ebd., S. 11.
470 Ebd., S. 12.
471 Gesetz zur Sicherung der Einheit von Partei und Staat vom 1. Dezember 1933, Reichsgesetzblatt 1933 I, S. 1016.
472 Gaubeauftragter des Reichssportführers und zugleich Sportbereichsführer im Gau XV (Württemberg) war SA-Führer Dr. Eugen Klett, außerdem noch Gauschulungsleiter der NSDAP. Er ist nicht zu verwechseln mit dem späteren Stuttgarter Oberbürgermeister Arnulf Klett, der ein Gegner des Nationalsozialismus war und sogar zeitweise im KZ saß.
473 Eidesstattliche Versicherung des Vermessungsrates Müller (Metzingen), abgegeben in Reutlingen am 10. Oktober1947, StA Sigmaringen Wü 13 T2, Nr. 1600/270.

474 Aussage der Frau Anne W***n vor dem Politischen Referat der Stadt Reutlingen, Rechtsanwalt Leibssle, 18.4.1946, ebd.
475 Eidesstattliche Versicherung des Regierungs-Oberinspektors Otto Weinmann, Nürtingen, 13.9.1947, ebd.
476 Eidesstattliche Versicherung des Stadtamtmannes i. R. Gottlieb Harzer, 22.11.1947, ebd.
477 Eidesstattliche Versicherung des Rechtsanwaltes Walter Jetter in Urach, 3.12.1947, ebd.
478 Bescheinigung, ausgestellt von Bürgermeister Johannes Rücher (Urach), 27.11.1947, ebd.
479 Bericht des Oberbürgermeisters der Stadt Reutlingen, Oskar Kalbfell, 24.6.1946, ebd.
480 Ebd.
481 Ebd.
482 Ebd.
483 Planck war als Mitglied der KPD 1933 sieben Monate in »Schutzhaft« und wurde aus dem Amt verjagt. Er war mit Helmut Weihenmaier seit der gemeinsamen Schul- und Jugendzeit befreundet, Erklärung des Amtsanwaltes Ernst Planck, Nürtingen, 1.5.1946, StA Sigmaringen Wü 13 T2, Nr. 1600/270.
484 Aussage der Frau Anne W***n vor dem Politischen Referat der Stadt Reutlingen, Rechtsanwalt Leibssle, 18. April 1946, ebd.
485 Eidesstattliche Versicherung des früheren Oberregierungsrates Otto Wilderer, früher zweiter Beamter der Kanzleidirektion (zugleich Personalabteilung) des Württembergischen Innenministeriums, 16.11.1947, ebd.
486 Eidesstattliche Versicherung des Landrates a. D. Max Knöpfle, Reutlingen, 24.11.1947, ebd.
487 Eidesstattliche Versicherung des früheren Oberregierungsrates Otto Wilderer, 16.11.1947, ebd.
488 Bescheinigung, ausgestellt von Bürgermeister Johannes Röcker (Urach), 27.11.1947, ebd.
489 Erklärung des Architekten, Dipl.-Ing. Rolf Gutbier, Stuttgart, 1.3.1947, ebd. Interessant ist dabei zu wissen, dass Rolf Gutbier (geboren 1903 in Erlangen) nicht nur an der Technischen Hochschule Stuttgart studiert hatte, sondern dort auch 1948 Ordinarius wurde und sogar von 1953 bis 1955 Rektor der Hochschule war. Er wurde 1970 emeritiert. Gutbier hatte in der Nachkriegszeit den Wiederaufbau von Stuttgart entscheidend mitgeprägt. Er konnte erklären, nie Mitglied der NSDAP gewesen zu sein. Trotzdem scheint seine Tätigkeit in Zamosc zumindest nicht frei von Widersprüchen zu sein. Polnische Archive werden einst die Gelegenheit dazu geben, diese auszuräumen.
490 Hermann Storz in seiner eidesstattlichen Versicherung an die Spruchkammer, 28.11.1947, ebd.
491 Eidesstattliche Versicherung des Landrates a.D. Max Knöpfle, Reutlingen, 24.11.1947, ebd.

Anmerkungen

492 Aussage der Frau Anne W***n vor dem Politischen Referat der Stadt Reutlingen, Rechtsanwalt Leibssle, 18.4.1946, ebd.
493 Bericht des Oberbürgermeisters der Stadt Reutlingen, Oskar Kalbfell, 24.6.1946, ebd.
494 Aussage der Frau Elsbeth Weihenmaier vor dem Politischen Referat der Stadt Reutlingen, Rechtsanwalt Leibssle, 26.4.1946, ebd.
495 Geradezu auffällig: Hier liegt Zamosc in Polen, nicht mehr im Generalgouvernement, für damalige Zeiten wohl eine geradezu bemerkenswerte Erkenntnis!
496 Schreiben der Rechtsanwälte Bacher und Brösamle, Tübingen, 28.8.1947 an die Spruchkammer, StA Sigmaringen Wü 13 T2, Nr. 1600/270. Das Schreiben könnte, zumindest als Entwurf, aus der Feder Weihenmaiers selbst stammen, der vielleicht in dieser Kanzlei mitgearbeitet hat.
497 Aussage der Frau Elsbeth Weihemaier vor dem Politischen Referat der Stadt Reutlingen, Rechtsanwalt Leibssle, 26.4.1946, ebd.
498 Erklärung des Amtsanwaltes Ernst Planck, Nürtingen, 1.5.1946, ebd.
499 Tagebuch des Generalgouverneurs Hans Frank, 28.7.1940, IfZ-Archiv München Fb 105/7, p. 1739 f.
500 Aussage der Frau Anne W***n vor dem Politischen Referat der Stadt Reutlingen, Rechtsanwalt Leibssle, 18.4.1946, StaA Sigmaringen Wü 13 T2, Nr. 1600/270.
501 Erklärung des Architekten Dipl.-Ing. Rolf Gutbier, Stuttgart, 1.3.1947, ebd.
502 Ebd.
503 Eidesstattliche Versicherung der Sekretärin Hilde Eva L***r, 4.12.1947, StA Sigmaringen Wü 13 T2, Nr. 1600/270. Hilde Eva L***r versicherte, nicht Mitglied der NSDAP oder einer ihrer Gliederungen gewesen zu sein und vom Gesetz zur Befreiung vom Nationalsozialismus nicht betroffen zu sein.
504 Erklärung des Architekten, Dipl.-Ing. Rolf Gutbier, Stuttgart, 1.3.1947, ebd.
505 Erklärung des Hans Rondorf, Hennef/Sieg, 31.12.1947/28.1.1948, ebd. Hans Rondorf gab in der Erklärung an, dass er als Angestellter der Staatsanwaltschaft Köln ins Generalgouvernement abgeordnet worden sei und von Februar 1940 bis Juli 1944 u. a. als Personalreferent bei Kreishauptmann Weihenmaier in Zamosc tätig war.
506 Hermann Storz, Evangelisches theologisches Seminar Urach, in seiner eidesstattlichen Versicherung an die Spruchkammer, 28.11.1947, ebd.
507 Erklärung des Hans Rondorf, Hennef/Sieg, 31.12.1947/28.1.1948, ebd.
508 Aussage der Frau Anne W***n vor dem Politischen Referat der Stadt Reutlingen, Rechtsanwalt Leibssle, 18.4.1946, ebd.
509 Ebd.
510 Erklärung des Architekten Dipl.-Ing. Rolf Gutbier, Stuttgart, 1.3.1947, StaA Sigmaringen Wü 13 T2, Nr. 1600/270.
511 Erklärung des Hans Rondorf, Hennef/Sieg, 31.12.1947/28.1.1948, ebd.
512 Aussage der Frau Elsbeth Weihemaier vor dem Politischen Referat der Stadt Reutlingen, Rechtsanwalt Leibssle, vom 26. April 1946, ebd.
513 Erklärung des Architekten Dipl.-Ing. Rolf Gutbier, Stuttgart, 1.3.1947, ebd.
514 Erklärung des Hans Rondorf, Hennef/Sieg, 31.12.1947/28.1.1948, ebd.
515 Ebd.

Anmerkungen

516 Aussage der Frau Elsbeth Weihenmaier vor dem Politischen Referat der Stadt Reutlingen, Rechtsanwalt Leibssle, 26.4.1946, StaA Sigmaringen Wü 13 T2, Nr. 1600/270.
517 Erklärung des Hans Rondorf, Hennef/Sieg, 31.12.1947/28.1.1948, ebd.
518 Erklärung des Architekten Dipl.-Ing. Rolf Gutbier, Stuttgart, 1.3.1947, ebd.
519 Erklärung des Hans Rondorf, Hennef/Sieg, 31.12.1947/28.1.1948, ebd.
520 Bescheinigung, ausgestellt von Bürgermeister Johannes Röcker (Urach), 27.11.1947, ebd.
521 Hermann Storz, Evangelisches theologisches Seminar Urach, in seiner eidesstattlichen Versicherung an die Spruchkammer, 28.11.1947, ebd.
522 Seit 1. Januar 1975 ein Stadtteil von Metzingen.
523 Bescheinigung des Bürgermeisters von Glems, Albert Schmauder, zur Vorlage bei der Spruchkammer, 3.5.1948, ebd.
524 Aussage Albert Schmauders vor dem Politischen Referat der Stadt Reutlingen, Rechtsanwalt Leibssle, 17.4.1946, ebd.
525 Was er im Zuge der politischen Säuberung auch wahrheitsgemäß angegeben hat. Fragebogen/Questionnare, 11.1.1946, ebd.
526 BArch Berlin ZWM 1463, Aufnahme 6, SA, Karteiblatt.
527 Anlage zum Fragebogen, StA Sigmaringen Wü 13 T2, Nr. 1600/270.
528 Mit dem Briefkopf »Der Führungsstab der SA im Generalgouvernement – Standarte Lublin« Br.B.Nr. 462/43 ist ein Schreiben des »Führers der SA-Standarte Lublin«, unterzeichnet von Sturmbannführer Jobst, betitelt, in welchem am 1. August 1943 beim SA-Führungsstab im Generalgouvernement ein entsprechender Antrag gestellt wurde, BArch Berlin ZWM 1463, Aufnahme 7.
529 Anlage zum Fragebogen, StA Sigmaringen Wü 13 T2, Nr. 1600/270.
530 Tagebuch des Generalgouverneurs Hans Frank, 28.7.1940, IfZ-Archiv München Fb 105/7, p. 1739 f.
531 Hauptabteilung Innere Verwaltung der Regierung des Generalgouvernements an den Herrn Reichsminister des Inneren, Org. 1593/42, 15.5.1942, BArch ZA VI 175 A 16, o. p.
532 Reichsgesetzblatt I 1933, S. 153 f.
533 Deutsche Gemeindeordnung vom 30. Januar 1935, RGBl. 1935 I S.49, ber. S. 171.
534 Regierungsblatt für Württemberg 1934, S. 51 ff.
535 Reichsgesetzblatt I 1933, S. 193.
536 Gesetz vom 25.4.1938, Regierungsblatt für Württemberg 1938, S. 155.
537 Mailänder in Stadtgeschichte Urach 2012, S. 37.
538 Ebd.
539 Sindlinger in Stadtgeschichte Urach 2012, S. 63.
540 Leisentritt in ebd., S. 139 ff.
541 Eidesstattliche Versicherung des früheren Oberregierungsrates Otto Wilderer, früher zweiter Beamter der Kanzleidirektion (zugleich Personalabteilung) des Württembergischen Innenministeriums, 16.11.1947, StA Sigmaringen Wü 13 T2, Nr. 1600/270.
542 Hermann Storz, Evangelisches theologisches Seminar Urach, in seiner eidesstattlichen Versicherung an die Spruchkammer, 28.11.1947, ebd.

Anmerkungen

543 Bescheinigung, ausgestellt von Bürgermeister Johannes Rücher (Urach), 27.11.1947, ebd.
544 Bestätigung des 1. Beigeordneten der Stadt Urach und Politischen Leiters der Kommunistischen Partei, 27.11.1947, ebd.
545 Hermann Storz, Evangelisches theologisches Seminar Urach, als Hauptmann der Reserve auch (nach eigenen Angaben) Adjutant des Wehrkreiskommandos Tübingen von 1943-1945, Beglaubigung seiner Unterschrift unter der eidesstattlichen Versicherung an die Spruchkammer durch Bürgermeister Johannes Röcker, 28.11.1947, ebd.
546 Bescheinigung des Bürgermeisters von Glems, Albert Schmauder, zur Vorlage bei der Spruchkammer, 3.5.1948, ebd.
547 Klee 1991. Das Buch ist von der ersten bis zur letzten Seite lesenswert.
548 Ebd, S. 65.
549 Lukas 23,24.
550 Der Spiegel 51/1993 (19.12.1993), S. 68.
551 Stuckart/Globke 1936.
552 Als Landrat noch in guter Erinnerung, redaktioneller Nachruf, in: Schwarzwälder Bote, Ausgabe Freudenstadt, 8.2.1995.
553 Zum nachfolgenden Abschnitt vgl. ebd.
554 Am Dienstag Landratswahl, in: Schwarzwälder Bote, Ausgabe Freudenstadt, 6.4.1960.
555 Bürgermeister Weihenmaier wird neuer Landrat, in: Schwarzwälder Bote, Ausgabe Freudenstadt, 14.4.1960.
556 Mauer 1995/96, S. 61, rechte Sp.
557 Auch Jean Frédéric Oberlin genannt. Er war gebürtig von Strasbourg und als Geistlicher sowie Sozialreformer seiner Zeit weit voraus.
558 https://www.esgehtumdich-fds.de/das-oberlinhaus [3.5.2024].
559 Mauer 1995/96, S. 61, linke Sp.
560 Ebd.
561 Ebd.
562 Ebd.
563 Nachruf des Landkreises Freudenstadt in: Schwarzwälder Bote, Ausgabe Freudenstadt, 6.2.1995.
564 Nachruf der Kreissparkasse Freudenstadt in: Schwarzwälder Bote, Ausgabe Freudenstadt, 7.2.1995.
565 Als Landrat noch in guter Erinnerung, redaktioneller Nachruf, in: Schwarzwälder Bote, Ausgabe Freudenstadt, 8.2.1995.
566 Mauer 1995/96, S. 61/62.
567 Als Landrat noch in guter Erinnerung, redaktioneller Nachruf, in: Schwarzwälder Bote, Ausgabe Freudenstadt, 8.2.1995.
568 Sein Amt verlangte stets den ganzen Mann, in: ebd., 6./7.3.1971.
569 Goldensohn 2005, S. 117.
570 Musial 1999, S. 360 (Anm. 37).
571 Artikel »Losacker, Ludwig«, in: Klee 2003, S. 381.
572 Zu diesem Komplex insbes. Vollnhals 1996, S. 55.

573 Klemp 2010, S.121.
574 Zu seinem Fall siehe auch: Müller 1987, S. 13, 196, 216. Zum Gesamtkomplex der »Kriegsgerichte«: Grittscheder 1998, Staff 1979, Friedrich 1998.
575 Hierzu: Seybold 2009, S. 75 ff.
576 Artikel »Werner, Paul«, in: Klee 2003, S. 670.
577 Zum Gesamtkomplex umfassend: Buchna 2010.
578 Umfassende Biographie, auch mit freimaurerischem Bezug: Herden 2020.
579 Jasch 2001, dort insbes. S. 521.
580 Kempner 1950, S. 165.
581 Artikel »Lösener, Bernhard«, in: Klee 2003, S. 378.
582 Lösener/Knost 1936.
583 Lösener/Knost 1942.
584 Zu Herbert Schneider dort insbes.: Herden 1989, S. 81, S. 94 ff.,133.
585 »Ein Schuft, wer Böses dabei denkt« – altfranzösische Devise des Britischen Hosenbandorden, in landläufiger Übersetzung.
586 Lösener 1961, S. 264, 267 f.
587 Hierzu und zum Folgenden: Lösener 1961, S. 272 f.
588 Treffend Lilla 2004.
589 Lösener 1961, S. 276.
590 Hierzu und zum folgenden: Jasch, S. 260.
591 RGSt. 72, 91 (96).
592 Görtemaker/Safferling 2016, S. 90, 94.
593 Ebd., S. 94.
594 Lebenslauf zum Schreiben an den Chefpräsidenten für die französische Zone Badens in Freiburg, 8.1.1946, StaA Freiburg, C 20/5 Nr. 322, Bild 11.
595 Braun 2008, S. 190, Nr. 050.
596 Plakat-Datenbank der Bibliothek für Zeitgeschichte, WLB Stuttgart, BfZ 332, 3.6/247.
597 Angermund 1990, S. 113.
598 Es ist durchaus möglich, dass es noch weitere Publikationen von Herbert Schneider aus der Zeit des Dritten Reiches gibt. So standen dem Verfasser nicht alle Ausgaben der Zeitschrift *Deutsches Recht* zur Durchsicht zur Verfügung.
599 Juristische Wochenschrift 63/15 (1934), S 868 f.
600 Deutsches Recht. Ausgabe A 1936, 268 ff.
601 Deutsches Recht. Ausgabe A 1943, S. 778.
602 Deutsches Recht. Ausgabe A 1944, S. 14.
603 Deutsches Recht. Ausgabe A 1944, S. 20.
604 Adressbücher der Stadt Karlsruhe, digitalisiert bei der Badischen Landesbibliothek Karlsruhe.
605 Nirk 1981, S. 1769.
606 Dönhoff 1993, S. 15.
607 Klukowski 2017, S. 61.
608 Ebd., S. 110.
609 Ebd., S. 115.

Anmerkungen

610 Ebd., S. 123.
611 Ebd., S. 132.
612 Fragebogen/Questionnare im Rahmen der politischen Säuberung, 11.1.1946, StA Sigmaringen Wü 13 T2, Nr. 1600/270.
613 Klukowski 2017, S. 145.
614 Ebd., S. 141.
615 Ebd., S. 143.
616 Ebd., S. 144.
617 Ebd., S. 151.
618 Ebd., S. 173.
619 Tagebuch des Generalgouverneurs Hans Frank, 28.7.1940, IfZ-Archiv München Fb 105/7, p. 1738.
620 Klukowski 2017, S 210.
621 Ebd., S. 239.
622 Ebd., S. 251 f.
623 Ebd., S. 264.
624 Ebd., S. 283.
625 Ebd., S. 307.
626 Ebd., S. 308.
627 Ebd., S. 345.
628 Ebd., S. 347.
629 Ebd., S. 360.
630 Browning, S. 84 und 86, sowie Goldhagen, S. 277.
631 Klukowski 2017, S. 374.
632 Ebd., S. 375.
633 Ebd., S. 376.
634 Ebd., S. 378.
635 Ebd., S. 378 f.
636 Ebd. S. 388.
637 Ebd., S. 405.
638 Ebd., S. 407.
639 Ebd., S. 413.
640 Ebd., S. 421.
641 Ebd., S. 426.
642 Ebd., S. 426.
643 Ebd., S. 433.
644 Ebd., S. 439.
645 Ebd., S. 469.
646 Mit dem Briefkopf »Der Führungsstab der SA im Generalgouvernement – Standarte Lublin« Br.B.Nr. 462/43 ist ein Schreiben des »Führers der SA-Standarte Lublin«, unterzeichnet von Sturmbannführer Jobst, betitelt, in welchem am 1. August 1943 beim SA-Führungsstab im Generalgouvernement ein entsprechender Antrag gestellt wurde, BArch Berlin ZWM 1463, Aufnahme 7.

647 Klukwoski 2017, S. 481.
648 Ebd., S. 511.

Register

A

Alte Kämpfer
- Ehrentitel der NSDASP-Mitglieder vor 1925   112

Ansel, Werner
- vermeintlich Landkommissar in Tomaszów-Lubelski, Kreishauptmann in Biłgoraj   86, 87

Arbeitspflicht
- der polnischen Bevölkerung   41–43

Arbeitsverwaltung   32, 57

Arbeitszwang
- der jüdischen Bevölkerung   42, 43

Aufenthaltsbeschränkungen   51

Auschwitz   79, 177

B

Bad Ems   177
Baden   168, 176, 177
Baden-Württemberg   168
Baudienst
- GG-Pendant zum Reichsarbeitsdienst   62

Beamtenuniformen   49

Belzec
- Vernichtungslager   25, 29–32, 40, 54, 77, 88–91, 116, 118, 119, 174, 175, 177

Bergerbaum, Abe
- Vorsitzender des Judenrates von Tomaszów-Lubelski   88

Berlin   15, 94, 118

Berufungen
- in der NSDAP   104

Biłgoraj   87, 88

Blockleiter
- Führer der untersten Ebene der NSDAP   106

Blutorden
- NSDAP-Auszeichnung   112

Bolotnow, Jan
- Chef der jüdischen Lumpensammler im Ghetto Zamosc   81

Bratz
- SA-Sturmbannführer II/125   159

Braunes Haus
- NSDAP-Zentrale in München   70

Braunschweig   59

Braunstein, Karol
- Sekretär des Judenrates in Zamosc   75

Bremen   177

Breslau   55, 81, 97, 141

231

Brunner, Claudia
- Autorin   15
Bug   117
Bürckel, Josef
- Gauleiter Wien   37
Bürgermeister   47, 48, 70, 164, 166, 167, 170, 171
Burghausen   59

C

CDU
- Christlich Demokratische Union   127, 177
Cholm   87, 113
Crailsheim   87, 94, 173
Cwilich, Jekutiel gen. Kisiel
- Überlender des Ghettos Zamosc   78
Cygielman, Henryk
- Rechtsanwalt in Zamosc   80

D

Dellbrügge
- Ministerialrat im Reichs- und Preußischen Innenministerium   96
Deutsche Dienstpost
- Sonderpostdienst für deutsche Behörden   53, 75
Deutsche Gemeindeordnung   48, 157
Deutsche Post Osten
- Postdienst im GG   53, 75
Deutscher Forstschutz   49
Dienstleiter
- NSDAP-Parteidienstrang   102
Dienstrang

- in der NSDAP   100, 102, 103, 110
Dienststellung
- in der NSDAP   103
Distriktstandortführer   60
Dortmund   82, 83
Dresden   59
DRK
- Deutsches Rotes Kreuz   124
Du Prel, Maximillian
- NS-Propagandist   13
Düsseldorf   65

E

Epsztajn, Eljasz
- Judenrat in Zamosc   79
Ernennungen
- in der NSDAP   104
Esslingen   94

F

Filbinger, Hans Karl
- Marinekriegsgerichtsrat, später Ministerpräsident   176
Fischer, Ludwig
- Gouverneur   61
Flammenzeichen
- Bad Uracher NS-Blatt   158
Fragebogen
- im Entnazifizierungsverfahren   100
Frank, Dr.jur. Ludwig
- badischer MdL, MdR, jüdischer Kriegsfreiwilliger 1914   85
Frank, Hans
- Generalgouverneur   20–22, 24, 25, 34, 36, 38–40, 49–52, 56, 59–

61, 63, 64, 75, 101, 109, 113, 115, 151, 175, 193
Frank, Niklas
- Autor   15
Freudenstadt   165–168, 170–174
Frick, Wilhelm
- Reichsinnenminister   96
Fritzsche, Hans
- NS-Propagandajournalist   39

G

Galizien   36
Garfinkel, Dawid gen. Dudek
- Jüdischer Polzeikommandant   82
Garfinkel, Mieczysław gen. Mendel oder Memek
- Rechtsanwalt, Judenratsvorsitzender Zamosc   12, 74, 77, 79–81, 119, 120
Garwin
- späterer Deckname von M. Garfinkel   81, 82
Gemeindeverband
- vermeintliches polnisches Selbstverwaltungsorgan   48
Gestapo
- Geheime Staatspolizei   21, 37, 72, 74, 78, 81, 82, 88, 89, 91, 145–147, 149
Ghetto
- abgeschotteter Zwangswohnbezirk   65, 76, 80, 81, 83
Ghettopolizei   12, 74, 83
Glems   154
Globocnik, Odilo
- SS-Gruppenführer, Leiter der Mordaktion »Reinhardt«   30, 57–59, 62, 64, 73, 118, 119

Goebbels, Joseph
- Reichspropagandaminister   24, 39
Goethe, Johann Wolfang von   8
Goldener Löwe
- Filmpreis   19
Goldenes Parteiabzeichen
- der NSDAP   112
Goldensohn, Leon
- Gefängnispychiater   38
Goldfasan
- Politischer Leiter der NSDAP   102
Goldhammer
- Mitglied des Judenrates von Zamosc   80
Göring, Hermann
- Reichsmarschall   39
Gouverneur   57, 59, 61, 63
Großbritannien   82
Grynszpan, Herschel   23
Gutbier, Rolf Dipl.Ing.
- Architekt, später Rektor TH Stuttgart   142, 146, 147

H

Haffner, Alfred
- CDU Urach, Studienrat   127
Hamburg   177, 195
Harzer, Gottlieb
- Bürgermeister Sondelfingen   135
Haße, Dr.
- Oberregierungsrat   61
Hauptbefehlsleiter
- NSDAP-Parteidienstrang   103
Heege, Hildegard
- Kreisfürsorgerin in Urach   133, 134

Heilbronn 87
Hesselbarth
– Landrat in Freudenstadt 166
Heuberg
– Konzentrationslager 137, 139
Himmler, Heinrich
– Reichsführer SS und Chef der deutschen Polizei 21, 22, 31, 60, 62–64, 118, 119
Himmler, Kathrin
– Autorin 15
Hindenburg, Paul von Beneckendorff und
– Feldmarschall, Reichspräsident 84
Hitler, Adolf
– »Führer und Reichskanzler« 21, 23, 28, 34, 38, 39, 64
Hoheitsfahne
– des Sonderdienstes 51

I

Israel 13, 82
Italien 19, 32
Izbica 79, 81

J

Janow Lubelski 68
Jasło 176
Jetter, Walter
– Rechtsanwalt in Urach 136
Jiddisch
– europäischer, jüdischer Dialekt 80
J***l
– Beamter der Arbeitsverwaltung 32
Judenrat 12, 44, 72–82, 120

K

Kalbfell, Oskar
– Oberbürgermeister von Reutlingen 105, 137, 139
Kielce 64, 65
Klemperer, Victor
– Professor, Pilologe, NS-verfolgter Jude 27, 28
Klett, Dr. Eugen
– Gauschulungsleiter der NSDAP 134
Klokocki
– polnischer Patriot, Widerstandskämpfer 149
Knöpfle, Max
– Landrat in Reutlingen 141, 142
Kontribution 76
Konzentrationslager 24, 25, 27, 29, 39, 43, 83, 139
Korps der Politischen Leiter
– verbrecherische Orgnaisation der NSDAP 106
Korruption 55, 56, 69, 74, 92
KPD
– Kommunistische Partei Deutschlands 128
K***r
– Kreislandwirt in Zamosc 120
Krakau 35, 36, 42, 59, 63, 65
Krasnobrod 117
Krasnystaw 57, 119
Kreeb
– Landrat in Urach 133–135
Kreishauptmann

- leitender, deutscher Verwaltungsbeamter 11, 29, 32, 44, 48, 51, 67, 68, 70, 72–74, 86, 87, 92, 116–121, 176
Kreisleiter
- Parteifunktionär der NSDAP 59, 70, 102, 103, 107, 125, 127, 133–138, 142, 150
Kummermehr
- Tarnname Richard Wendlers siehe Wendler, Richard

L

Lasch, Karl
- Gouverneur Distrikt Galizien 55, 56
Lemberg 38, 79
Lempp, Wilfried
- Prälat in Schwäbisch Hall 163
Lipowastraße
- Zwangsarbeitslager in Lublin 118
Lippmann, Alwin 79, 83
- Chef der Ghettopolizei in Zamosc 12, 83
L***k, Hans
- Landkommissar in Tomaszów-Lubelski 87
Lodz 35, 78
London 82
Losacker, Ludwig
- Kreishauptmann 176
Löwenstein, Karl
- Leiter der Ghettopolizei Theresienstadt 83
Löwenstein, Leo
- Vorsitzender des Reichsbundes jüdischer Frontsoldaten 17

L***r, Eva Hilde
- von Weihenmaier vor der Gestapo gerettet 147
Lubartow 68, 86
Lublin 13, 21, 22, 24, 25, 31, 36–38, 50, 53, 54, 57–63, 65, 67, 69, 70, 73, 77, 78, 81, 82, 86, 97, 101, 102, 105, 111, 116–119, 144–146
Luftwaffe 75

M

Mackensen, August von
- Feldmarschall 84
Märzgefallene
- im Frühjahr 1933 vor Aufnahmesperre in die NSDAP eingetretene Personen 112
Mauritius 20
Mauthausen 79
Mayer, Kurt
- NSDAP-Kreisleiter Bad Urach 133, 136, 156–158
Meissner, Otto
- Reichsminister in der Präsidialkanzlei Hitlers 99
Mendels, Jankiel Boruch
- Wirtshausbesitzer in Zamosc 80
Micholes, Abraham 82
Molotow-Ribbentrop-Pakt 90
Muckenfuß, Hermann
- SPD 127
Münsingen 167

N

Naumann, Max
- Vorsitzender des Verbandes nationaldeutscher Juden 17

Nebe, Arthur
- Reichskriminaldirektor, SS-Gruppenführer 177

Neresheim 94, 166, 173
Niederlande 71
Nikolaus II. Romanow
- Russischer Zar 17

Nowa Osada
- Vorstadt von Zamosc 117

NSDAP
- Nationalsozialistische Deutsche Arbeiterpartei 29, 38, 48–50, 58, 60, 69–71, 94, 95, 99–106, 109–112, 124–127, 132, 133, 136, 137, 147, 149, 150, 155

Nürnberg 23, 38, 39
Nürnberger Prozeß
- Prozeß gegen die Hauptkriegsverbrecher 106

Nürtingen 94, 173

O

Oberabschnittsleiter
- NSDAP-Parteidienstrang 102

Oberbefehlsleiter
- NSDAP-Parteidienstrang 102

Oberlin, Johann Friedrich
- Pfarrer und Sozialreformer 168

Ordnungsdienst
- Vorläufer der Ghettopolizei 25, 82

Ortsgruppenleiter
- Funktionär der NSDAP 70, 101–103, 135

Ostabenteurer 140, 144
Ostalbkreis 173
Ostbahn
- ehemalige polnische Staatsbahn im GG 53

P

Palais Barlow   siehe Braunes Haus
Palästina 19, 39
Płaszów 79
Portugal 71
P***r, Walter
- Landkommissar in Tomaszów-Lubelski 88, 89, 112

Protokolle der Weisen von Zion 16
Putzer (Ordonnanz)
- bei Kreishauptmann Weihenmaier 117

R

Radom 36, 64
Rath, Ernst Eduard vom
- deutscher Legationssekretär in Paris 23

Ray, von
- Baudienstführer 63

Rdzyn 68
Reichsbund jüdischer Frontsoldaten, 17
Reichsministerium des Inneren 21, 97, 98, 121
Reichspogromnacht 23
Reichsrechtsführer 38, 40
Reichsvereinigung der Juden 18, 72

Reichsvertretung der Juden   18
Reutlingen   94, 97, 111, 121, 122, 124, 135, 137, 141, 142, 154, 173
Rhodesien   82
Röcker, Johannes
- Bürgermeister von Urach   136, 142, 153
Roizen, Szmuel
- Judenrat in Zamosc   79
Rotunde
- Hinrichtungsstätte in Zamsoc   22
Rozenman, Dr. Lejba
- Judenrat in Zamosc   79
Rubin, Areyh Leibus
- Rabiner und Admor   90
Rüdiger, Hans
- Regierungspräsident, Chef der Zivilverwaltung   97
Rundfunkgerät
- Beschlagnahme und Betrieb   46
Rundstedt, Gerd von
- Generalfeldmarschall   93

S

SA
- Sturmabteilung der NSDAP   49, 51, 70, 94, 95, 103, 107, 109–112, 124, 125, 137
Saarlouis   121
Salomon
- biblischer König   16
Schacht, Hjalmar
- Reichsbankpräsident, Reichswirtschaftsminister   19, 33
Schächtverbot
- Verbot religös reiner Schlachtung   43
Schmauder, Albert
- Bürgermeister von Glems   154
Schmidt, Friedrich
- Distriktchef, SS-Brigadeführer   58
Schönhaus, Cioma
- Grafiker, NS-verfolgter Jude   27
Schröder, Gerhard
- Bundesinnenminister   177
Schutzhaft
- Scheinlegale Bezeichnung für KZ-Haft   139
Schwarzwälder Bote
- Zeitung Freudenstadt   165–167, 174
Schweiz   19
Selbstverwaltung   48, 67, 70
Seltmann, Hans von
- Autor   15
Sendlak, Stefan
- Organisator des jüdischen Hilfsausschusses   81
Simbabwe   82
Sinti und Roma   14, 177
Sobibor
- Vernichtungslager   30, 87, 177
Sondelfingen   135
Sonderdienst
- Hilfspolizei der Kreishauptleute   25, 50, 68, 91
Spanien   71
SPD
- Sozialdemokratische Partei Deutschlands   37, 127, 177
Sporenberg, Jakob
- SS-Gruppenführer   64, 65
SS
- Schutzstaffel der NSDAP, Hauptorganisation für Völkermord   11, 21, 22, 25, 26, 28–31, 36, 39,

237

40, 42, 47, 49, 50, 57–65, 70, 73, 75, 76, 80, 102, 103, 105, 113, 118–120, 125, 142, 144, 145, 147, 148, 150–153, 174, 176, 177
S***t, Emil
- Beamter der Arbeitsverwaltung 32

Standortführer
- Parteifunktionär der NSDAP 50, 70, 100–102, 104, 105, 111, 124, 125, 149, 150, 155, 198

Stanislawik
- angeblich von Weihenmaier aus den Klauen der Gestapo befreiter Pole 145

Stitzinger
- Kreishauptmann Tarnow 68

Storz, Hermann
- Ephorus, theologischer Studienleiter 128, 142, 148, 153, 161

Stössenreuther
- Kreishauptmann Janow Lubelski 68

Streicher, Julius
- Herausgeber der NS-Zeitung »Der Stürmer« 24

Stryi 79
Stuttgart 164
Świątkowski, Henryk
- polnischer Justizminister 82

T

Tag der Machtergreifung
- Ernennung Hitlers zum Reichskanzler am 30. Januar 1933 113

Tarnow 68
Theresienstadt
- Konzentrationslager 83

Todesstrafe 37, 46, 47, 60, 61, 68
Tomaszów-Lubelski 13, 14, 36, 54, 86–88, 90, 91
Trawniki
- SS-Ausbildungslager 30

Treblinka
- Vernichtungslager 30, 177

Treuegelöbnis
- der Angehörigen der NSDAP 101

Treueid
- der politischen Leiter der NSDAP 104

Tschechoslowakei 76
Tschenstochau 64, 65, 118
Tübingen 94, 164, 166, 168, 171
Türkei 71
Tuttlingen 166

U

Ulm
- Konzentrationslager 139

Ulrich, Fritz
- Innenminister Baden-Württemberg 177

Uniformverbot 48
Unruh, Walter Rudolf Moritz von
- General 37, 159, 160

Unruh, Walter von
- Generalmajor 143, 160

Urach
- heute Bad Urach 94, 96, 124–128, 133–136, 138, 139, 142, 153, 156–162, 173

V

Venedig 19
Verband nationaldeutscher Juden 17
Volkmann, Claus
- Kreishauptmann und SS-Angehöriger 70
Volksdeutsche 23, 30, 49, 68, 91, 118
Volksdeutsche Gemeinschaft 49

W

Wagner, Robert
- Gauleiter Baden und Elsaß 14
Warschau 24, 36, 42, 61, 65, 78–81, 118
Wehrgesetz vom 21. Mai 1935 105
Wehrkreiskommando Tübingen 142
Wehrmacht 11, 37, 69, 87, 102, 103, 110, 113, 116
Wehrmachtberichte 35
Wehrmeldeamt
- Erfassungsbehörde 141, 143
Weihenmaier, Helmut
- Kreishauptmann und Landrat 29, 32, 69, 72, 86, 92, 94–97, 116–122, 164–168, 170–174, 176
Weltkongress in Basel
- zionistischer Weltkongress 1897 16
Wendler, Richard
- Gouverneur und SS-Brigadeführer 63–65
Werner, Paul
- SS-Oberführer, später Regierungsdirektor im Innenministerium 176, 177

Wien 37, 38
Wiesenbach 58
Wiesenthal, Simon
- Publizist und Überlebender des Holocaust 12
Wilder, Boruch
- Judenrat in Zamosc 79
Wilderer, Otto
- Oberregierungsrat IM Württemberg 141
Wilhelm II.
- Deutscher Kaiser, König von Preußen 8
Winterfeld, von
- Kreishauptmann Lubartow 68
Włocławek 117
W***n, Anne
- Sekretärin Weihenmaiers und Filbingers 176
Wolsztajn, Lejb 77
Wolsztajn, Szlomo
- Judenrat in Zamosc 77
Wrede, Oberpostrat
- Deutsche Post Osten 62
Württemberg 58, 122, 176, 177
Württembergische Kreisordnung 157

Z

Zamojski, Jan (Johann)
- Stadtgründer von Zamosc 53
Zamosc 12, 13, 21, 22, 26, 32, 36, 53, 54, 57, 61, 63, 67, 69, 71, 72, 74, 75, 77–84, 86, 92, 94, 97, 98, 111, 113, 116–121, 144, 145, 155, 174, 175
Zarudzie
- Straflager von Zamsoc 118
Zentralkartei der NSDAP 70

Register

Ziegenmeyer, Emil
– Kreishauptmann Lublin-Land 69
Zörner, Ernst
– Distriktchef 59

Zwangsarbeit 37, 69, 74, 75, 90, 118, 119
Zwangsarbeiter 29, 37, 65, 75, 77
Zwangsarbeitslager 29, 75